广视角·全方位·多品种

权威·前沿·原创

皮书系列为
"十二五"国家重点图书出版规划项目

中国社会科学院创新工程学术出版项目

就业蓝皮书

BLUE BOOK OF
EMPLOYMENT

2014 年
中国大学生就业报告

CHINESE COLLEGE GRADUATES' EMPLOYMENT
ANNUAL REPORT (2014)

麦可思研究院 / 编著
王伯庆　周凌波 / 主审

社会科学文献出版社
SOCIAL SCIENCES ACADEMIC PRESS (CHINA)

图书在版编目(CIP)数据

2014年中国大学生就业报告/麦可思研究院编著;王伯庆,周凌波
主审. —北京:社会科学文献出版社,2014.6(2014.7重印)
(就业蓝皮书)
ISBN 978 - 7 - 5097 - 5996 - 7

Ⅰ.①2… Ⅱ.①麦… ②王… ③周… Ⅲ.①大学生 - 就业 - 研究
报告 - 中国 - 2014 Ⅳ.①G647.38

中国版本图书馆 CIP 数据核字(2014)第 090814 号

就业蓝皮书
2014 年中国大学生就业报告

编　　著/麦可思研究院
主　　审/王伯庆　周凌波

出 版 人/谢寿光
出 版 者/社会科学文献出版社
地　　址/北京市西城区北三环中路甲29号院3号楼华龙大厦
邮政编码/100029

责任部门/皮书出版分社 (010) 59367127　　责任编辑/桂　芳
电子信箱/pishubu@ ssap. cn　　　　　　责任校对/伍勤灿　张　媛
项目统筹/邓泳红　桂　芳　　　　　　　责任印制/岳　阳
经　　销/社会科学文献出版社市场营销中心 (010) 59367081　59367089
读者服务/读者服务中心 (010) 59367028

印　　装/北京画中画印刷有限公司
开　　本/787mm×1092mm　1/16　　　印　　张/19.75
版　　次/2014 年 6 月第 1 版　　　　　字　　数/320 千字
印　　次/2014 年 7 月第 2 次印刷
书　　号/ISBN 978 - 7 - 5097 - 5996 - 7
定　　价/98. 00 元

就业蓝皮书编辑委员会

本报告研究团队　麦可思研究院

西南财经大学中国教育需求研究中心

主　　审　王伯庆　周凌波

撰　　稿　王梦萍　王　丽

数据分析　刘九坤　李伟松　陈　亚　纪红军　曹利亚
冯　楠

数据采集　沈柯伶　赵　华　邓　艳　陈　斌　王莉莎
谢邦飞　聂小仙　王　娅

审　　稿　武艳丽

校　　对　王锦娜

前　言

《2014 年中国大学生就业报告》除总报告外包括"应届大学毕业生就业报告"、"大学毕业生中期职业发展"和"专题研究：教学培养评价"这三部分，回应了几个问题：刚毕业半年的大学生就业质量如何？毕业三年后在职场发展后劲如何？从毕业生的反馈来看，高校的教学培养存在哪些问题？

"应届大学毕业生就业报告"是本书最重要的部分。报告数据来源于麦可思对 2013 届大学生毕业半年后的问卷调查，回收全国样本约 26.8 万。2013 届大学生毕业半年后的就业率为 91.4%，比 2012 届（90.9%）同期略有上升。该部分还包括反映就业质量的各项重要指标。例如，从"红黄绿牌"专业预警来看，2014 年本科就业红牌专业包括：生物科学与工程、法学、生物技术、生物工程、动画、美术学、艺术设计、体育教育。高职高专就业红牌专业包括：法律事务、语文教育、电子商务、会计电算化、生物技术及应用、工商企业管理、计算机信息管理、计算机应用技术。以上专业大部分与 2013 年的红牌专业相同，都是失业量较大、就业率较低、薪资较低，且就业满意度较低的高失业风险型专业，这些高失业风险专业具有持续性。

"大学毕业生中期职业发展"部分是基于对 2010 届大学生毕业半年后（2011 年初完成，回收全国样本约 22.7 万）和三年后（回收全国样本约 5.4 万）的两次跟踪调查而得，进而与 2010 届大学毕业生进行同期对比。该子报告反映大学毕业生在职场的发展后劲，包括三年后去向、职业转换率、就业满意度、薪资变化、职位晋升、继续深造、自主创业等指标。

"教学培养评价"是本年度的专题报告。教学工作在高等教育各项工作中处于中心地位，"教"与"学"的质量直接决定人才培养的质量。自大学扩招以来，大学的教学质量问题就引起了全社会的广泛关注。本研究通过 2013 届大学生对核心课程有效性、师生交流程度、教学满意度、学生工作满意度等指

标来进行评价。

本年度报告的特点仍然是以数据和图表来呈现分析结果，而不是表达个人观点。读者可以从自己的专业角度对某一数据或图表背后的因果关系进行深度解读。

特别感谢帮助本年度报告完善的高等教育管理者和研究者，在此不一一具名。报告中所有的错误由作者唯一负责。

感谢读者阅读前言与本报告。限于篇幅，报告仅提供部分数据，如需了解更详细的内容，请联系作者（research@ mycos. com）。

麦可思研究院

2014 年 4 月

目 录

B Ⅳ　分报告三　专题研究

皮书数据库阅读**使用指南**

图表目录

B I 总报告

B Ⅱ　分报告一　应届大学毕业生就业报告

Ⅲ　分报告二　大学毕业生中期职业发展

B Ⅳ　分报告三　专题研究

总 报 告

B.1
技术报告

一 调查背景介绍

（一）调查背景

就业是国家政治与经济景气的最重要指标。全球化和技术进步在激发经济增长和就业机会增加的同时，也加剧了就业的不稳定性以及就业者的失业风险。中共十八大报告中指出："要推动实现更高质量的就业。就业是民生之本。要贯彻劳动者自主就业、市场调节就业、政府促进就业和鼓励创业的方针，实施就业优先战略和更加积极的就业政策。"中共十八届三中全会进一步提出："创新高校人才培养机制，促进高校办出特色、争创一流"。

大学毕业生是否符合社会需要，培养质量是否能够满足用人单位与读研的要求，是中国高校普遍面临的一个重要课题。对此，十八届三中全会提出了"深入推进管办评分离"的教育评价方向，并明确指出要"委托社会组织开展

教育评估监测"。

为贯彻落实十八届三中全会精神，建立健全高校毕业生就业工作评价体系，完善就业状况反馈机制，提高教育质量，积极回应社会关切、接受社会监督，2013 年 12 月初，教育部办公厅印发了《关于编制发布高校毕业生就业质量年度报告的通知》（教学厅 2013 年 25 号），决定从 2014 年起，高校要编制和发布本校毕业生就业质量年度报告。通知要求，各高校应在本校校园网、就业网、全国大学生就业公共服务立体化平台或其他媒体上发布本校毕业生就业质量年度报告。报告应包括就业基本情况、主要特点、相关分析、发展趋势、对教育教学的反馈等 5 大类内容。通知还提出"有条件的地方可以委托第三方评价"，这对于就业数据的公信力提出了要求。通知规定，教育部直属高校应在 2014 年 2 月底前、其他部门所属高校和地方所属本科高校应在 2014 年底前、高职院校应在 2015 年底前完成本校首次毕业生就业质量年度报告编制发布工作，此后高校应在每年年底前发布当年就业质量年度报告。通知强调，各地教育部门和高等学校要把高校毕业生就业质量年度报告的相关信息，作为招生计划安排、学科专业调整、教育教学改革等方面的重要参考，健全专业预警、退出和动态调整机制，使高校学科专业设置与社会需求相匹配，不断加大应用型、复合型、创新型人才培养力度，增强高校毕业生就业创业和职业转换能力。

十八届三中全会以来的高等教育的发展形势表明，就业信息公开已经成为既定国策，是提高中国高等教育质量、促进教育与社会需求相匹配、增强高校毕业生就业能力的重要手段。

本报告基于麦可思公司的大学毕业生跟踪调查数据。麦可思公司自 2007 年以来，每年对毕业半年后大学生的就业状态和工作能力进行全国性调查研究，每三年就用人单位对大学生的能力要求和雇用情况进行全国性调查研究，从 2010 年开始，连续五年对之前调查过的全国 2006～2010 届大学毕业生进行毕业三年后的职业发展跟踪调查。目前，麦可思已经调查了 2006～2013 届毕业半年后的大学生。《中国大学生就业报告》自 2009 年首度发布以来，2014 年已是第六次年度报告，本年度报告和麦可思数据库已经为中国的众多高校、各级政府教育和人力资源主管部门、各企事业单位、各级学术研究机构、大学毕业生和高考生等广泛参考。[①]

（二）2014 年调查数据

1. 调查规模及覆盖面

2014 年度麦可思 – 全国大学毕业生调查分为以下两类。

（1）2013 届大学生毕业半年后社会需求与培养质量的抽样调查，于 2014 年 3 月初完成，回收全国样本约 26.8 万。共调查了 814 个专业，其中本科专业为 324 个，高职高专专业为 490 个；调查覆盖了全国 28 个省、直辖市和自治区；覆盖了本科毕业生能够从事的 593 个职业、高职高专毕业生能够从事的 537 个职业，共计 665 个职业[②]；覆盖本科毕业生就业的 323 个行业、高职高专毕业生就业的 324 个行业，共计 326 个行业[③]。

（2）麦可思曾对 2010 届大学毕业生进行毕业半年后调查（2011 年初完成，回收全国样本约 22.7 万）[④]，2013 年底对此全国样本进行了三年后的再次跟踪调查，回收全国样本约 5.4 万。共调查了 944 个专业，其中本科专业为 427 个，高职高专专业为 517 个；调查覆盖了全国 31 个省、直辖市和自治区；覆盖了本科毕业生从事的 550 个职业、高职高专毕业生从事的 544 个职业，共计 615 个职业[⑤]；覆盖本科毕业生就业的 314 个行业、高职高专毕业生就业的 319 个行业，共计 325 个行业[⑥]。

2. 调查对象

毕业半年后的 2013 届大学毕业生：包括"211"院校、非"211"本科院校、高职高专院校、本科院校的高职高专部的毕业生，不包括成人高等教育、军事院校和港澳台院校的毕业生。

---

① 限于篇幅，本报告仅提供了部分数据，如需了解更详细的内容，您可以联系我们（research@ mycos. com）。

② 参见《麦可思中国职业分类词典（2014 版）》。

③ 参见《麦可思中国行业分类词典（2014 版）》。

④ 参见《2011 年中国大学生就业报告》（就业蓝皮书）。

⑤ 参见《麦可思中国职业分类词典（2014 版）》。

⑥ 参见《麦可思中国行业分类词典（2014 版）》。

毕业三年后的 2010 届大学毕业生：包括"211"院校、非"211"本科院校、高职高专院校、本科院校的高职高专部的毕业生，不包括成人高等教育、军事院校和港澳台院校的毕业生。

3. 调查方式

分别向毕业半年后的 2013 届大学毕业生和毕业三年后的 2010 届大学毕业生以电子邮件方式发放答题邀请函、问卷客户端链接和账户号，两类调查的问卷不同。答卷人回答问卷，答题时间为 15 ~ 30 分钟。

4. 调查对象分类

2013 届大学毕业生毕业半年后社会需求与培养质量调查分为七类大学毕业生群体：

（1）受雇就业，分为受雇全职工作（包括与专业有关和与专业无关）、受雇半职工作两类；

（2）自主创业；

（3）毕业后立刻在国内或国外读研；

（4）毕业后读本科（针对高职高专毕业生）；

（5）没有就业和求职，在家准备考研或留学；

（6）没有就业，继续求职；

（7）没有就业，暂不求职并且也不准备求学。

2010 届大学毕业生毕业三年后职业发展调查分为六类大学毕业生群体：

（1）受雇就业，分为与专业有关工作和与专业无关工作两类；

（2）自主创业；

（3）正在读研；

（4）正在读本科（针对高职高专毕业生）；

（5）没有就业，继续求职；

（6）没有就业，暂不求职并且也不准备求学。

5. 调查问题分类

2013 届大学毕业生毕业半年后社会需求与培养质量调查的问题分为以下八类：

（1）就业状况；

（2）基本工作能力、核心知识；

（3）自主创业；

（4）读研；

（5）专升本；

（6）校友评价；

（7）社团活动参与情况和素养提升；

（8）核心课程。

2010届大学毕业生三年后职业发展调查的问题分为以下六类：

（1）就业状况；

（2）工作稳定性；

（3）基本工作能力；

（4）职位晋升；

（5）培训；

（6）校友评价。

二　研究概况

（一）研究目标

本调查研究采用麦可思公司自主研发的"麦可思中国高等教育供需追踪系统"（CHEFS）来进行。CHEFS是"以社会需求信息为依据的就业导向"的评价系统，通过跟踪大学毕业生的社会需求满足、就业质量与读研学术准备的结果，把分析结果反馈给高等教育机构，以帮助高等教育机构按社会需求来改进其招生、专业设置、课程设置、课程内容、教学方式和求职服务，实现以社会需求和培养结果评价为重要依据的高校管理过程控制。

（二）研究目的

（1）了解2013届大学生毕业半年后的就业状态及就业满意度，发现其在满足社会需求方面存在的问题；

（2）了解 2013 届大学毕业生的专业预警情况；

（3）了解 2013 届大学毕业生对高等教育的满意度以及对母校的推荐度；

（4）通过大学毕业生工作中的自我评估，了解大学毕业生毕业时掌握的基本能力和核心知识是否适应其岗位的情况，反映今后的能力培养侧重点；

（5）了解 2013 届大学毕业生的自主创业及升学状况；

（6）了解 2013 届大学毕业生的社团活动和素养的提升状况；

（7）了解 2010 届大学生毕业三年后的月收入、专业相关度和职位晋升情况；

（8）了解 2010 届大学生毕业三年后的工作稳定性，即毕业三年内职业、行业转换等；

（9）了解 2010 届大学生毕业三年内的培训情况及其对个人职业发展的影响；

（10）了解 2010 届大学生毕业三年后对基本工作能力的重要性评价；

（11）了解 2010 届大学生毕业三年后的自主创业和学历提升状况；

（12）了解 2013 届大学毕业生对教学培养的评价。

（三）研究样本

本调查需提醒读者注意以下几点：

（1）答题通过电子问卷客户端实现，未被邀请的答题将被视为无效。

（2）本研究对调查答题和未答题的样本进行了检验，没有发现存在自我选择性样本偏差问题（Self-selection Bias）①。

（3）专业和地区样本的分布与实际分布见表 1 至表 8，大学毕业生的实际分布比例来自中华人民共和国国家统计局网站。对于样本中与实际比例的明显差异可能带来的统计误差，本研究采用权数加以修正。

---

① 自我选择性样本偏差问题：是指调查中存在某类群体选择答题的概率和其他群体有明显不同。例如，可能存在就业的毕业生更容易选择参与答题，而没有就业的学生可能不愿意参加答题等现象。

表1 2013届本科毕业生调查样本分布与实际分布对比

单位：%

本科学科门类	2013届本科调查样本分布	2013届本科毕业生实际分布	本科学科门类	2013届本科调查样本分布	2013届本科毕业生实际分布
工　学	31.6	31.4	医　学	3.8	6.2
管理学	19.7	17.2	教育学	2.6	3.6
文　学	19.1	19.2	农　学	1.8	1.8
理　学	11.1	10.2	历史学	<1.0*	0.5
经济学	6.0	5.9	哲　学	<1.0	0.1
法　学	3.8	3.9			

＊表中调查样本分布小于1.0%的数值均用"<1.0"表示，下同。

数据来源：麦可思－中国2013届大学毕业生社会需求与培养质量调查；中华人民共和国国家统计局。

表2 2013届高职高专毕业生调查样本分布与实际分布对比

单位：%

高职高专专业大类	2013届高职高专调查样本分布	2013届高职高专毕业生实际分布
财经大类	24.9	21.2
制造大类	18.2	13.0
电子信息大类	11.4	9.7
土建大类	11.2	11.2
文化教育大类	6.0	10.6
交通运输大类	5.0	4.4
旅游大类	4.9	3.3
艺术设计传媒大类	3.7	4.8
医药卫生大类	3.3	9.6
生化与药品大类	2.9	2.4
农林牧渔大类	1.8	1.8
法律大类	1.8	1.2
轻纺食品大类	1.7	1.7
公共事业大类	1.0	1.0
资源开发与测绘大类	<1.0	1.5
材料与能源大类	<1.0	1.4
环保、气象与安全大类	<1.0	0.5
公安大类	<1.0	0.3
水利大类	<1.0	0.4

数据来源：麦可思－中国2013届大学毕业生社会需求与培养质量调查；中华人民共和国国家统计局。

表 3　2013 届各经济区域本科毕业生调查样本分布与实际分布对比

单位：%

各经济区域	2013 届本科调查样本分布	2013 届本科毕业生实际分布
泛长江三角洲区域经济体	22.2	20.9
泛渤海湾区域经济体	21.8	20.5
中原区域经济体	16.7	15.7
泛珠江三角洲区域经济体	12.8	12.0
西南区域经济体	12.0	11.3
陕甘宁青区域经济体	11.9	6.9
东北区域经济体	2.6	11.6
西部生态经济区	<1.0	1.2

＊特别说明：东北区域经济体样本量偏少，分析中采用权数加以修正。

数据来源：麦可思 – 中国 2013 届大学毕业生社会需求与培养质量调查；中华人民共和国国家统计局。

表 4　2013 届各经济区域高职高专毕业生调查样本分布与实际分布对比

单位：%

各经济区域	2013 届高职高专调查样本分布	2013 届高职高专毕业生实际分布
泛长江三角洲区域经济体	25.7	20.9
泛渤海湾区域经济体	21.8	21.8
泛珠江三角洲区域经济体	14.4	14.4
西南区域经济体	13.8	10.6
中原区域经济体	10.6	18.7
东北区域经济体	6.6	6.6
陕甘宁青区域经济体	5.7	5.7
西部生态经济区	1.4	1.4

数据来源：麦可思 – 中国 2013 届大学毕业生社会需求与培养质量调查；中华人民共和国国家统计局。

表 5　2010 届本科毕业生调查样本分布与实际分布对比

单位：%

本科学科门类	2010 届本科毕业三年后调查样本分布	2010 届本科毕业生实际分布	本科学科门类	2010 届本科毕业三年后调查样本分布	2010 届本科毕业生实际分布
工　学	36.8	31.5	医　学	2.2	6.1
管理学	23.1	16.3	农　学	1.3	1.9
文　学	12.2	18.6	教育学	1.3	3.6
理　学	10.1	11.1	历史学	<1.0	0.5
经济学	8.3	6.0	哲　学	<1.0	0.1
法　学	4.0	4.3			

数据来源：麦可思 – 中国 2010 届大学毕业生三年后职业发展调查；中华人民共和国国家统计局。

表6　2010届高职高专毕业生调查样本分布与实际分布对比

单位：%

高职高专专业大类	2010届高职高专生毕业三年后调查样本分布	2010届高职高专毕业生实际分布
财经大类	18.1	22.5
制造大类	18.1	15.9
电子信息大类	14.1	15.0
土建大类	10.1	7.3
文化教育大类	8.0	11.9
交通运输大类	6.1	3.0
艺术设计传媒大类	4.2	3.9
材料与能源大类	4.2	1.5
旅游大类	3.0	3.1
医药卫生大类	2.9	5.3
生化与药品大类	2.5	2.7
轻纺食品大类	2.3	1.6
农林牧渔大类	2.1	1.6
水利大类	1.3	0.4
资源开发与测绘大类	1.2	0.8
公共事业大类	<1.0	1.1
法律大类	<1.0	1.3
环保、气象与安全大类	<1.0	0.5
公安大类	<1.0	0.4

数据来源：麦可思－中国2010届大学毕业生三年后职业发展调查；中华人民共和国国家统计局。

表7　2010届各经济区域本科毕业生调查样本分布与实际分布对比

单位：%

各经济区域	2010届本科生毕业三年后调查样本分布	2010届本科毕业生实际分布
泛长江三角洲区域经济体	24.1	21.7
泛渤海湾区域经济体	19.2	20.5
中原区域经济体	15.8	15.1
西南区域经济体	12.1	10.8
泛珠江三角洲区域经济体	11.1	11.4
东北区域经济体	9.7	12.5
陕甘宁青区域经济体	7.9	6.7
西部生态经济区	<1.0	1.3

数据来源：麦可思－中国2010届大学毕业生三年后职业发展调查；中华人民共和国国家统计局。

表8 2010届各经济区域高职高专毕业生调查样本分布与实际分布对比

单位：%

各经济区域	2010届高职高专生毕业三年后调查样本分布	2010届高职高专毕业生实际分布
中原区域经济体	24.6	18.3
泛长江三角洲区域经济体	20.5	22.2
泛渤海湾区域经济体	20.3	22.3
泛珠江三角洲区域经济体	15.8	13.3
西南区域经济体	10.6	9.5
陕甘宁青区域经济体	5.3	6.0
西部生态经济区	2.0	1.2
东北区域经济体	0.9	7.2

数据来源：麦可思－中国2010届大学毕业生三年后职业发展调查；中华人民共和国国家统计局。

（四）研究过程

本调查研究分为三个步骤：信息反馈、数据分析及指标呈现。

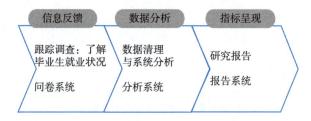

图1 调查研究的三个步骤

（五）基本研究框架

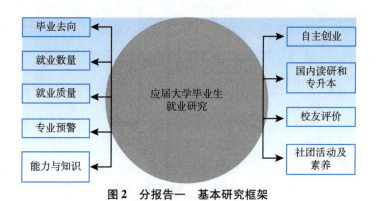

图2 分报告一 基本研究框架

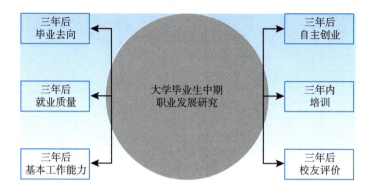

图 3　分报告二　基本研究框架

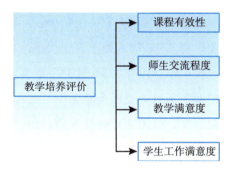

图 4　分报告三　基本研究框架

B.2
主要结论

分报告一　应届大学毕业生就业报告

第一章　毕业去向

1. 在 2013 届大学毕业生中，有 81.8% 的人毕业半年后受雇全职或半职工作，2.3% 的人自主创业。有 7.9% 的人处于失业状态，其中 0.9% 准备国内外读研，4.7% 准备继续寻找工作，还有 2.3% 放弃了继续求职和求学。

2. 2013 届大学生毕业半年后"受雇全职工作"的比例（80.6%）比 2012 届、2011 届（分别为 81.3%、81.0%）略有下降；而"无工作，继续寻找工作"的比例 2013 届为 4.7%，比 2012 届（5.3%）下降 0.6 个百分点，比 2011 届（6.1%）下降 1.4 个百分点，连续三届呈下降趋势。

3. 2013 届本科生毕业半年后"受雇全职工作"的比例（78.6%）比 2012 届（79.5%）下降 0.9 个百分点，比 2011 届（79.8%）下降 1.2 个百分点，连续三届呈下降趋势；在国内外读研的比例 2013 届为 12.2%，比 2012 届（10.9%）增加 1.3 个百分点，比 2011 届（10.1%）增加 2.1 个百分点，连续三届呈上升趋势。

4. 2013 届"211"院校毕业生毕业半年后"受雇全职工作"的比例 2013 届为 66.7%，比 2012 届（68.8%）下降 2.1 个百分点，比 2011 届（72.1%）下降 5.4 个百分点，连续三届呈下降趋势；在国内外读研的比例（26.9%），比 2012 届（24.4%）增加 2.5 个百分点，比 2011 届（19.9%）增加 7.0 个百分点，连续三届呈上升趋势。

5. 2013 届非"211"本科生毕业半年后"受雇全职工作"的比例 2013 届为 81.0%，比 2012 届（81.7%）降低 0.7 个百分点，与 2011 届（81.2%）

基本持平；在国内外读研的比例（9.2%）比2012届、2011届（均为8.2%）均增加了1.0个百分点。

6. 2013届高职高专生毕业半年后"受雇全职工作"的比例为82.5%，与2012届、2011届（分别为83.0%、82.8%）均基本持平；"无工作，继续寻找工作"的比例2013届为5.7%，比2012届（6.8%）下降1.1个百分点，比2011届（7.4%）下降1.7个百分点，连续三届呈下降趋势。

7. 2013届本科生毕业半年后就业区域主要集中在泛长江三角洲区域（包括上海、江苏、浙江、江西、安徽），占27.2%；泛渤海湾区域（包括北京、天津、山东、河北、内蒙古、山西），占23.6%；泛珠江三角洲区域（包括广东、广西、福建、海南），占20.2%。2013届高职高专生毕业半年后就业地也主要集中在这三个区域，所占比例依次是23.2%、23.3%和20.6%。

8. 2013届大学生毕业半年后有20%在直辖市就业，28%在副省级城市就业，52%在地级城市及以下就业。其中本科毕业生比高职高专毕业生在直辖市就业的比例高5个百分点（分别为23%和18%）。大学生连续三届就业的城市类型分布比较稳定，没有数据表明现在的大学毕业生和之前的相比，在不同类型城市的就业比例存在明显差异。

第二章 就业数量

1. 2013届大学生毕业半年后的就业率（91.4%）比2012届（90.9%）略有上升，比2011届（90.2%）上升1.2个百分点。其中，本科院校2013届毕业生毕业半年后的就业率为91.8%，与2012届（91.5%）基本持平，比2011届（90.8%）上升1个百分点；高职高专院校2013届毕业生毕业半年后的就业率为90.9%，比2012届（90.4%）略有上升，比2011届（89.6%）上升1.3个百分点。从近三届的趋势可以看出，大学毕业生毕业半年后就业率呈现上升趋势。

2. "211"院校2013届毕业生毕业半年后的非失业率为94.9%，比2012届（94.4%）略有上升，比2011届（93.2%）上升1.7个百分点，连续三届呈上升趋势；非"211"本科院校2013届毕业生半年后的就业率为91.6%，与2012届（91.3%）基本持平，比2011届（90.6%）上升1个百分点，连

续三届呈上升趋势。

3. 2013届泛珠江三角洲区域经济体本科院校毕业生毕业半年后的就业率最高，为93.2%；2013届泛长江三角洲区域经济体高职高专院校毕业生毕业半年后的就业率最高，为91.9%。

4. 2013届本科生毕业半年后就业率最高的学科门类是管理学（93.5%），最低的是理学（88.1%）；高职高专生毕业半年后就业率最高的专业大类是材料与能源大类（92.1%），最低的是艺术设计传媒大类和旅游大类（均为88.3%）。本科生毕业半年后就业率最高的专业类是能源动力类（95.2%），最低的是生物科学类（85.1%）；高职高专生毕业半年后就业率最高的专业类是电力技术类（93.8%），最低的是法律实务类（85.2%）。

5. 2013届本科生毕业半年后就业率居前三位的专业是建筑学（98.3%）、安全工程（96.9%）、地质工程（96.7%）。高职高专生毕业半年后就业率居前三位的专业是城市轨道交通运营管理（97.6%）、学前教育（97.5%）、电气化铁道技术（97.0%）。

6. 2013届本科生毕业半年后从事最多的职业类是"行政/后勤"，就业比例为8.5%，其次是"建筑工程"（8.3%）和"财务/审计/税务/统计"（8.1%）。高职高专生毕业半年后从事最多的职业类是"财务/审计/税务/统计"，就业比例为12.5%，其次是"销售"（10.3%）。

7. 与2011届相比，2013届本科毕业生就业比例增加最多的职业类为"建筑工程"，增加了3.9个百分点；就业比例降低最多的职业类为"销售"，降低了3.4个百分点。与2011届相比，2013届高职高专毕业生就业比例增加最多的职业类为"医疗保健/紧急救助"，增加了2.5个百分点；就业比例降低最多的职业类为"销售"，降低了3.3个百分点。

8. 2013届本科生毕业半年后就业最多的行业类是"建筑业"（10.6%），其次是"教育业"（10.0%）。2013届高职高专生毕业半年后就业最多的行业类是"建筑业"（12.0%），其次是"零售商业"（6.2%）和"电子电气仪器设备及电脑制造业"（6.2%）等。

9. 与2011届相比，2013届本科毕业生就业比例增加最多的行业类为"建筑业"，增加了4.1个百分点；就业比例降低最多的行业类是"金融（银行/

保险/证券）业"，降低了2.5个百分点。与2011届相比，2013届高职高专毕业生就业比例增加最多的行业类为"医疗和社会护理服务业"，增加了3.0个百分点；就业比例降低最多的行业类是"教育业"，降低了3.6个百分点。

10. "民营企业/个体"是2013届大学毕业生就业最多的用人单位类型，本科院校中有45%的毕业生就业于"民营企业/个体"，高职高专院校中有63%的毕业生就业于"民营企业/个体"。

11. 2013届大学毕业生就业比例最高的用人单位规模是300人及以下规模的中小型用人单位（51%），其中本科毕业生这一比例为45%，高职高专毕业生为56%。

12. 2013届大学生毕业半年后的失业率（8.6%）比2012届（9.1%）略有下降，比2011届（9.8%）下降1.2个百分点。其中，本科院校2013届毕业生失业率（8.2%），比2012届（8.5%）略有下降，比2011届（9.2%）下降1个百分点；高职高专院校2013届毕业生失业率（9.1%），比2012届（9.6%）略有下降，比2011届（10.4%）下降1.3个百分点。从近三届的趋势可以看出，大学毕业生毕业半年后失业率呈现下降趋势。

13. 2013届本科毕业生失业率最高的专业为物理学（14.7%），其次为生物科学与工程（14.3%）；高职高专毕业生失业率最高的为艺术设计（14.9%），其次为法律事务（14.6%）。

14. 在2013届各类院校毕业生的未就业人群中，大多数毕业生还在继续找工作。本科院校处于未就业状态的毕业生（7.2%）中有21%为"待定族"（不求学不求职），高职高专院校处于未就业状态的毕业生（8.8%）中有35%为"待定族"。

15. 在2013届本科院校毕业半年后的"待定族"中，有28%的毕业生在准备公务员考试，有12%的毕业生准备创业。在高职高专院校毕业半年后的"待定族"中，有21%的毕业生准备创业，有8%的毕业生在准备公务员考试。

第三章　就业质量

1. 2013届大学毕业生的就业满意度为56%，与2012届（55%）基本持

平。其中，本科院校 2013 届毕业生的就业满意度为 58%，与 2012 届（58%）持平；高职高专院校 2013 届毕业生的就业满意度为 54%，比 2012 届（51%）高 3 个百分点。

2. 2013 届本科和高职高专毕业生对就业现状不满意的主要原因是"收入低"（本科、高职高专均为 66%）、"发展空间不够"（本科为 60%，高职高专为 59%）。

3. 在 2013 届本科学科门类中，毕业生毕业半年后就业满意度最高的为经济学，为 63%；就业满意度最低的为理学，为 55%。在高职高专专业大类中，就业满意度最高的为文化教育大类，为 57%；最低的为制造大类、生化与药品大类、轻纺食品大类，均为 50%。

4. 2013 届本科生毕业半年后就业满意度最高的职业是"税收监察者、征收人和税收代理人"，为 84%；最低的职业是"存货管理员（储藏室、库房的）"、"机械绘图员"、"化工厂系统操作员"，均为 33%。2013 届高职高专生毕业半年后就业满意度最高的职业是"总经理和日常主管"，为 79%；最低的职业是"餐馆服务生"、"半导体加工人员"，均为 30%。

5. 2013 届本科生毕业半年后就业满意度最高的行业是"中国人民银行、保监会和证监会"，为 76%；最低的行业为"铁制品制造业"，为 32%。2013 届高职高专生毕业半年后就业满意度最高的行业是"中国人民银行、保监会和证监会"，为 78%；最低的行业是"基础化学用品制造业"、"纸产品加工制造业"，均为 36%。

6. 2013 届毕业生毕业半年后在"政府机构/科研或其他事业单位"的就业满意度最高（本科为 69%，高职高专为 64%），在"民营企业/个体"的就业满意度最低（本科、高职高专均为 52%）。

7. 2013 届本科生、高职高专生毕业半年后在泛长江三角洲区域经济体就业的满意度均最高，分别为 61%、56%。

8. 2013 届大学毕业生工作与职业期待的吻合度为 43%，与 2012 届（44%）基本持平。其中，本科院校 2013 届毕业生工作与职业期待的吻合度为 46%，与 2012 届（47%）基本持平；高职高专院校 2013 届毕业生工作与职业期待的吻合度为 40%，与 2012 届（40%）持平。

9. 在认为工作与职业期待不吻合（本科为54%，高职高专为60%）的2013届毕业生中，本科和高职高专均有33%的人认为是"不符合自己的职业发展规划"，其次（本科为24%，高职高职为22%）认为是不符合自己的兴趣爱好。

10. 在2013届本科学科门类中，毕业生毕业半年后职业期待吻合度最高的为法学（51%）；职业期待吻合度最低的为理学（43%）。在高职高专专业大类中，职业期待吻合度最高的为文化教育大类（46%）；最低的为生化与药品大类（37%）。

11. 2013届大学毕业生月收入（3250元）比2012届（3048元）增长了202元，比2011届（2766元）增长了484元。其中，本科毕业生2013届（3560元）比2012届（3366元）增长了194元，比2011届（3051元）增长509元；高职高专毕业生2013届（2940元）比2012届（2731元）增长了209元，比2011届（2482元）增长了458元。从近三届的趋势可以看出，大学毕业生半年后月收入呈现上升趋势。

12. 2013届本科毕业生有17.2%月收入在5000元以上，比2012届（16.0%）高1.2个百分点；2013届高职高专毕业生月收入在5000元以上的比例为8.1%，比2012届（6.3%）高1.8个百分点。2013届本科毕业生有1.6%月收入在1500元以下，比2012届（2.2%）低0.6个百分点；2013届高职高专毕业生月收入在1500元以下的比例为4.0%，比2012届（5.5%）低1.5个百分点。

13. 在2013届本科学科门类中，毕业生毕业半年后月收入最高的是经济学（3775元），最低的是教育学（3151元）；在高职高专专业大类中，毕业生毕业半年后月收入最高的是交通运输大类（3167元），最低的是医药卫生大类（2519元）。

14. 2013届本科生毕业半年后从事的主要职业类月收入最高的是"互联网开发及应用"（4415元），其次是"金融（银行/基金/证券/期货/理财）"（4248元）。2013届高职高专生毕业半年后月收入最高的职业类是"矿山/石油"（3565元），其次是"电气/电子（不包括计算机）"（3294元）。

15. 2013届本科生毕业半年后月收入最高的行业类为"金融（银行/保险/

证券）业"（4186 元），其次是"媒体、信息及通信产业"（3922 元）。2013 届高职高专生毕业半年后月收入最高的行业类为"矿业"（3322 元），其次是"金融（银行/保险/证券）业"（3238 元）。

16. 2013 届大学生毕业半年后在"中外合资/外资/独资"就业的月收入最高，其中本科为 3975 元，高职高专为 3250 元。与 2012 届相比，2013 届大学毕业生在各类型用人单位就业的月收入都有所上升。

17. 2013 届大学生毕业半年后在"3000 人以上"规模的大型用人单位就业的月收入最高，本科为 4021 元，高职高专为 3391 元。与 2012 届相比，2013 届大学毕业生在各规模用人单位就业的月收入都有所上升。

18. 2013 届本科生毕业半年后在泛珠江三角洲区域经济体就业的月收入最高，为 3993 元。2013 届高职高专生毕业半年后在泛长江三角洲区域经济体就业的月收入最高，为 3092 元。

19. 2013 届本科和高职高专毕业生的工作与专业相关度分别为 69%、62%，均与 2012 届（分别为 69%、62%）持平，均略高于 2011 届（分别为 67%、60%）。从近三届的趋势可以看出，大学毕业生的工作与专业相关度呈现平稳发展趋势。

20. 2013 届本科毕业生选择与专业无关工作的最主要原因是"专业工作不符合自己的职业期待"（33%），其次为"迫于现实先就业再择业"（25%）。高职高专毕业生选择与专业无关工作的最主要原因是"专业工作不符合自己的职业期待"、"迫于现实先就业再择业"（均为 29%）。

21. 在 2013 届本科学科门类中，专业相关度最高的是医学（88%），其次是工学（73%），最低的为法学（53%）。高职高专专业相关度最高的专业大类为医药卫生大类（87%），其次是土建大类（81%），最低的为旅游大类和电子信息大类（均为 50%）。

22. 2013 届大学毕业生毕业半年内的离职率（34%）与 2012 届（33%）基本持平。其中，本科院校 2013 届毕业生毕业半年内离职率为 24%，与 2012 届（24%）持平，高职高专院校 2013 届毕业生毕业半年内离职率为 43%，与 2012 届（42%）基本持平。

23. 在 2013 届本科学科门类中，医学和工学半年内离职率最低，均为

18%，文学的半年内离职率最高，为30%。在高职高专专业大类中，医药卫生大类半年内离职率最低，为21%，艺术设计传媒大类的半年内离职率最高，为53%。

24. 2013届大学生毕业半年内离职的人群有98%发生过主动离职，主动离职的主要原因是"个人发展空间不够"（51%）和"薪资福利偏低"（49%）。

第四章　专业预警

1. 2014年本科就业红牌警告专业包括：生物科学与工程、法学、生物技术、生物工程、动画、美术学、艺术设计、体育教育。2014年高职高专就业红牌警告专业包括：法律事务、语文教育、电子商务、会计电算化、生物技术及应用、工商企业管理、计算机信息管理、计算机应用技术。以上专业大部分与2013年的红牌专业相同，这些专业失业量较大、就业率较低，薪资较低。

2. 2014年本科就业绿牌发展专业包括：建筑学、地质工程、矿物加工工程、采矿工程、油气储运工程、车辆工程、城市规划、船舶与海洋工程、审计学。2014年高职高专就业绿牌发展专业包括：电气化铁道技术、供热通风与空调工程技术、铁道工程技术、楼宇智能化工程技术、石油化工生产技术、道路桥梁工程技术。以上专业大部分与2013年的绿牌专业相同，这些专业的就业率持续走高，薪资走高。

第五章　能力与知识

1. 无论是本科毕业生还是高职高专毕业生，其毕业时对基本工作能力的掌握水平均低于工作岗位要求的水平。

2. 2013届本科毕业生在理解交流能力中最重要的是有效的口头沟通能力（重要度为77%），其满足度为82%；科学思维能力中最重要的是针对性写作能力和科学分析能力（重要度均为67%），其满足度分别为79%和81%；管理能力中最重要的是谈判技能（重要度为76%），其满足度为74%；应用分析能力中最重要的是疑难排解能力（重要度为74%），其满足度为77%；动手能力中最重要的是电脑编程能力（重要度为74%），其满足度为70%。

3. 2013 届高职高专毕业生在理解交流能力中最重要的是有效的口头沟通能力（重要度为 74%），其满足度为 83%；科学思维能力中最重要的是科学分析能力（重要度为 62%），其满足度为 82%；管理能力中最重要的是谈判技能和说服他人能力（重要度均为 73%），其满足度分别为 81% 和 74%；应用分析能力中最重要的是疑难排解能力和技术设计能力（重要度均为 69%），其满足度分别为 80% 和 74%；动手能力中最重要的是电脑编程能力（重要度为 74%），其满足度为 69%。

4. 2013 届大学毕业生最重要的核心知识是销售与营销知识，其满足度较低，本科和高职高专毕业生分别为 72% 和 75%。

第六章 自主创业

1. 2013 届大学毕业生自主创业比例为 2.3%，比 2012 届（2.0%）高 0.3 个百分点，比 2011 届（1.6%）高 0.7 个百分点。2013 届高职高专毕业生自主创业比例（3.3%）高于本科毕业生（1.2%）。从近三届的趋势可以看出，大学毕业生自主创业的比例呈现上升趋势。

2. 2013 届本科毕业生自主创业比例最高的就业经济区域为泛长江三角洲区域经济体（1.8%）。2013 届高职高专毕业生自主创业比例最高的就业经济区域为泛长江三角洲区域经济体和中原区域经济体（均为 4.1%）。

3. 2013 届大学毕业生自主创业主要集中在销售职业类，本科为 16.4%，高职高专为 18.8%。2013 届本科毕业生自主创业集中的前两位行业类是教育业（15.0%）、零售商业（13.3%）。2013 届高职高专毕业生自主创业集中的前两位行业类是零售商业（13.6%）和建筑业（9.7%）。

4. 创业理想是 2013 届大学毕业生自主创业最重要的动力（本科为 46%，高职高专为 48%），大学毕业生因为找不到合适的工作才创业的比例（本科为 8%，高职高专为 7%）较小。

5. 2013 届大学毕业生自主创业的资金主要依靠父母/亲友投资或借贷和个人储蓄（本科为 80%，高职高专为 81%），而来自商业性风险投资（本科、高职高专均为 2%）和政府资助（本科为 2%，高职高专为 1%）的比例均较小。

第七章　国内读研和专升本

1. 2013 届本科毕业生国内读研的比例为 10.8%，比 2012 届（9.5%）高 1.3 个百分点，比 2011 届（9.2%）高 1.6 个百分点，最近三届呈上升趋势。在 2013 届本科毕业后就读研的毕业生中，有 29% 转换了专业。

2. 在 2013 届本科学科门类中，毕业生读研比例最高的是医学，为 16.8%；读研比例最低的是管理学，为 6.1%。读研转换专业比例最高的学科门类是管理学，有 43% 的读研学生转换了专业；读研转换专业比例最低的是工学，为 16%。

3. 2013 届本科毕业生读研主要的动机是就业前景好（55%）和职业发展需要（46%）。读研人群选择研究生院校时最关注的因素是所学专业的声誉（41%）和学校的牌子（22%）。

4. 2013 届本科毕业生读研的人群认为母校本科学术准备需要改进的是研究方法（60%），其次是学术批判性思维能力（52%）。

5. 2013 届高职高专生毕业后有 3.8% 选择了专升本，专升本比例最高的高职高专专业大类是文化教育大类（6.3%）。2013 届高职高专毕业生选择读本科的主要原因是职业发展需要（30%）、就业前景好（29%）和想去更好的大学（23%）。

第八章　校友评价

1. 2013 届大学毕业生对母校的总体满意度为 86%，与 2012 届（85%）基本持平，比 2011 届（82%）高 4 个百分点。其中，本科院校校友满意度为 87%，与 2012 届（86%）基本持平，比 2011 届（84%）高 3 个百分点；高职高专院校校友满意度为 85%，比 2012 届（83%）高 2 个百分点，比 2011 届（80%）高 5 个百分点。从近三届的趋势可以看出，大学毕业生对母校的总体满意度呈现上升趋势。

2. 泛长江三角洲区域经济体的 2013 届本科毕业生对母校的总体满意度最高（90%），泛渤海湾区域经济体的 2013 届高职高专毕业生对母校的总体满意度最高（87%）。

3. 2013届本科院校毕业生对母校的推荐度为61%，与2012届、2011届（均61%）均持平；高职高专院校为58%，与2012届（57%）基本持平，比2011届（56%）略高。从近三届的趋势可以看出，大学毕业生对母校的推荐度呈现平稳发展趋势。

第九章 社团活动及素养

1. 2013届大学毕业生在校期间参与度最高的社团活动为"公益类"（本科为30%，高职高专为26%），其次为"体育户外类"（本科为21%，高职高专为22%）。有25%的本科毕业生和30%的高职高专毕业生没有参加任何社团活动。在对参加的各类社团活动进行评价时，2013届本科毕业生满意度最高的活动为"体育户外类"（81%），高职高专毕业生满意度最高的活动为"公益类"（85%）。

2. 2013届本科、高职高专毕业生认为大学对"人生的乐观态度"（均为62%）和"积极努力、追求上进"（均为60%）这两方面素养的提升最有帮助。此外，有4%的本科毕业生和5%的高职高专毕业生认为大学对素养的提升没有任何帮助。

分报告二 大学毕业生中期职业发展

第一章 三年后毕业去向

1. 2010届大学生毕业三年后有90.6%受雇全职工作（本科为92.6%，高职高专为88.5%），4.1%的人自主创业（本科为2.2%，高职高专为6.0%），1.7%的人"正在读研"（本科为3.0%，高职高专为0.4%），2.3%的人"无工作，继续寻找工作"（本科为1.5%，高职高专为3.0%），还有1.4%的人无工作，且既没有求职也没有求学（本科为0.8%，高职高专为1.9%），有0.2%的高职高专毕业生"正在读本科"。

2. 有41%的2010届大学生毕业三年内转换了职业（本科为34%，高职高专为48%），与2009届三年内该指标（38%）相比上升了3个百分点。

3. 在 2010 届本科主要学科门类中，农学门类的本科生毕业三年内的职业转换率最高（44%），其次是文学（42%）；医学门类的职业转换率最低（22%）。在高职高专主要专业大类中，旅游大类的职业转换率最高（62%），其次是农林牧渔大类（58%）；资源开发与测绘大类的职业转换率最低（29%）。

4. 在 2010 届本科生毕业三年内转换过的职业类中，被转入最多的是"销售"，有 13.7% 的人转换职业后从事"销售"，其次为"行政/后勤"（8.5%）；高职高专生转换职业中被转入最多的职业也是"销售"（13.8%），其次是"建筑工程"（9.5%）。

5. 有 48% 的 2010 届大学生在毕业三年内转换了行业（本科为 41%，高职高专为 54%），比 2009 届三年内该指标（43%）上升了 5 个百分点。

6. 在 2010 届本科主要学科门类中，农学门类的毕业生三年内的行业转换率最高（48%），其后是文学和管理学（均为 46%）；医学门类的行业转换率最低（23%）。在 2010 届高职高专主要专业大类中，艺术设计传媒大类的毕业生三年内的行业转换率最高（63%），其后是电子信息大类和财经大类（均为 59%）；医药卫生大类的行业转换率最低（28%）。

7. 2010 届本科生毕业三年内转换行业中被转入最多的行业类是"媒体、信息及通信产业"（11.4%），其次为"电子电气仪器设备及电脑制造业"（9.6%）；高职高专生毕业三年内转换行业中被转入最多的行业类是"建筑业"（11.6%），其次为"电子电气仪器设备及电脑制造业"（9.1%）。

第二章　三年后就业质量

1. 2010 届大学生毕业三年后的就业满意度为 43%，即在就业的毕业生中，有 43% 对自己的就业现状表示满意（本科为 46%，高职高专为 40%），比 2009 届该指标（36%）增长了 7 个百分点。

2. 2010 届本科生毕业三年后就业满意度最高的学科门类是法学（51%）；就业满意度最低的学科门类是工学（44%）。高职高专生毕业三年后就业满意度最高的专业大类是文化教育大类（45%）；就业满意度最低的专业大类是制造大类（35%）。

3. 2010届本科生毕业三年后就业满意度最高的职业类是"公安/检察/法院/经济执法"（60%）；就业满意度最低的职业类是"服装/纺织/皮革"（31%）。高职高专生毕业三年后就业满意度最高的职业类是"金融（银行/基金/证券/期货/理财）"（57%）；就业满意度最低的职业类是"电气/电子（不包括计算机）"、"机械/仪器仪表"（均为30%）。

4. 2010届本科生毕业三年后就业满意度最高的行业类是"金融（银行/保险/证券）业"、"教育业"、"政府及公共管理"（均为55%）；就业满意度最低的行业类是"玻璃黏土、石灰水泥制品业"、"机械五金制造业"（均为35%）。高职高专生毕业三年后就业满意度最高的行业类是"金融（银行/保险/证券）业"（54%）；就业满意度最低的行业类是"机械五金制造业"（31%）。

5. 2010届大学生毕业三年后就业满意度最高的用人单位类型是"政府机构/科研或其他事业单位"（本科为56%，高职高专为52%）；就业满意度最低的用人单位类型是"民营企业/个体"（本科为40%，高职高专为36%）。

6. 2010届大学生毕业三年后平均月收入为5301元（本科为5962元，高职高专为4640元）。2010届毕业生半年后的月收入为2479元（本科为2815元，高职高专为2142元），三年来月收入增长2822元，涨幅超过了一倍。其中，本科增长3147元，涨幅比例为112%；高职高专增长2498元，涨幅比例为117%。

7. 2010届本科生毕业三年后有13.1%的人月收入达到了10000元及以上，有6.7%的人月收入在3000元以下。高职高专生毕业三年后有5.3%的人月收入在10000元及以上，有17.1%的人月收入在3000元以下。

8. 2010届本科生毕业三年后学历提升为硕士的比例为12.3%，高职高专生毕业三年后学历提升为本科的比例为33.4%。

9. 2010届大学毕业生在毕业三年后学历提升的人群月收入为5216元，与学历一直未提升的人群月收入（5312元）基本持平。其中，本科毕业三年后学历为硕士的人群月收入为5792元，学历仍然为本科的人群月收入为5983元。高职高专毕业三年后学历为本科的人群与学历仍然为高职高专的人群月收入均为4640元。

10. 2010届本科学科门类中三年后月收入最高的是医学，为6367元，高于该学科门类半年后月收入（2756元）3611元；三年后月收入最低的是教育学（5124元），高于该学科门类半年后月收入（2491元）2633元。2010届高职高专专业大类中三年后月收入最高的是土建大类，为5302元，高于该专业大类半年后月收入（2168元）3134元；三年后月收入最低的是文化教育大类，为3939元，高于该专业大类半年后月收入（1944元）1995元。

11. 2010届本科生毕业三年后从事"互联网开发及应用"职业类的三年后月收入最高，为7841元，高于毕业半年后从事该职业类的本科毕业生月收入（3450元）4391元，涨幅比例为127%。毕业三年后月收入最低的是从事"行政/后勤"职业类的本科毕业生，为4524元，高于毕业半年后从事该职业类的本科毕业生月收入（2430元）2094元。2010届高职高专生毕业三年后从事"经营管理"职业类的月收入最高，为5765元，高于毕业半年后从事该职业类的高职高专毕业生月收入（2478元）3287元，涨幅比例为133%。毕业三年后月收入最低的是从事"行政/后勤"职业类的高职高专毕业生，为3376元，高于毕业半年后从事该职业类的高职高专毕业生月收入（1867元）1509元。

12. 2010届本科生毕业三年后在"金融（银行/保险/证券）业"就业的毕业生月收入最高，为7074元，高于毕业半年后在该行业类就业的毕业生月收入（3370元）3704元；毕业三年后月收入最低的是就业于"政府及公共管理"部门的本科毕业生，为4539元，月收入增长也最少，高于毕业半年后在该行业类就业的毕业生月收入（2653元）1886元。2010届高职高专生毕业三年后在"运输业"就业的毕业生月收入最高，为5421元，高于毕业半年后在该行业类就业的毕业生月收入（2347元）3074元；毕业三年后月收入最低的是就业于"政府及公共管理"部门的高职高专毕业生，为3610元，高于毕业半年后在该行业类就业的毕业生月收入（1831元）1779元。

13. 2010届本科生毕业后在"中外合资/外资/独资"就业的三年后月收入（7031元）最高；而在"民营企业/个体"就业的三年后月收入涨幅比例最大，为133%。2010届高职高专生在"中外合资/外资/独资"就业的三年后月收入最高（5048元）；而在"民营企业/个体"就业的三年后月收入涨幅比例最大，为133%。

14. 2010届大学毕业生在3000人以上规模的大型用人单位就业的三年后月收入最高，本科为6658元，高职高专为5104元。

15. 2010届本科生毕业三年后在泛珠江三角洲区域经济体（包括广东、广西、福建、海南）就业的月收入最高，为6600元，增长3426元，涨幅比例为108%；在陕甘宁青区域经济体（包括陕西、甘肃、宁夏、青海）就业的月收入最低，为4937元，增长2500元，涨幅比例最小，为103%。高职高专生毕业三年后在泛长江三角洲区域经济体（包括上海、江苏、浙江、江西、安徽）就业的月收入最高（5117元），增长2790元，涨幅比例为120%；在陕甘宁青区域经济体就业的月收入最低，为4232元，增长2404元，涨幅比例最大，为132%。

16. 2010届大学生毕业三年内有57%的人获得职位晋升。其中本科这一比例为55%，低于高职高专毕业生的晋升比例（58%）。

17. 2010届本科管理学门类毕业生三年内获得职位晋升的比例最高，为61%；医学门类获得职位晋升的比例最低，为46%。高职高专旅游大类毕业生三年内获得职位晋升的比例最高，为66%；医药卫生大类的比例最低，为39%。

18. 2010届大学生毕业三年内平均获得职位晋升0.9次，其中本科为0.8次，略低于高职高专毕业生（1.0次）。有33%的本科毕业生获得过1次晋升，高职高专这一比例为30%；有7%的本科毕业生获得过3次及以上的晋升，高职高专这一比例为10%。

19. 2010届本科农学、管理学门类的毕业生三年内获得职位晋升的次数最多，为1.0次；医学门类的本科生毕业三年内获得职位晋升的次数最少，为0.6次。2010届高职高专旅游大类毕业生三年内获得职位晋升的次数最多，为1.2次；医药卫生大类高职高专生毕业三年内获得职位晋升的次数最少，为0.6次。

20. 2010届本科从事"餐饮/娱乐"职业类的大学生毕业三年内获得职位晋升的次数最多，为1.5次；从事"公安/检察/法院/经济执法"职业类的大学毕业生职位晋升次数最少，为0.4次。2010届高职高专从事"经营管理"职业类的大学生毕业三年内获得职位晋升的次数最多，为1.7次；从事"医疗保健/紧急救助"职业类的大学毕业生职位晋升次数最少，为0.4次。

21. 2010 在"艺术、娱乐和休闲业"、"邮递、物流及仓储业"、"住宿和饮食业"就业的本科大学生毕业三年内获得职位晋升的次数最多，均为 1.3 次；在"政府及公共管理"部门就业的大学毕业生获得职位晋升的次数最少，为 0.4 次。2010 届在"艺术、娱乐和休闲业"、"住宿和饮食业"就业的高职高专毕业生获得职位晋升的次数最多，均为 1.4 次；在"政府及公共管理"部门、"医疗和社会护理服务业"就业的毕业生获得职位晋升的次数最少，均为 0.6 次。

22. 2010 届毕业生职位晋升的类型主要是薪资的增加、工作职责的增加；本科毕业分别为 75%、72%，高职高专毕业分别为 71%、69%。

23. 2010 届本科毕业生认为对职位晋升有帮助的大学活动主要是课外自学的知识和技能（含培训）（46%）；高职高专毕业生认为对职位晋升有帮助的大学活动主要是扩大社会人脉关系（39%）、课外自学的知识和技能（含培训）（36%）。

24. 2010 届大学生毕业三年后工作与专业相关度为 62%，比 2010 届毕业半年后（64%）低 2 个百分点，与 2009 届毕业三年后（61%）基本持平。其中，本科毕业三年后工作与专业相关度为 67%，比毕业半年后（69%）低 2 个百分点；高职高专毕业三年后工作与专业相关度为 57%，比毕业半年后（59%）低 2 个百分点。

25. 在本科学科门类中，三年后工作与专业相关度最高的是医学（87%），其次是工学（72%），农学门类三年后工作与专业相关度最低，为 51%。法学门类三年后工作与专业相关度（56%）比半年后（51%）提高了 5 个百分点。在高职高专专业大类中，三年后工作与专业相关度最高的是医药卫生大类（79%），最低的是旅游大类（37%）；其中轻纺食品大类工作与专业相关度三年内下降最多，下降了 19 个百分点，其次是旅游大类，下降了 16 个百分点。

26. 2010 届大学毕业生毕业三年内平均为 2.3 个雇主工作过，其中本科毕业生的平均雇主数为 2.0 个，低于高职高专毕业生的平均雇主数（2.5 个）。

27. 2010 届本科的艺术类毕业生三年内更换雇主最多，平均雇主数为 2.4 个；地矿类毕业生平均雇主数（1.4 个）最少。高职高专的艺术设计类毕业生

平均雇主数最多，为 2.9 个；民航运输类、电力技术类毕业生平均雇主数（均为 1.8 个）最少。

28. 有 40% 的本科生毕业三年内仅为 1 个雇主工作过，33% 有 2 个雇主，7% 有 4 个及以上雇主。而高职高专毕业生更换雇主更为频繁，仅有 23% 的高职高专生毕业三年内一直为 1 个雇主工作，而雇主数为 4 个及以上的高职高专毕业生达到了 17%。

29. 在 2010 届本科毕业生中，毕业三年内一直为 1 个雇主工作的毕业生月收入最高，为 6442 元。为之工作过的雇主数越多，其月收入反而越低；为 5 个及以上雇主工作过的本科生毕业三年后月收入最低，仅为 5365 元。雇主数为 1 个的高职高专生毕业三年后月收入最高，为 5096 元。

第三章　三年后基本工作能力

2010 届本科生和高职高专生毕业三年后认为重要的工作能力包括有效的口头沟通、积极学习、协调安排、学习方法、时间管理、解决复杂的问题等。

第四章　三年后自主创业

1. 2010 届大学生毕业半年后有 1.5% 的人自主创业（本科为 0.9%，高职高专为 2.2%），三年后有 4.1% 的人自主创业（本科为 2.2%，高职高专为 6.0%），说明有更多的毕业生在毕业三年内选择了自主创业。

2. 毕业半年后自主创业的 2010 届本科毕业生中有 41.1% 的人三年后还在继续自主创业，比 2009 届（29.6%）增长了 11.5 个百分点；有 53.4% 的人选择了受雇全职工作，比 2009 届（63.0%）减少了 9.6 个百分点。毕业半年后自主创业的 2010 届高职高专毕业生中有 42.6% 的人三年后还在继续自主创业，比 2009 届（30.0%）增长了 12.6 个百分点；有 50.3% 的人选择了受雇全职工作，比 2009 届（60.0%）减少了 9.7 个百分点。

3. 2010 届本科生毕业三年后自主创业的人群在毕业半年后有 77.4% 处于受雇全职/半职工作状态，比 2009 届（79.3%）减少了 1.9 个百分点；有 9.5% 的人在毕业半年后自主创业，比 2009 届（5.1%）增长了 4.4 个百分点；

有 8.7% 的人在毕业半年后处于失业状态，比 2009 届（14.6%）减少了 5.9 个百分点。2010 届高职高专生毕业三年后自主创业的人群在毕业半年后有 79.6% 处于受雇全职/半职工作状态，比 2009 届（75.1%）增长了 4.5 个百分点；有 12.3% 的人在毕业半年后自主创业，比 2009 届（3.7%）增长了 8.6 个百分点；有 7.2% 的人在毕业半年后处于失业状态，比 2009 届（21.2%）减少了 14.0 个百分点。

4. 2010 届本科生毕业三年后自主创业人群的月收入为 8424 元，比 2009 届该指标（7643 元）高 10%，比 2010 届本科生毕业三年后平均月收入（5962 元）高 41%。2010 届高职高专生毕业三年后自主创业人群月收入为 6651 元，比 2009 届该指标（5804 元）高 15%，比 2010 届高职高专生毕业三年后平均月收入（4640 元）高 43%。

5. 2010 届本科生毕业三年后自主创业的职业主要集中在总经理和日常主管（7.1%），其后是"非农产品的批发和零售卖主"、"销售经理"（均为 3.5%）。2010 届高职高专生毕业三年后自主创业的职业主要集中在"总经理和日常主管"（4.6%），其次是"销售经理"（4.4%）。

6. 2010 届本科生毕业三年后自主创业的行业主要集中在"中小学教育机构"（4.6%），其次是"其他个人服务业"（4.4%）。高职高专生毕业三年后自主创业的行业主要集中在"建筑装修业"（4.3%），其后是"其他个人服务业"和"服装零售业"（均为 3.6%）。

7. 2010 届本科生毕业三年后自主创业人群认为创业最重要的五项基本工作能力依次是：有效的口头沟通、积极学习、时间管理、协调安排和学习方法；高职高专生毕业三年后自主创业人群认为创业最重要的五项基本工作能力依次是：有效的口头沟通、积极学习、谈判技能、学习方法和协调安排。

第五章　培训

1. 2010 届本科生毕业三年内有 60% 接受过雇主提供的培训，8% 接受过自费培训，15% 既接受过自费培训又接受过雇主提供的培训，还有 17% 的人两类培训都没有接受过。

2. 2010 届高职高专生毕业三年内有 49% 接受过雇主提供的培训，13% 接

受过自费培训，12%既接受过自费培训又接受过雇主提供的培训，还有26%的人两类培训都没有接受过。

3. 2010届本科生和高职高专生毕业三年内接受自费培训前三位的原因都是为了提升个人综合素质的需要（本科为77%，高职高专为69%）、在现有工作单位做好工作或晋升（本科为49%，高职高专为39%）、为转换职业和行业做准备（本科为35%，高职高专为38%）。

4. 2010届本科生和高职高专生毕业三年内接受的最主要的自费培训都是从业资格证书培训（本科为61%，高职高专为70%）。

5. 2010届本科生和高职高专生毕业三年内接受的最主要的雇主培训都是岗位技能和知识培训（本科为92%，高职高专为87%）、公司文化和价值观培训（本科为66%，高职高专为61%）。

第六章　校友评价

2010届本科和高职高专生在毕业三年后认为母校专业教学中最需要改进的前三位都是实习和实践环节不够（本科为45%，高职高专为40%）、课程内容不实用或陈旧（本科为21%，高职高专为22%）、无法调动学生学习兴趣（本科为15%，高职高专为19%）。

分报告三　专题研究：教学培养评价

1. 2013届毕业生的核心课程重要度评价为79%，其中，本科为78%，高职高专为80%。在本科院校中，"211"院校毕业生的核心课程重要度评价为80%，非"211"本科院校为77%。2013届毕业生的核心课程满足度评价为65%，其中，本科为64%，高职高专为65%。在本科院校中，"211"院校毕业生的核心课程满足度评价为67%，非"211"本科院校为63%。

2. 在2013届本科学科门类中，医学核心课程的重要度评价（91%）最高，其满足度为66%。在高职高专专业大类中，医药卫生大类核心课程的重要度评价（93%）最高，其满足度为76%。

3. 2013届有46%的人与任课教师"每周至少一次"或"每月至少一次"

课下交流。其中，本科毕业生中有16%的人与任课教师"每周至少一次"交流，低于高职高专毕业生（29%）。

4. 在2013届本科学科门类中，与任课教师"每周至少一次"或"每月至少一次"课下交流程度较高的是文学（47%）、教育学（46%），最低的是农学和医学（均为29%）。在高职高专专业大类中，与任课教师"每周至少一次"或"每月至少一次"课下交流程度较高的是生化与药品大类（60%）、艺术设计传媒大类（59%），最低的是医药卫生大类（42%）。

5. 2013届毕业生对教学的满意度为83%，其中，本科为81%，高职高专为84%。在本科院校中，"211"院校毕业生对教学的满意度为83%，非"211"本科院校为81%。在2013届本科学科门类中，教学满意度最高的是农学（87%），最低的为教育学（78%）。高职高专教学满意度最高的专业大类为医药卫生大类（90%），最低的为材料与能源大类（80%）。

6. 2013届毕业生认为母校的教学最需要改进的地方为"实习和实践环节不够"（本科为70%，高职高专为64%）。2013届本科毕业生认为实习和实践环节需要加强的地方是"专业实习"（88%），高职高专为"专业技能相关实训"（82%）。

7. 2013届毕业生对学生工作的满意度为80%，其中，本科为79%，高职高专为80%。在本科院校中，"211"院校和非"211"本科院校毕业生对学生工作的满意度均为79%。在2013届本科学科门类中，学生工作满意度最高的是管理学（82%），最低的为教育学（76%）。高职高专学生工作满意度最高的专业大类为财经大类、文化教育大类（均为83%），最低的为材料与能源大类（71%）。

8. 2013届本科毕业生认为母校的学生工作需要改进的地方是"与辅导员或班主任接触时间太少"（54%），其次是"解决学生问题不及时"（40%）；高职高专毕业生首选"与辅导员或班主任接触时间太少"（48%），其次是"学生社团活动组织不够好"（41%）。

分报告一　应届大学毕业生就业报告

B.3
第一章
毕业去向

结论摘要

一　总体毕业去向分布

1. 在 2013 届大学毕业生中，有 81.8% 的人毕业半年后受雇全职或半职工作，2.3% 的人自主创业。有 7.9% 的人处于失业状态，其中 0.9% 准备国内外读研，4.7% 准备继续寻找工作，还有 2.3% 放弃了继续求职和求学。

2. 2013 届大学生毕业半年后"受雇全职工作"的比例（80.6%）比 2012 届、2011 届（分别为 81.3%、81.0%）略有下降；而"无工作，继续寻找工作"的比例 2013 届为 4.7%，比 2012 届（5.3%）下降 0.6 个百分点，比 2011 届（6.1%）下降 1.4 个百分点，连续三届呈下降趋势。

二 各类型院校毕业生毕业去向分布

1. 2013届本科生毕业半年后"受雇全职工作"的比例（78.6%）比2012届（79.5%）下降0.9个百分点，比2011届（79.8%）下降1.2个百分点，连续三届呈下降趋势；在国内外读研的比例2013届为12.2%，比2012届（10.9%）增加1.3个百分点，比2011届（10.1%）增加2.1个百分点，连续三届呈上升趋势。

2. 2013届"211"院校毕业生毕业半年后"受雇全职工作"的比例2013届为66.7%，比2012届（68.8%）下降2.1个百分点，比2011届（72.1%）下降5.4个百分点，连续三届呈下降趋势；在国内外读研的比例（26.9%），比2012届（24.4%）增加2.5个百分点，比2011届（19.9%）增加7.0个百分点，连续三届呈上升趋势。

3. 2013届非"211"本科生毕业半年后"受雇全职工作"的比例2013届为81.0%，比2012届（81.7%）降低0.7个百分点，与2011届（81.2%）基本持平；在国内外读研的比例（9.2%）比2012届、2011届（均为8.2%）均增加了1.0个百分点。

4. 2013届高职高专生毕业半年后"受雇全职工作"的比例为82.5%，与2012届、2011届（分别为83.0%、82.8%）均基本持平；"无工作，继续寻找工作"的比例2013届为5.7%，比2012届（6.8%）下降1.1个百分点，比2011届（7.4%）下降1.7个百分点，连续三届呈下降趋势。

三 就业地分布

2013届本科生毕业半年后就业区域主要集中在泛长江三角洲区域（包括上海、江苏、浙江、江西、安徽），占27.2%；泛渤海湾区域（包括北京、天津、山东、河北、内蒙古、山西），占23.6%；泛珠江三角洲区域（包括广东、广西、福建、海南），占20.2%。2013届高职高专生毕业半年后就业地也主要集中在这三个区域，所占比例依次是23.2%、23.3%和20.6%。

四 就业城市类型

2013届大学生毕业半年后有20%在直辖市就业，28%在副省级城市就业，52%在地级城市及以下就业。其中本科毕业生比高职高专毕业生在直辖市就业的比例高5个百分点（分别为23%和18%）。我国大学生连续三届就业的城市

类型分布比较稳定，没有数据表明现在的大学毕业生和之前的相比，在不同类型城市的就业比例存在明显差异。

一 总体毕业去向分布

大学毕业生： 本科院校、高职高专院校的毕业生。

毕业半年后： 2013 届毕业生毕业第二年（即 2014 年）的 1 月。麦可思在此时展开调查，收集数据。此时毕业生的就业状况趋于稳定，有工作经历的毕业生也能够评估工作对自己知识、能力的要求。

毕业去向分布： 麦可思将中国本科毕业生的毕业状况分为九类：受雇全职工作；受雇半职工作；自主创业；正在国内读研；正在港澳台地区及国外读研；无工作，准备国内读研；无工作，准备到港澳台地区及国外读研；无工作，继续寻找工作；无工作，其他。同理将中国高职高专毕业生的毕业状况分为六类：受雇全职工作；受雇半职工作；自主创业；毕业后读本科；无工作，继续寻找工作；无工作，其他。将上述本科九类和高职高专六类毕业状况叫作大学毕业生的去向分布。其中，受雇全职工作指平均每周工作 32 小时或以上。受雇半职工作指平均每周工作 20 小时到 31 小时。

已就业人群： 包括"受雇全职工作"、"受雇半职工作"、"自主创业"三类人群。

图 1 - 1 - 1 是 2013 届大学生毕业半年后的去向分布。可以看出，在 2013 届大学毕业生中，有 81.8% 的人毕业半年后受雇全职或半职工作，2.3% 的人自主创业。有 7.9% 的人处于失业状态，其中 0.9% 准备国内外读研，4.7% 准备继续寻找工作，还有 2.3% 放弃了继续求职和求学。

图 1 - 1 - 2 是 2011～2013 届大学生毕业半年后的去向分布变化。可以看出，2013 届大学生毕业半年后"受雇全职工作"的比例（80.6%），比 2012 届、2011 届（分别为 81.3%、81.0%）略有下降；而"无工作，继续寻找工作"的比例 2013 届为 4.7%，比 2012 届（5.3%）下降 0.6 个百分点，比 2011 届（6.1%）下降 1.4 个百分点，连续三届呈下降趋势。

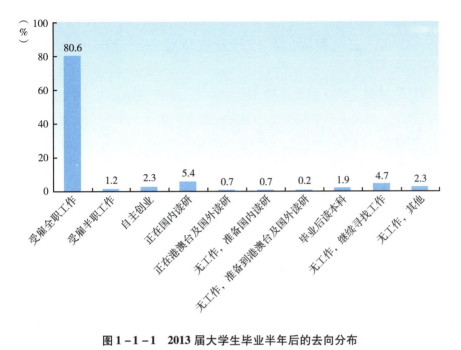

图1-1-1　2013届大学生毕业半年后的去向分布

数据来源：麦可思-中国2013届大学毕业生社会需求与培养质量调查。

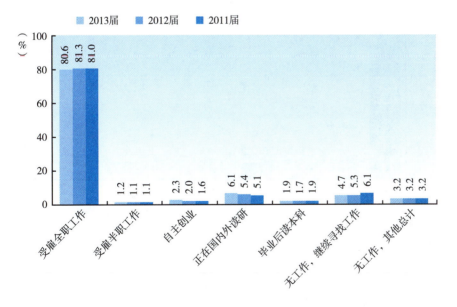

图1-1-2　2011~2013届大学生毕业半年后的去向分布变化

数据来源：麦可思-中国2011~2013届大学毕业生社会需求与培养质量调查。

二 各类型院校毕业生毕业去向分布

"211" 院校：1993 年 2 月 13 日中共中央、国务院印发的《中国教育改革和发展纲要》及国务院《关于〈中国教育改革和发展纲要〉的实施意见》中确定，国家要面向 21 世纪，重点建设 100 所左右的高等学校和一批重点学科点。迄今为止，全国共批准"211"院校 112 所。

非"211"本科院校：中国除"211"院校以外的所有本科院校。

图 1 - 1 - 3 是本科院校 2011 ~ 2013 届毕业生毕业半年后的去向分布变化。可以看出，2013 届本科生毕业半年后"受雇全职工作"的比例（78.6%），比 2012 届（79.5%）下降 0.9 个百分点，比 2011 届（79.8%）下降 1.2 个百分点，连续三届呈下降趋势；在国内外读研的比例 2013 届为 12.2%，比 2012 届（10.9%）增加 1.3 个百分点，比 2011 届（10.1%）增加 2.1 个百分点，连续三届呈上升趋势。

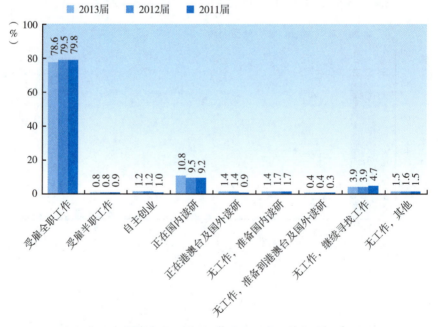

图 1 - 1 - 3 本科院校 2011 ~ 2013 届毕业生毕业半年后的去向分布变化

数据来源：麦可思 - 中国 2011 ~ 2013 届大学毕业生社会需求与培养质量调查。

图 1 – 1 – 4 是"211"院校 2011～2013 届毕业生半年后的去向分布变化。可以看出,2013 届"211"院校毕业生毕业半年后"受雇全职工作"的比例 2013 届(66.7%),比 2012 届(68.8%)下降 2.1 个百分点,比 2011 届(72.1%)下降 5.4 个百分点,连续三届呈下降趋势;在国内外读研的比例(26.9%),比 2012 届(24.4%)增加 2.5 个百分点,比 2011 届(19.9%)增加 7.0 个百分点,连续三届呈上升趋势。

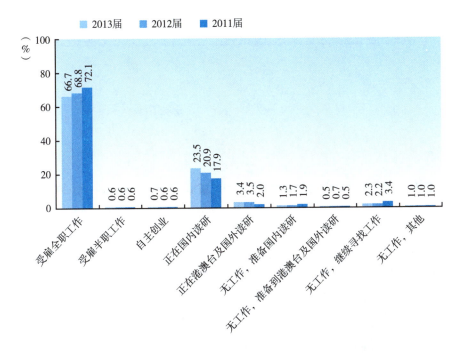

图 1 – 1 – 4 "211"院校 2011～2013 届毕业生毕业半年后的去向分布变化

数据来源:麦可思 – 中国 2011～2013 届大学毕业生社会需求与培养质量调查。

图 1 – 1 – 5 是非"211"本科院校 2011～2013 届毕业生毕业半年后的去向分布变化。可以看出,2013 届非"211"本科生毕业半年后"受雇全职工作"的比例 2013 届为 81.0%,比 2012 届(81.7%)降低 0.7 个百分点,与 2011 届(81.2%)基本持平;在国内外读研的比例(9.2%)比 2012 届、2011 届(均为 8.2%)均增加了 1.0 个百分点。

图 1 – 1 – 6 是高职高专院校 2011～2013 届毕业生毕业半年后的去向分布

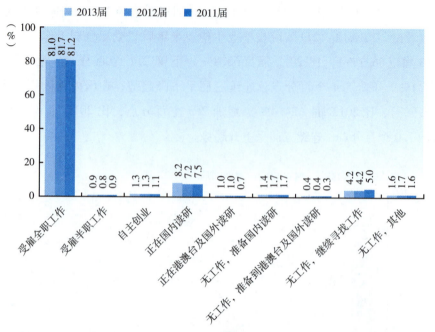

图 1-1-5 非 "211" 本科院校 2011~2013 届毕业生毕业半年后的去向分布变化

数据来源：麦可思-中国 2011~2013 届大学毕业生社会需求与培养质量调查。

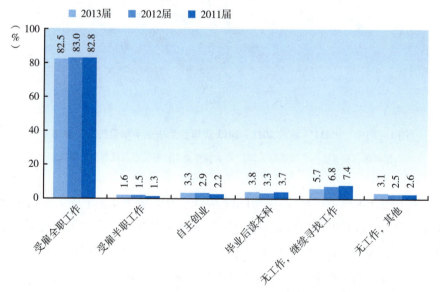

图 1-1-6 高职高专院校 2011~2013 届毕业生毕业半年后的去向分布变化

数据来源：麦可思-中国 2011~2013 届大学毕业生社会需求与培养质量调查。

变化。可以看出，2013届高职高专生毕业半年后"受雇全职工作"的比例
（82.5%），与2012届、2011届（分别为83.0%、82.8%）均基本持平；
"无工作，继续寻找工作"的比例2013届为5.7%，比2012届（6.8%）下
降1.1个百分点，比2011届（7.4%）下降1.7个百分点，连续三届呈下降
趋势。

三　就业地分布

就业地：指大学毕业生在接受调查时的就业所在地区。

经济区域：本研究把中国内地31个省、直辖市和自治区分为八个经济体
区域。

a. 东北区域经济体：包括黑龙江、吉林、辽宁；

b. 泛渤海湾区域经济体：包括北京、天津、山东、河北、内蒙古、山
西；

c. 陕甘宁青区域经济体：包括陕西、甘肃、宁夏、青海；

d. 中原区域经济体：包括河南、湖北、湖南；

e. 泛长江三角洲区域经济体：包括上海、江苏、浙江、江西、安徽；

f. 泛珠江三角洲区域经济体：包括广东、广西、福建、海南；

g. 西南区域经济体：包括重庆、四川、贵州、云南；

h. 西部生态经济区：包括西藏、新疆。

图1-1-7和图1-1-8分别是2013届本科和高职高专毕业生就业地的
分布。可以看出，2013届本科生毕业半年后就业区域主要集中在泛长江三角
洲区域（包括上海、江苏、浙江、江西、安徽），占27.2%；泛渤海湾区域
（包括北京、天津、山东、河北、内蒙古、山西）占23.6%；泛珠江三角洲区
域（包括广东、广西、福建、海南），占20.2%。2013届高职高专生毕业半
年后就业地也主要集中在这三个区域，所占比例依次是23.2%、23.3%和
20.6%。

图 1 - 1 - 7　2013 届本科毕业生按就业地的分布

＊特别说明：东北区域经济体样本较少。

数据来源：麦可思－中国 2013 届大学毕业生社会需求与培养质量调查。

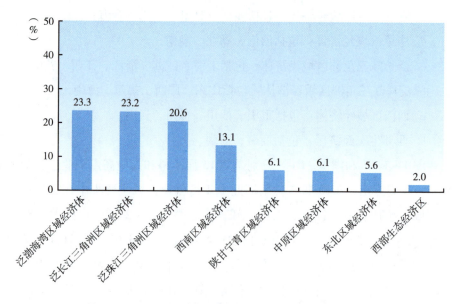

图 1 - 1 - 8　2013 届高职高专毕业生按就业地的分布

数据来源：麦可思－中国 2013 届大学毕业生社会需求与培养质量调查。

四 就业城市类型

城市类型：本研究按行政级别把中国内地城市分为以下三种类型。

a. 直辖市：包括北京、上海、天津、重庆。

b. 副省级城市：包括哈尔滨、长春、沈阳、大连、济南、青岛、南京、杭州、宁波、厦门、广州、深圳、武汉、成都、西安 15 个城市。部分省会城市不属于副省级城市。

c. 地级城市及以下：如绵阳、保定、苏州等，也包括省会城市如福州、银川等以及地级市下属的县、乡等。

图 1 - 1 - 9 是 2013 届大学毕业生的就业城市类型分布。可以看出，2013 届大学生毕业半年后有 20% 在直辖市就业，28% 在副省级城市就业，52% 在地级城市及以下就业。其中本科毕业生比高职高专毕业生在直辖市就业的比例高 5 个百分点（分别为 23% 和 18%）。

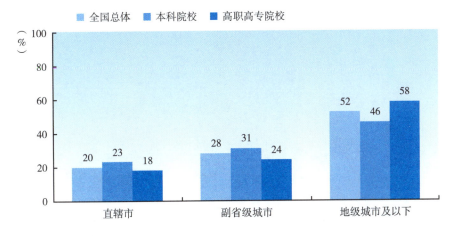

图 1 - 1 - 9 2013 届大学毕业生的三类就业城市分布

数据来源：麦可思 - 中国 2013 届大学毕业生社会需求与培养质量调查。

图 1 - 1 - 10 是 2011 ~ 2013 届大学毕业生就业城市类型的分布变化。可以看出，大学生连续三届就业的城市类型分布比较稳定，没有数据表明现在的大学毕业生和之前的相比，在不同类型城市的就业比例存在明显差异。

图1-1-10 2011~2013届大学毕业生的三类就业城市分布变化

数据来源：麦可思-中国2011~2013届大学毕业生社会需求与培养质量调查。

B.4

第二章

就业数量

结论摘要

一 总体就业率

1. 2013届大学生毕业半年后的就业率（91.4%）比2012届（90.9%）略有上升，比2011届（90.2%）上升1.2个百分点。其中，本科院校2013届毕业生毕业半年后的就业率为91.8%，与2012届（91.5%）基本持平，比2011届（90.8%）上升1个百分点；高职高专院校2013届毕业生毕业半年后的就业率为90.9%，比2012届（90.4%）略有上升，比2011届（89.6%）上升1.3个百分点。从近三届的趋势可以看出，大学毕业生毕业半年后就业率呈现上升趋势。

2. "211"院校2013届毕业生毕业半年后的非失业率为94.9%，比2012届（94.4%）略有上升，比2011届（93.2%）上升1.7个百分点，连续三届呈上升趋势；非"211"本科院校2013届毕业生半年后的就业率为91.6%，与2012届（91.3%）基本持平，比2011届（90.6%）上升1个百分点，连续三届呈上升趋势。

3. 2013届泛珠江三角洲区域经济体本科院校毕业生毕业半年后的就业率最高，为93.2%；2013届泛长江三角洲区域经济体高职高专院校毕业生毕业半年后的就业率最高，为91.9%。

二 专业分析

1. 2013届本科生毕业半年后就业率最高的学科门类是管理学（93.5%），最低的是理学（88.1%）；高职高专生毕业半年后就业率最高的专业大类是材料与能源大类（92.1%），最低的是艺术设计传媒大类和旅游大类（均为

88.3%）。本科生毕业半年后就业率最高的专业类是能源动力类（95.2%），最低的是生物科学类（85.1%）；高职高专生毕业半年后就业率最高的专业类是电力技术类（93.8%），最低的是法律实务类（85.2%）。

2. 从三届的就业率变化趋势可以看出，本科学科门类中的管理学、法学毕业生毕业半年后就业率持续上升，高职高专专业大类中的财经大类、医药卫生大类、文化教育大类、艺术设计传媒大类毕业生毕业半年后就业率持续上升。

3. 2013届本科生毕业半年后就业率居前三位的专业是建筑学（98.3%）、安全工程（96.9%）、地质工程（96.7%）。高职高专生毕业半年后就业率居前三位的专业是城市轨道交通运营管理（97.6%）、学前教育（97.5%）、电气化铁道技术（97.0%）。

三 职业分析

1. 2013届本科生毕业半年后从事最多的职业类是"行政/后勤"，就业比例为8.5%，其次是"建筑工程"（8.3%）和"财务/审计/税务/统计"（8.1%）。高职高专生毕业半年后从事最多的职业类是"财务/审计/税务/统计"，就业比例为12.5%，其次是"销售"（10.3%）。

2. 与2011届相比，2013届本科毕业生就业比例增加最多的职业类为"建筑工程"，增加了3.9个百分点；就业比例降低最多的职业类为"销售"，降低了3.4个百分点。与2011届相比，2013届高职高专毕业生就业比例增加最多的职业类为"医疗保健/紧急救助"，增加了2.5个百分点；就业比例降低最多的职业类为"销售"，降低了3.3个百分点。

3. 从三届的就业趋势中可以看出，在就业比例排名前三位的职业类中，本科毕业生从事"建筑工程"职业类的比例逐届增加，从事"行政/后勤"职业类的比例逐届降低；高职高专毕业生从事"财务/审计/税务/统计"职业类的比例逐届增加，从事"销售"职业类的比例逐届降低。

四 行业分析

1. 2013届本科生毕业半年后就业最多的行业类是"建筑业"（10.6%），其次是"教育业"（10.0%）。2013届高职高专生毕业半年后就业最多的行业类是"建筑业"（12.0%），其次是"零售商业"（6.2%）和"电子电气仪器设备及电脑制造业"（6.2%）等。

2. 与 2011 届相比，2013 届本科毕业生就业比例增加最多的行业类为"建筑业"，增加了 4.1 个百分点；就业比例降低最多的行业类是"金融（银行/保险/证券）业"，降低了 2.5 个百分点。与 2011 届相比，2013 届高职高专毕业生就业比例增加最多的行业类为"医疗和社会护理服务业"，增加了 3.0 个百分点；就业比例降低最多的行业类是"教育业"，降低了 3.6 个百分点。

3. 从三届的就业趋势可以看出，在就业比例排名前三位的行业类中，本科毕业生在建筑业行业类就业的比例逐届增加，在"媒体、信息及通信产业"行业类就业的比例逐届降低；高职高专毕业生在"电子电气仪器设备及电脑制造业"行业类就业的比例逐届降低。

五 用人单位分析

1. "民营企业/个体"是 2013 届大学毕业生就业最多的用人单位类型，本科院校中有 45% 的毕业生就业于"民营企业/个体"，高职高专院校中有 63% 的毕业生就业于"民营企业/个体"。

2. 2013 届大学毕业生就业比例最高的用人单位规模是 300 人及以下规模的中小型用人单位（51%），其中本科毕业生这一比例为 45%，高职高专毕业生为 56%。

六 未就业分析

1. 2013 届大学生毕业半年后的失业率（8.6%）比 2012 届（9.1%）略有下降，比 2011 届（9.8%）下降 1.2 个百分点。其中，本科院校 2013 届毕业生失业率（8.2%），比 2012 届（8.5%）略有下降，比 2011 届（9.2%）下降 1 个百分点；高职高专院校 2013 届毕业生失业率（9.1%），比 2012 届（9.6%）略有下降，比 2011 届（10.4%）下降 1.3 个百分点。从近三届的趋势可以看出，大学毕业生毕业半年后失业率呈现下降趋势。

2. 2013 届本科毕业生失业率最高的专业为物理学（14.7%），其次为生物科学与工程（14.3%）；高职高专毕业生失业率最高的为艺术设计（14.9%），其次为法律事务（14.6%）。

3. 在 2013 届各类院校毕业生的未就业人群中，大多数毕业生还在继续找工作。本科院校处于未就业状态的毕业生（7.2%）中有 21% 为"待定族"（不求学不求职），高职高专院校处于未就业状态的毕业生（8.8%）中有

35% 为 "待定族"。

4. 在 2013 届本科院校毕业半年后的 "待定族" 中, 有 28% 的毕业生在准备公务员考试, 有 12% 的毕业生准备创业。在高职高专院校毕业半年后的 "待定族" 中, 有 21% 的毕业生准备创业, 有 8% 的毕业生在准备公务员考试。

一　总体就业率

就业率: 本科毕业生的就业率 = 已就业本科毕业生数/需就业的总本科毕业生数; 需要注意的是, 按劳动经济学的就业率定义, 已就业人数不包括国内外读研人数, 需就业的总毕业生数也不包括国内外读研的人数; 政府教育机构统计的就业率通常包括国内外读研人数, 也就是本报告中的非失业率。

高职高专毕业生的就业率 = 已就业高职高专毕业生数/需就业的总高职高专毕业生数; 其中, 已就业人数不包括读本科人数, 需就业的总毕业生数也不包括专升本人数。

非失业率: 非失业率是以全体大学毕业生为计算基数, 把就业和正在国内外读研的人群都算为非失业, 主要可以用来评估 "211" 院校的毕业生状况。就业率的计算对 "211" 院校不科学, 因为计算就业率时分子分母同时剔除读研人数, 造成读研的毕业生越多, 就业率就越低。所以非失业率才是评估 "211" 院校的科学指标。非失业率 = (已就业毕业生数 + 正在读研与留学毕业生数) /毕业生总数。

图 1-2-1 是 2011~2013 届大学生毕业半年后的就业率变化趋势。可以看出, 2013 届大学生毕业半年后的就业率 (91.4%), 比 2012 届 (90.9%) 略有上升, 比 2011 届 (90.2%) 上升 1.2 个百分点。其中, 本科院校 2013 届毕业生毕业半年后的就业率为 91.8%, 与 2012 届 (91.5%) 基本持平, 比 2011 届 (90.8%) 上升 1 个百分点; 高职高专院校 2013 届毕业生半年后的就业率为 90.9%, 比 2012 届 (90.4%) 略有上升, 比 2011 届 (89.6%) 上升 1.3 个百分点。从近三届的趋势可以看出, 大学毕业生半年后就业率呈现上升趋势。

图 1 - 2 - 1 2011～2013 届大学生毕业半年后的就业率变化趋势

数据来源：麦可思－中国 2011～2013 届大学毕业生社会需求与培养质量调查。

图 1 - 2 - 2 是 2011～2013 届本科生毕业半年后的就业率/非失业率变化趋势。可以看出，"211"院校 2013 届毕业生毕业半年后的非失业率为 94.9%，比 2012 届（94.4%）略有上升，比 2011 届（93.2%）上升 1.7 个百分点，连续三届呈上升趋势；非"211"本科院校 2013 届毕业生毕业半年后的就业率为 91.6%，与 2012 届（91.3%）基本持平，比 2011 届（90.6%）上升 1个百分点，连续三届呈上升趋势。

图 1 - 2 - 2 2011～2013 届本科生毕业半年后的就业率/非失业率变化趋势

数据来源：麦可思－中国 2011～2013 届大学毕业生社会需求与培养质量调查。

表1-2-1和表1-2-2分别是2011~2013届各经济区域本科生和高职高专生毕业半年后的就业率变化趋势。可以看出，2013届泛珠江三角洲区域经济体本科院校毕业生毕业半年后的就业率最高，为93.2%；2013届泛长江三角洲区域经济体高职高专院校毕业生毕业半年后的就业率最高，为91.9%。

表1-2-1　2011~2013届各经济区域本科生毕业半年后的就业率变化趋势*

单位：%

经济区域	本科院校学生毕业半年后的就业率		
	2013届	2012届	2011届
泛珠江三角洲区域经济体	93.2	93.4	92.9
泛长江三角洲区域经济体	92.8	93.0	93.2
西南区域经济体	92.8	92.3	92.2
中原区域经济体	91.5	91.6	90.0
泛渤海湾区域经济体	90.5	91.1	89.0
陕甘宁青区域经济体	90.0	89.3	90.1
全国本科	**91.8**	**91.5**	**90.8**

*西部生态经济区和东北区域经济体因为样本较少，没有包括在内。
数据来源：麦可思-中国2011~2013届大学毕业生社会需求与培养质量调查。

表1-2-2　2011~2013届各经济区域高职高专生毕业半年后的就业率变化趋势*

单位：%

经济区域	高职高专院校学生毕业半年后的就业率		
	2013届	2012届	2011届
泛长江三角洲区域经济体	91.9	91.3	91.0
泛珠江三角洲区域经济体	91.3	90.8	89.7
泛渤海湾区域经济体	90.7	90.4	89.4
中原区域经济体	90.6	90.2	88.7
陕甘宁青区域经济体	90.2	—	90.6
西南区域经济体	90.0	90.6	89.9
东北区域经济体	88.3	88.8	87.5
全国高职高专	**90.9**	**90.4**	**89.6**

*西部生态经济区因为样本较少，没有包括在内。
数据来源：麦可思-中国2011~2013届大学毕业生社会需求与培养质量调查。

二 专业分析

学科门类/专业大类：按照教育部的专业目录以及学校新增的专业，本次调查覆盖了本科院校所开设的学科门类 11 个，高职高专院校所开设的专业大类 19 个。

专业类：按照教育部的专业目录以及学校新增的专业，本次调查覆盖了本科院校所开设的专业类 68 个，高职高专院校所开设的专业类 74 个。

专业：按照教育部的专业目录以及学校新增的专业，本次调查覆盖了本科院校所开设的专业 324 个，高职高专院校所开设的专业 490 个。

表 1 - 2 - 3 是 2011～2013 届主要学科门类/专业大类学生毕业半年后的就业率变化趋势。可以看出，2013 届本科生毕业半年后就业率最高的学科门类是管理学（93.5%），最低的是理学（88.1%）；高职高专生毕业半年后就业率最高的专业大类是材料与能源大类（92.1%），最低的是艺术设计传媒大类

表 1 - 2 - 3　2011～2013 届主要学科门类/专业大类学生毕业半年后的就业率变化趋势*

单位：%

本科学科 门类名称	2013 届	2012 届	2011 届	高职高专 专业大类名称	2013 届	2012 届	2011 届
管 理 学	93.5	92.9	91.9	材料与能源大类	92.1	91.8	92.2
工 学	92.6	92.7	92.5	制造大类	91.8	91.3	91.6
经 济 学	91.9	92.0	90.0	轻纺食品大类	91.8	92.4	91.6
医 学	90.7	90.4	91.5	生化与药品大类	91.3	93.2	92.5
教 育 学	90.0	91.1	87.1	财经大类	91.0	90.7	88.8
农 学	89.8	89.6	91.3	土建大类	90.7	89.0	92.0
文 学	89.3	88.9	88.9	电子信息大类	90.6	90.3	90.5
法 学	88.4	87.2	86.8	医药卫生大类	90.5	90.3	88.2
理 学	88.1	89.1	89.1	交通运输大类	89.8	91.6	88.7
				文化教育大类	89.2	88.8	87.7
				旅游大类	88.3	88.9	91.9
				艺术设计传媒大类	88.3	86.7	83.2
全国本科	**91.8**	**91.5**	**90.8**	**全国高职高专**	**90.9**	**90.4**	**89.6**

* 个别学科门类/专业大类因为样本较少，没有包括在内。

数据来源：麦可思 - 中国 2011～2013 届大学毕业生社会需求与培养质量调查。

和旅游大类（均为88.3%）。从三届的就业率变化趋势可以看出，本科学科门类中的管理学、法学毕业生毕业半年后就业率持续上升，高职高专专业大类中的财经大类、医药卫生大类、文化教育大类、艺术设计传媒大类毕业生毕业半年后就业率持续上升。

表1-2-4和表1-2-5分别是2011~2013届本科和高职高专主要专业类毕业生毕业半年后的就业率变化趋势。可以看出，2013届本科生毕业半年后就业率最高的专业类是能源动力类（95.2%），最低的是生物科学类（85.1%）；高职高专生毕业半年后就业率最高的专业类是电力技术类（93.8%），最低的是法律实务类（85.2%）。

表1-2-4　2011~2013届本科主要专业类毕业生毕业半年后的就业率变化趋势*

单位：%

本科专业类名称	2013届	2012届	2011届	本科专业类名称	2013届	2012届	2011届
能源动力类	95.2	95.2	96.6	药学类	91.1	92.6	92.2
土建类	94.6	94.6	95.6	统计学类	91.1	90.8	89.2
护理学类	94.5	94.2	96.5	中国语言文学类	90.9	90.6	89.4
管理科学与工程类	93.6	93.0	92.2	仪器仪表类	90.5	91.5	92.8
环境生态类	93.6	93.3	94.3	电子信息科学类	90.3	91.8	90.6
工商管理类	93.5	92.8	92.6	轻工纺织食品类	90.3	89.5	89.0
机械类	93.3	93.8	94.2	环境与安全类	90.2	90.2	90.4
交通运输类	92.8	92.6	93.3	体育学类	90.1	89.8	87.1
临床医学与医学技术类	92.3	94.5	93.2	数学类	89.5	87.0	88.8
新闻传播学类	92.2	92.6	91.5	历史学类	88.9	89.7	87.2
电气信息类	92.1	92.8	92.5	艺术类	88.8	88.5	87.7
经济学类	91.9	91.1	90.6	化学类	88.3	89.9	89.4
化工与制药类	91.9	92.6	92.4	社会学类	88.2	89.3	91.4
地理科学类	91.8	91.3	89.2	环境科学类	88.0	87.7	87.6
外国语言文学类	91.6	91.3	90.1	生物工程类	87.1	88.2	88.5
材料类	91.6	91.8	92.5	心理学类	86.7	88.1	87.7
教育学类	91.6	91.3	89.5	法学类	86.4	86.1	85.9
测绘类	91.5	92.5	93.9	物理学类	85.4	87.5	88.0
政治学类	91.3	91.6	89.8	生物科学类	85.1	86.1	86.6
公共管理类	91.2	91.3	90.5				
全国本科	**91.8**	**91.5**	**90.8**	**全国本科**	**91.8**	**91.5**	**90.8**

*个别专业类因为样本较少，没有包括在内。

数据来源：麦可思-中国2011~2013届大学毕业生社会需求与培养质量调查。

表 1－2－5 2011～2013 届高职高专主要专业类毕业生毕业半年后的就业率变化趋势*

单位：%

高职高专专业类名称	2013 届	2012 届	2011 届	高职高专专业类名称	2013 届	2012 届	2011 届
电力技术类	93.8	93.3	93.2	港口运输类	91.0	90.5	88.7
建筑设备类	93.3	92.8	93.8	建筑设计类	90.9	89.9	89.9
机电设备类	93.0	92.6	94.1	财务会计类	90.8	90.3	90.8
能源类	92.8	92.3	91.0	语言文化类	90.7	90.2	87.6
测绘类	92.8	88.9	92.8	纺织服装类	90.7	91.5	90.7
食品类	92.4	93.1	89.4	化工技术类	90.6	90.1	91.5
公共事业类	92.4	91.9	90.0	财政金融类	90.6	90.1	88.7
公路运输类	92.1	90.7	90.4	环保类	90.6	90.1	89.4
自动化类	92.0	91.5	91.7	农业技术类	90.1	89.6	90.3
通信类	91.8	90.8	90.0	土建施工类	90.0	89.6	89.5
机械设计制造类	91.7	91.1	89.3	计算机类	89.8	89.4	89.1
护理类	91.7	91.3	89.4	生物技术类	89.7	89.3	90.6
制药技术类	91.7	93.6	91.5	林业技术类	89.7	90.1	90.8
电子信息类	91.6	90.8	90.1	公共管理类	89.4	89.0	90.2
材料类	91.6	91.1	92.0	艺术设计类	89.1	88.7	86.4
工商管理类	91.5	91.0	87.5	旅游管理类	89.0	88.6	89.1
房地产类	91.5	91.0	91.6	教育类	88.4	88.0	88.1
汽车类	91.1	90.6	89.3	畜牧兽医类	87.9	88.7	91.4
市场营销类	91.1	90.6	89.3	广播影视类	86.0	85.6	86.3
经济贸易类	91.1	90.6	89.1	水上运输类	85.7	85.3	88.6
工程管理类	91.0	90.5	91.5	法律实务类	85.2	84.8	86.7
全国高职高专	**90.9**	**90.4**	**89.6**	**全国高职高专**	**90.9**	**90.4**	**89.6**

＊个别专业类因为样本较少，没有包括在内。

数据来源：麦可思－中国 2011～2013 届大学毕业生社会需求与培养质量调查。

表 1－2－6 2013 届本科生毕业半年后就业量最大的
前 50 位专业的三届就业率变化趋势

单位：%

本科就业量最大的前 50 位专业名称	2013 届	2012 届	2011 届
建筑学	98.3	94.7	97.3
护理学	96.1	94.2	96.5
工程管理	95.3	93.4	94.7
信息管理与信息系统	94.9	91.7	91.2

续表

本科就业量最大的前50位专业名称	2013 届	2012 届	2011 届
电子商务	94.9	94.8	91.3
热能与动力工程	94.7	95.1	96.8
财务管理	94.6	94.5	94.3
市场营销	94.3	93.0	92.5
车辆工程	94.2	94.6	97.6
会计学	94.0	92.9	93.9
材料成型及控制工程	94.0	94.3	95.9
土木工程	93.9	93.8	95.7
机械设计制造及其自动化	93.7	93.7	93.0
物流管理	93.7	94.1	92.9
电气工程及其自动化	93.5	95.2	93.7
软件工程	93.4	95.1	93.5
旅游管理	93.1	91.0	90.1
计算机科学与技术	93.0	92.4	92.4
小学教育	93.0	93.1	89.2
自动化	92.6	92.3	92.7
日语	92.6	92.4	92.1
机械工程及自动化	92.6	94.5	95.5
广告学	92.5	93.1	91.4
人力资源管理	92.1	92.2	92.9
国际经济与贸易	92.0	92.5	90.5
工商管理	92.0	92.0	90.7
材料科学与工程	92.0	91.7	91.4
金融学	91.8	91.3	90.4
网络工程	91.8	92.1	92.4
电子科学与技术	91.8	92.6	89.4
行政管理	91.7	91.9	91.4
英语	91.6	91.5	89.5
通信工程	91.5	90.9	92.4
工业设计	91.1	88.6	92.8
音乐学	91.0	91.4	88.8
汉语言文学	90.9	90.6	89.9
经济学	90.8	87.1	88.8
环境工程	90.7	89.9	90.7
化学工程与工艺	90.6	93.2	92.8
公共事业管理	90.6	89.8	89.7

续表

本科就业量最大的前 50 位专业名称	2013 届	2012 届	2011 届
测控技术与仪器	90.5	91.5	92.8
信息与计算科学	90.4	89.6	91.8
电子信息工程	90.1	91.8	92.1
应用化学	90.0	91.6	89.5
体育教育	89.8	88.8	89.3
电子信息科学与技术	89.6	92.1	90.3
艺术设计	89.1	88.8	89.4
数学与应用数学	88.9	86.0	85.5
美术学	88.4	88.1	85.3
法学	86.3	86.0	85.8
全国本科	**91.8**	**91.5**	**90.8**

数据来源：麦可思－中国 2011～2013 届大学毕业生社会需求与培养质量调查。

表 1－2－7 2013 届高职高专生毕业半年后就业量最大的
前 50 位专业的三届就业率变化趋势

单位：%

高职高专就业量最大的前 50 位专业名称	2013 届	2012 届	2011 届
学前教育	97.5	97.0	93.3
会计	93.7	92.0	91.3
机械制造与自动化	93.7	92.8	90.3
石油化工生产技术	93.6	92.6	91.8
营销与策划	93.6	92.5	89.5
电气自动化技术	93.2	92.0	91.8
机电一体化技术	93.1	91.1	91.1
汽车检测与维修技术	92.9	90.0	88.4
汽车运用技术	92.8	92.9	90.2
道路桥梁工程技术	92.7	90.9	89.7
汽车技术服务与营销	92.6	92.1	89.7
国际贸易实务	92.6	92.1	91.2
房地产经营与估价	92.5	92.0	93.0
市场营销	92.4	90.5	90.0
通信技术	92.4	91.6	89.8
应用化工技术	92.3	91.8	92.5
电子信息工程技术	92.1	91.1	89.4
应用电子技术	91.9	91.4	90.8

续表

高职高专就业量最大的前50位专业名称	2013届	2012届	2011届
物流管理	91.8	91.3	87.4
工程造价	91.7	91.3	92.9
计算机多媒体技术	91.6	90.3	87.7
数控技术	91.5	90.0	87.3
报关与国际货运	91.3	90.9	88.5
建筑装饰工程技术	91.2	90.1	88.3
国际商务	91.2	90.7	89.8
文秘	91.1	90.6	90.8
计算机网络技术	91.0	89.3	89.8
商务英语	91.0	90.5	87.1
模具设计与制造	91.0	91.5	88.6
建筑工程技术	90.7	89.8	89.4
电子商务	90.7	90.2	90.1
汽车电子技术	90.7	90.2	90.7
软件技术	90.2	89.8	90.0
建筑工程管理	90.0	89.6	89.4
计算机应用技术	89.9	89.8	87.1
旅游管理	89.8	89.0	89.1
机械设计与制造	89.6	90.8	90.2
汽车制造与装配技术	89.6	91.3	88.5
财务管理	89.5	89.1	90.3
计算机信息管理	89.4	89.0	90.4
工商企业管理	89.3	89.9	87.0
会计与审计	89.2	88.8	87.2
会计电算化	89.1	88.7	90.7
室内设计技术	89.1	88.7	90.0
广告设计与制作	89.1	88.7	85.1
护理	89.0	88.6	—
酒店管理	88.1	87.7	89.1
动漫设计与制作	88.0	86.3	88.7
环境艺术设计	87.9	89.2	90.2
艺术设计	85.1	84.7	84.5
全国高职高专	**90.9**	**90.4**	**89.6**

数据来源:麦可思-中国2011~2013届大学毕业生社会需求与培养质量调查。

表1-2-8和表1-2-9分别是2013届本科生和高职高专生毕业半年后就业率排前50位的主要专业列表。可以看出，2013届本科生毕业半年后就业率前三位的专业是建筑学（98.3%）、安全工程（96.9%）、地质工程（96.7%）。高职高专生毕业半年后就业率前三位的专业是城市轨道交通运营管理（97.6%）、学前教育（97.5%）、电气化铁道技术（97.0%）。

表1-2-8 2013届本科生毕业半年后就业率排前50位的主要专业*

单位：%

本科就业率排前50位的专业名称	就业率	本科就业率排前50位的专业名称	就业率
建筑学	98.3	土木工程	93.9
安全工程	96.9	信息工程	93.8
地质工程	96.7	机械设计制造及其自动化	93.7
机械电子工程	96.6	工业工程	93.7
护理学	96.1	物流管理	93.7
给水排水工程	95.9	船舶与海洋工程	93.7
地理信息系统	95.6	汽车服务工程	93.6
工程管理	95.3	电气工程及其自动化	93.5
矿物加工工程	95.0	软件工程	93.4
信息管理与信息系统	94.9	建筑环境与设备工程	93.4
电子商务	94.9	审计学	93.3
采矿工程	94.8	旅游管理	93.1
学前教育	94.7	小学教育	93.0
热能与动力工程	94.7	计算机科学与技术	93.0
制药工程	94.6	日语	92.6
财务管理	94.6	机械工程及自动化	92.6
油气储运工程	94.4	自动化	92.6
市场营销	94.3	新闻学	92.5
车辆工程	94.2	广告学	92.5
交通运输	94.1	广播电视新闻学	92.2
园林	94.1	高分子材料与工程	92.1
教育学	94.0	中药学	92.1
材料成型及控制工程	94.0	人力资源管理	92.1
会计学	94.0	国际经济与贸易	92.0
城市规划	93.9	材料科学与工程	92.0
全国本科	**91.8**	**全国本科**	**91.8**

*毕业生规模过小的专业不包括在此排序中。

数据来源：麦可思-中国2013届大学毕业生社会需求与培养质量调查。

表 1 – 2 – 9　2013 届高职高专生毕业半年后就业率排前 50 位的主要专业[*]

单位：%

高职高专就业率排前 50 位的专业名称	就业率	高职高专就业率排前 50 位的专业名称	就业率
城市轨道交通运营管理	97.6	会计	93.7
学前教育	97.5	石油化工生产技术	93.6
电气化铁道技术	97.0	营销与策划	93.6
铁道工程技术	96.6	检测技术及应用	93.4
供热通风与空调工程技术	96.6	数控设备应用与维护	93.3
临床医学	96.6	市政工程技术	93.2
医学检验技术	96.5	电气自动化技术	93.2
药学	96.1	包装技术与设计	93.2
医学影像技术	96.0	资产评估与管理	93.2
助产	95.6	机电一体化技术	93.1
港口物流设备与自动控制	95.4	医药营销	93.0
发电厂及电力系统	95.4	建筑设备工程技术	92.9
图形图像制作	95.4	汽车检测与维修技术	92.9
电力系统自动化技术	94.8	汽车运用技术	92.8
材料工程技术	94.7	生产过程自动化技术	92.8
楼宇智能化工程技术	94.7	道路桥梁工程技术	92.7
生物制药技术	94.6	城市轨道交通工程技术	92.7
社区管理与服务	94.6	康复治疗技术	92.7
食品营养与检测	94.5	汽车技术服务与营销	92.6
食品生物技术	94.3	税务	92.6
高分子材料应用技术	94.2	国际贸易实务	92.6
行政管理	94.0	房地产经营与估价	92.5
药物制剂技术	93.7	食品加工技术	92.5
建筑设计技术	93.7	计算机辅助设计与制造	92.4
机械制造与自动化	93.7	通信技术	92.4
全国高职高专	**90.9**	**全国高职高专**	**90.9**

[*] 毕业生规模过小的专业不包括在此排序中。

数据来源：麦可思 – 中国 2013 届大学毕业生社会需求与培养质量调查。

三　职业分析

职业：根据《麦可思中国职业分类词典（2014 版）》，本次调查覆盖了本科毕业生能够从事的职业 593 个，高职高专毕业生能够从事的职业 537 个，二者合计 665 个职业。

本节各表中的"就业比例"＝在某类职业中就业的毕业生人数/全国同届次毕业生就业总数。

表 1－2－10 和表 1－2－11 是 2011～2013 届大学毕业生从事的主要职业类。可以看出，2013 届本科生毕业半年后从事最多的职业类是"行政/后勤"，就业比例为 8.5%，其次是"建筑工程"（8.3%）和"财务/审计/税务/统计"（8.1%）。与 2011 届相比，2013 届本科毕业生就业比例增加最多的职业类为"建筑工程"，增加了 3.9 个百分点；就业比例降低最多的职业类为"销售"，降低了 3.4 个百分点。高职高专生毕业半年后从事最多的职业类是"财务/审计/税务/统计"，就业比例为 12.5%，其次是"销售"（10.3%）。与 2011 届相比，2013 届高职高专毕业生就业比例增加最多的职业类为"医疗保健/紧急救助"，增加了 2.5 个百分点；就业比例降低最多的职业类为"销售"，降低了 3.3 个百分点。从三届的就业趋势中可以看出，在就业比例排名前三位的职业类中，本科毕业生从事"建筑工程"职业类的比例逐届增加，从事"行政/后勤"职业类的比例逐届降低；高职高专毕业生从事"财务/审计/税务/统计"职业类的比例逐届增加，从事"销售"职业类的比例逐届降低。

表 1－2－10 2011～2013 届本科毕业生从事的主要职业类排名*

单位：%

本科毕业生从事的职业类名称	就业比例			
	2013 届	2012 届	2011 届	2013 届－2011 届**
行政/后勤	8.5	8.7	9.6	－1.1
建筑工程	8.3	5.4	4.4	3.9
财务/审计/税务/统计	8.1	10.4	10.3	－2.2
销售	7.5	10.0	10.9	－3.4
计算机与数据处理	5.9	7.2	6.9	－1.0
中小学教育	5.6	3.8	4.2	1.4
电气/电子(不包括计算机)	5.4	4.8	4.7	0.7
金融(银行/基金/证券/期货/理财)	5.3	7.2	7.1	－1.8
机械/仪器仪表	4.5	3.6	3.2	1.3
高等教育/职业培训	2.8	1.7	1.9	0.9

续表

本科毕业生从事的职业类名称	就业比例			
	2013 届	2012 届	2011 届	2013 届 – 2011 届 **
互联网开发及应用	2.5	2.4	2.3	0.2
医疗保健/紧急救助	2.2	1.4	1.4	0.8
公安/检察/法院/经济执法	2.1	1.7	1.6	0.5
美术/设计/创意	2.1	1.8	2.0	0.1
人力资源	2.1	3.3	3.5	– 1.4
媒体/出版	2.1	2.3	2.7	– 0.6
经营管理	1.9	2.1	2.3	– 0.4
机动车机械/电子	1.8	1.8	1.2	0.6
电力/能源	1.6	1.3	1.1	0.5
交通运输/邮电	1.5	1.1	0.8	0.7
生物/化工	1.5	1.7	1.8	– 0.3
物流/采购	1.5	1.8	1.9	– 0.4
房地产经营	1.4	1.0	1.0	0.4
生产/运营	1.2	1.5	1.4	– 0.2
工业安全与质量	1.2	1.0	0.9	0.3
翻译	1.0	1.1	1.4	– 0.4
保险	0.9	1.1	1.3	– 0.4
酒店/旅游/会展	0.8	0.9	1.0	– 0.2
环境保护	0.8	0.6	0.7	0.1
餐饮/娱乐	0.7	0.7	0.8	– 0.1
表演艺术/影视	0.7	0.4	0.5	0.2
幼儿与学前教育	0.6	0.6	0.3	0.3
研究人员	0.6	0.6	0.7	– 0.1
农/林/牧/渔类	0.6	0.5	0.6	0.0
测绘	0.5	0.4	0.2	0.3
服装/纺织/皮革	0.5	0.5	0.4	0.1
律师/律政调查员	0.5	0.4	0.5	0.0
公共关系	0.5	0.4	0.5	0.0
社区工作者	0.5	0.6	0.4	0.1
矿山/石油	0.5	0.9	0.5	0.0
航空机械/电子	0.4	0.4	0.2	0.2
文化/体育	0.3	0.3	0.3	0.0
船舶机械	0.3	0.2	0.2	0.1
冶金材料	0.2	0.3	0.3	– 0.1
家政	0.1	0.1	0.1	0.0
家用/办公电器维修	0.1	0.1	0.1	0.0

*表中显示数字均保留一位小数，因为四舍五入进位，加起来可能不等于100%。

**"2013 届 –2011 届"表示以 2013 届的就业比例减去 2011 届的就业比例。下同。

数据来源：麦可思 – 中国 2011 ~2013 届大学毕业生社会需求与培养质量调查。

表 1 – 2 – 11　2011 ~ 2013 届高职高专毕业生从事的主要职业类排名*

单位：%

高职高专毕业生从事的职业类名称	就业比例			
	2013 届	2012 届	2011 届	2013 届 – 2011 届
财务/审计/税务/统计	12.5	11.0	10.5	2.0
销售	10.3	10.8	13.6	– 3.3
建筑工程	7.3	8.3	7.0	0.3
行政/后勤	7.2	7.0	8.8	– 1.6
机械/仪器仪表	5.1	5.4	5.1	0.0
医疗保健/紧急救助	4.1	2.2	1.6	2.5
电气/电子(不包括计算机)	4.0	5.0	4.1	– 0.1
计算机与数据处理	3.6	4.3	4.9	– 1.3
交通运输/邮电	3.4	3.2	1.4	2.0
金融(银行/基金/证券/期货/理财)	3.0	2.5	2.9	0.1
机动车机械/电子	3.0	3.4	1.5	1.5
房地产经营	2.8	1.7	1.6	1.2
美术/设计/创意	2.6	2.5	2.6	0.0
电力/能源	2.2	3.6	2.0	0.2
餐饮/娱乐	2.1	2.1	2.1	0.0
物流/采购	2.0	2.3	2.1	– 0.1
互联网开发及应用	1.9	2.1	2.3	– 0.4
工业安全与质量	1.7	1.4	1.2	0.5
高等教育/职业培训	1.5	1.8	2.5	– 1.0
生产/运营	1.5	1.9	1.3	0.2
生物/化工	1.5	1.3	1.8	– 0.3
酒店/旅游/会展	1.4	1.5	1.9	– 0.5
经营管理	1.4	1.2	1.6	– 0.2
保险	1.4	1.1	1.2	0.2
公安/检察/法院/经济执法	1.3	1.0	0.8	0.5
人力资源	1.2	1.4	1.9	– 0.7
媒体/出版	1.1	1.5	2.0	– 0.9
服装/纺织/皮革	0.9	0.8	0.9	0.0
公共关系	0.9	1.1	0.8	0.1
农/林/牧/渔类	0.8	0.5	0.6	0.2
中小学教育	0.7	1.2	2.5	– 1.8
幼儿与学前教育	0.7	0.5	1.0	– 0.3
矿山/石油	0.6	1.1	0.4	0.2
测绘	0.6	0.5	0.5	0.1
表演艺术/影视	0.5	0.6	0.5	0.0
环境保护	0.4	0.5	0.2	0.2
航空机械/电子	0.4	0.1	0.1	0.3
家用/办公电器维修	0.3	0.3	0.1	0.2

续表

高职高专毕业生从事的职业类名称	就业比例			
	2013 届	2012 届	2011 届	2013 届 – 2011 届
翻译	0.3	0.2	0.8	– 0.5
船舶机械	0.3	0.1	0.1	0.2
社区工作者	0.3	0.3	0.2	0.1
家政	0.2	0.1	0.1	0.1
美容/健身	0.2	0.1	0.1	0.1
冶金材料	0.2	0.1	0.2	0.0
文化/体育	0.1	0.1	0.2	– 0.1

 *表中显示数字均保留一位小数，因为四舍五入进位，加起来可能不等于100%。

 数据来源：麦可思–中国2011~2013届大学毕业生社会需求与培养质量调查。

表 1 – 2 – 12   2013 届本科毕业生就业量最大的前 50 位职业

单位：%

本科毕业生就业量最大的前 50 位职业名称	就业比例	本科毕业生就业量最大的前 50 位职业名称	就业比例
文职人员	5.2	电子工程技术员	0.8
会计	4.6	采购员	0.8
小学教师(特殊教育除外)	2.5	市政行政办公人员	0.8
行政秘书和行政助理	2.3	土木工程师	0.7
计算机程序员	2.1	销售代表(批发和制造业,不包括科技类产品)	0.7
出纳员	1.9	客服代表	0.7
建筑技术员	1.6	柜员和租赁服务员	0.7
初中教师(特殊和职校教育除外)	1.5	汽车机械技术员	0.7
其他销售代表、服务商	1.4	高中教师(特殊教育和职业教育除外)	0.7
土木工程技术员	1.3	机械工程师	0.7
计算机软件应用工程师	1.1	金融服务销售商	0.7
翻译员	1.0	室内设计师	0.7
办公室管理人员和行政工作人员的初级主管	1.0	其他工程技术员(除绘图员)	0.7
电子工程师(不包括计算机工程师)	1.0	编辑	0.7
电气工程师	1.0	图像设计师	0.7
互联网开发师	1.0	电气技术员	0.6
初级职业教育教师	1.0	房地产销售经纪人	0.6
审计员	0.9	教育、职业和校园顾问	0.6
个人理财顾问	0.9	电厂操作员	0.6
人力资源助理	0.9	建筑师(非园林和水上景观)	0.6
施工工程师	0.9	市场经理	0.6
工业机械技术员	0.8	电气工程技术员	0.6
其他工程师	0.8	房地产经纪人	0.5
化学技术员	0.8	法律职员	0.5
销售经理	0.8	销售代表(医疗用品)	0.5

 数据来源：麦可思–中国2013届大学毕业生社会需求与培养质量调查。

表 1 – 2 – 13　2013 届高职高专毕业生就业量最大的前 50 位职业

单位：%

高职高专毕业生就业量最大的前 50 位职业名称	就业比例	高职高专毕业生就业量最大的前 50 位职业名称	就业比例
会计	7.5	保险代理人	0.8
文职人员	4.6	注册护士	0.8
其他销售代表、服务商	1.9	电气技术员	0.7
施工技术员	1.8	电厂操作员	0.7
建筑技术员	1.6	采购员	0.7
房地产销售经纪人	1.5	销售技术员	0.7
统计员	1.4	金融服务销售商	0.6
客服代表	1.3	计算机程序员	0.6
行政秘书和行政助理	1.3	物流专员	0.6
室内设计师	1.1	平面设计	0.6
其他工程技术员	1.1	护士助理和护理员	0.6
预算员	1.0	图表绘制师和图片处理人员	0.6
零售售货员	1.0	化工厂系统操作员	0.6
房地产经纪人	1.0	销售代表（机械设备和零件）	0.6
销售经理	0.9	个人理财顾问	0.6
安装、维护和修理工的辅助工人	0.9	电气工程技术员	0.6
其他计算机专业人员	0.9	销售代表（医疗用品）	0.6
汽车机械技术员	0.9	存货管理员（储藏室、库房的）	0.6
销售代表（批发和制造业，不包括科技类产品）	0.8	土木工程技术员	0.6
出纳员	0.8	电子工程技术员	0.6
办公室管理人员和行政工作人员的初级主管	0.8	计算机操作员	0.6
图像设计师	0.8	车身修理技术员	0.6
公共关系专业人员	0.8	电话推销员	0.5
职业护士（有从业许可证的）	0.8	工业机械技术员	0.5
收银员	0.8	生产、计划及配送人员	0.5

数据来源：麦可思 – 中国 2013 届大学毕业生社会需求与培养质量调查。

四　行业分析

行业：根据《麦可思中国行业分类词典（2014 版）》，本次调查覆盖了本科毕业生所能从事的行业 323 个、高职高专毕业生所能从事的行业 324 个，二者合计 326 个行业。

本节各图表中的"就业比例"＝在某类行业中就业的毕业生人数/全国同届次毕业生就业总数。

表1-2-14和表1-2-15是2011~2013届本科和高职高专毕业生从事的

表1-2-14　2011~2013届本科毕业生就业的主要行业类排名*

单位：%

本科毕业生就业的行业类名称	就业比例			
	2013届	2012届	2011届	2013届-2011届
建筑业	10.6	7.4	6.5	4.1
教育业	10.0	7.2	7.7	2.3
媒体、信息及通信产业	8.7	10.0	10.5	-1.8
金融(银行/保险/证券)业	8.5	10.7	11.0	-2.5
电子电气仪器设备及电脑制造业	7.2	7.9	8.9	-1.7
政府及公共管理	6.6	6.4	5.9	0.7
各类专业设计与咨询服务业	5.4	5.3	5.7	-0.3
机械五金制造业	4.7	4.8	4.6	0.1
化学品、化工、塑胶业	3.7	4.1	4.3	-0.6
零售商业	3.5	4.5	4.6	-1.1
交通工具制造业	3.4	3.7	3.1	0.3
房地产开发销售租赁及其他租赁业	3.0	2.6	2.6	0.4
医疗和社会护理服务业	2.9	1.8	1.9	1.0
水电煤气公用事业	2.6	2.5	1.9	0.7
行政、商业和环境保护辅助业	2.5	1.7	2.0	0.5
运输业	2.4	1.9	1.6	0.8
家具、医疗设备及其他制成品业	2.0	2.3	2.3	-0.3
食品、烟草、加工业	1.6	2.6	2.4	-0.8
其他服务业(除行政服务)	1.5	1.3	1.5	0.0
纺织皮革及成品加工业	1.4	1.4	1.4	0.0
农业、林业、渔业和畜牧业	1.1	1.2	1.2	-0.1
邮递、物流及仓储业	1.0	1.3	1.2	-0.2
批发商业	1.0	1.5	1.5	-0.5
艺术、娱乐和休闲业	0.9	1.0	1.0	-0.1
初级金属制造业	0.9	1.0	1.0	-0.1
矿业	0.9	1.7	1.3	-0.4
住宿和饮食业	0.9	1.1	1.2	-0.3
玻璃粘土、石灰水泥制品业	0.5	0.5	0.5	0.0
木品和纸品业	0.4	0.5	0.6	-0.2

＊表中显示数字均保留一位小数，因为四舍五入进位，加起来可能不等于100%。

数据来源：麦可思-中国2011~2013届大学毕业生社会需求与培养质量调查。

表1 –2 –15　2011 ~ 2013 届高职高专毕业生就业的主要行业类排名*

单位：%

高职高专毕业生就业的行业类名称	就业比例			
	2013 届	2012 届	2011 届	2013 届 – 2011 届
建筑业	12.0	12.9	10.5	1.5
零售商业	6.2	7.7	7.7	– 1.5
电子电气仪器设备及电脑制造业	6.2	6.7	7.3	– 1.1
金融（银行/保险/证券）业	5.4	4.5	5.0	0.4
媒体、信息及通信产业	5.3	6.6	8.6	– 3.3
医疗和社会护理服务业	5.2	3.2	2.2	3.0
机械五金制造业	5.0	5.3	5.4	– 0.4
其他服务业（除行政服务）	4.5	3.4	3.0	1.5
运输业	4.4	2.8	2.1	2.3
各类专业设计与咨询服务业	4.1	4.8	4.8	– 0.7
房地产开发销售租赁及其他租赁业	4.1	2.7	2.6	1.5
化学品、化工、塑胶业	4.0	3.5	4.5	– 0.5
教育业	3.7	4.3	7.3	– 3.6
交通工具制造业	3.6	3.7	2.3	1.3
家具、医疗设备及其他制成品业	2.8	2.7	3.3	– 0.5
政府及公共管理	2.6	2.7	2.4	0.2
行政、商业和环境保护辅助业	2.4	2.5	2.0	0.4
食品、烟草、加工业	2.4	2.6	3.0	– 0.6
批发商业	2.3	0.7	0.3	2.0
住宿和饮食业	2.1	2.2	2.2	– 0.1
纺织皮革及成品加工业	1.9	1.9	2.5	– 0.6
邮递、物流及仓储业	1.9	1.9	1.8	0.1
水电煤气公用事业	1.8	3.3	1.8	0.0
农业、林业、渔业和畜牧业	1.6	1.5	1.5	0.1
艺术、娱乐和休闲业	1.0	1.1	1.7	– 0.7
初级金属制造业	1.0	1.3	1.3	– 0.3
矿业	0.9	2.1	1.1	– 0.2
木品和纸品业	0.9	0.8	1.0	– 0.1
玻璃粘土、石灰水泥制品业	0.5	0.6	0.5	0.0

　　*表中显示数字均保留一位小数，因为四舍五入进位，加起来可能不等于100%。

　　数据来源：麦可思 – 中国 2011 ~ 2013 届大学毕业生社会需求与培养质量调查。

主要行业类。可以看出，2013 届本科生毕业半年后就业最多的行业类是"建筑业"（10.6%），其次是"教育业"（10.0%）。与 2011 届相比，2013 届本科毕业生就业比例增加最多的行业类为"建筑业"，增加了 4.1 个百分点；就业比例降低最多的行业类是"金融（银行/保险/证券）业"，降低了 2.5 个百分点。2013 届高职高专生毕业半年后就业最多的行业类是"建筑业"

（12.0%），其次是"零售商业"（6.2%）和"电子电气仪器设备及电脑制造业"（6.2%）等。与2011届相比，2013届高职高专毕业生就业比例增加最多的行业类为"医疗和社会护理服务业"，增加了3.0个百分点；就业比例降低最多的行业类是"教育业"，降低了3.6个百分点。从三届的就业趋势可以看出，在就业比例排名前三位的行业类中，本科毕业生在建筑业行业类就业的比例逐届增加，在"媒体、信息及通信产业"行业类就业的比例逐届降低；高职高专毕业生在"电子电气仪器设备及电脑制造业"行业类就业的比例逐届降低。

表1－2－16　2013届本科毕业生就业量最大的前50位行业

单位：%

本科毕业生就业量最大的前50位行业名称	就业比例	本科毕业生就业量最大的前50位行业名称	就业比例
中小学教育机构	6.0	教育辅助服务业	0.9
储蓄信用中介	2.6	计算机及外围设备制造业	0.9
其他金融投资业	2.6	司法、执法部门（公检法）	0.9
住宅建筑施工业	2.2	会计、审计与税务服务业	0.9
软件开发业	2.2	建筑、工程及相关咨询服务业	0.9
发电、输电业	2.2	各级党政领导机构及人大、政协	0.8
建筑基础、结构、楼房外观承建业	2.2	广告及相关服务业	0.8
房地产开发业	1.8	其他制造业	0.8
高速公路、街道及桥梁建筑	1.7	其他通用机械设备制造业	0.8
互联网运营与网络搜索引擎业	1.7	汽车零件制造业	0.8
其他各级党政机关	1.6	保险机构	0.8
汽车制造业	1.5	工业成套设备制造业	0.7
全科住院医院（包括门诊）	1.4	基层群众自治组织（含村委会、居委会等）	0.7
通信设备制造业	1.3	其他电气设备及元器件生产业	0.7
半导体和其他电子元件制造业	1.3	幼儿园与学前教育机构	0.7
非住宅建筑施工业	1.2	物流仓储业	0.7
建筑装修业	1.1	百货零售业	0.7
电气设备制造业	1.1	其他信息服务业	0.7
药品和医药制造业	1.1	医疗设备及用品制造业	0.7
中国人民银行、保监会和证监会	1.0	家用电器制造业	0.7
其他公共管理服务组织	1.0	其他化工产品制造业	0.7
计算机系统设计服务业	1.0	电信经销业	0.6
其他学院和培训机构	1.0	广播电视业	0.6
其他个人服务业	1.0	其他重型和民用土木工程建筑业	0.6
办公室行政服务业	0.9	其他特种行业工程承建业	0.6

数据来源：麦可思－中国2013届大学毕业生社会需求与培养质量调查。

表 1 – 2 – 17 2013 届高职高专毕业生就业量最大的前 50 位行业

单位：%

高职高专毕业生就业量最大的 前 50 位行业名称	就业比例	高职高专毕业生就业量最大的 前 50 位行业名称	就业比例
住宅建筑施工业	2.9	幼儿园与学前教育机构	0.9
其他个人服务业	2.3	石油及煤制品制造业	0.8
建筑装修业	2.2	办公室行政服务业	0.8
建筑基础、结构、楼房外观承建业	2.2	其他食品制造业	0.8
全科住院医院(包括门诊)	2.2	其他化工产品制造业	0.8
其他金融投资业	1.8	计算机及外围设备制造业	0.8
房地产开发业	1.7	保险代理、经销、其他保险相关业	0.8
发电、输电业	1.5	软件开发业	0.8
物流仓储业	1.5	汽车零件制造业	0.8
高速公路、街道及桥梁建筑业	1.5	汽车经销业	0.8
互联网运营与网络搜索引擎业	1.4	其他制造业	0.8
汽车制造业	1.3	会计、审计与税务服务业	0.8
汽车保养与维修业	1.3	电子产品和电器用品零售业	0.7
铁路运输服务业	1.2	其他电气设备及元器件生产业	0.7
地产代理和经纪人办事处	1.1	药品和医药制造业	0.7
医疗设备及用品制造业	1.1	其他通用机械设备制造业	0.7
中小学教育机构	1.1	专科住院医院(包括门诊)	0.7
广告及相关服务业	1.1	其他特种行业工程承建业	0.7
半导体和其他电子元件制造业	1.1	服装零售业	0.7
通信设备制造业	1.0	建筑、工程及相关咨询服务业	0.7
综合性餐饮业	1.0	金属加工成套设备制造业	0.7
电气设备制造业	1.0	房地产租赁业	0.7
铁路运输业	1.0	其他学院和培训机构	0.6
非住宅建筑施工业	0.9	公共卫生服务机构(含疾控中心等)	0.6
百货零售业	0.9	储蓄信用中介	0.6

数据来源：麦可思 – 中国 2013 届大学毕业生社会需求与培养质量调查。

五 用人单位分析

（一）用人单位类型分布

图 1 – 2 – 3 是 2013 届大学毕业生就业的用人单位类型分布。可以看出，

"民营企业/个体"是2013届大学毕业生就业最多的用人单位类型，本科院校中有45%的毕业生就业于"民营企业/个体"，高职高专院校中有63%的毕业生就业于"民营企业/个体"。

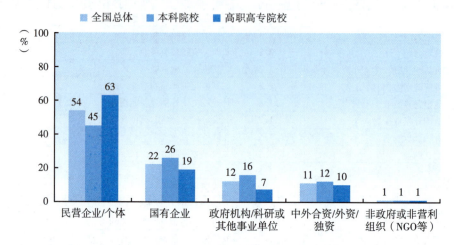

图1-2-3 2013届大学毕业生就业的用人单位类型分布

数据来源：麦可思-中国2013届大学毕业生社会需求与培养质量调查。

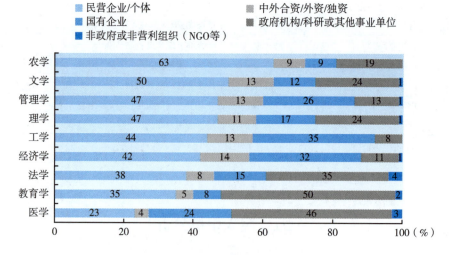

图1-2-4 2013届本科主要学科门类的用人单位类型分布*

*个别学科门类因为样本较少，没有包括在内。

数据来源：麦可思-中国2013届大学毕业生社会需求与培养质量调查。

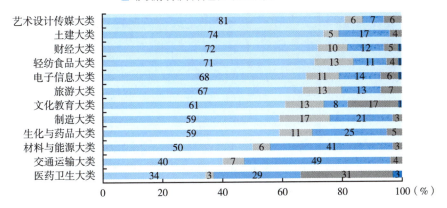

图 1－2－5　2013 届高职高专主要专业大类的用人单位类型分布*

*个别专业大类因为样本较少，没有包括在内。

数据来源：麦可思－中国 2013 届大学毕业生社会需求与培养质量调查。

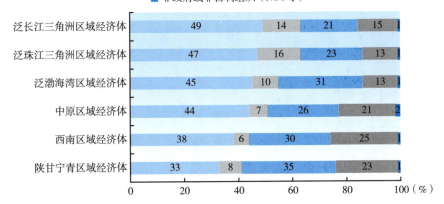

图 1－2－6　2013 届本科生在各类经济区域的用人单位类型分布*

*西部生态经济区和东北区域经济体因为样本较少，没有包括在内。

数据来源：麦可思－中国 2013 届大学毕业生社会需求与培养质量调查。

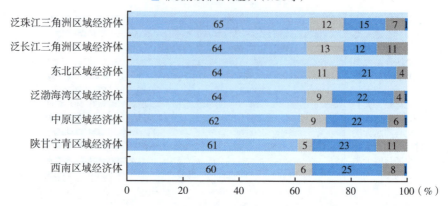

图1-2-7　2013届高职高专生在各类经济区域的用人单位类型分布*

*西部生态经济区因为样本较少，没有包括在内。

数据来源：麦可思-中国2013届大学毕业生社会需求与培养质量调查。

（二）用人单位规模分布

图1-2-8是2013届大学毕业生就业的用人单位规模分布。可以看出，

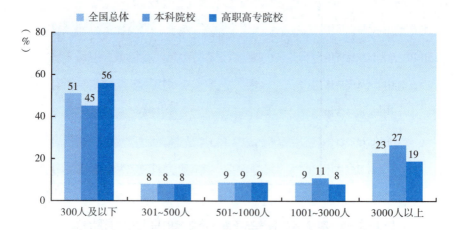

图1-2-8　2013届大学毕业生就业的用人单位规模分布

数据来源：麦可思-中国2013届大学毕业生社会需求与培养质量调查。

2013 届大学毕业生就业比例最高的用人单位规模是 300 人及以下规模的中小型用人单位（51%），其中本科毕业生这一比例为 45%，高职高专毕业生为 56%。

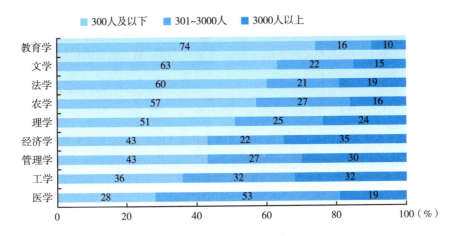

图 1 - 2 - 9　2013 届本科主要学科门类的用人单位规模分布

* 个别学科门类因为样本较少，没有包括在内。

数据来源：麦可思 - 中国 2013 届大学毕业生社会需求与培养质量调查。

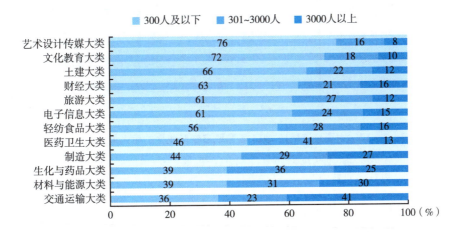

图 1 - 2 - 10　2013 届高职高专主要专业大类的用人单位规模分布

* 个别专业大类因为样本较少，没有包括在内。

数据来源：麦可思 - 中国 2013 届大学毕业生社会需求与培养质量调查。

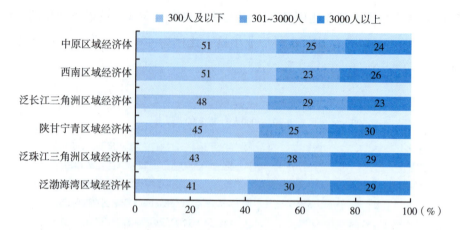

图 1 – 2 – 11   主要经济区域 2013 届本科毕业生的用人单位规模分布*

*西部生态经济区和东北区域经济体因为样本较少，没有包括在内。
数据来源：麦可思 – 中国 2013 届大学毕业生社会需求与培养质量调查。

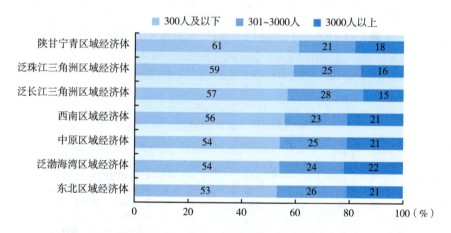

图 1 – 2 – 12   主要经济区域 2013 届高职高专毕业生的用人单位规模分布*

*西部生态经济区因为样本较少，没有包括在内。
数据来源：麦可思 – 中国 2013 届大学毕业生社会需求与培养质量调查。

六　未就业分析

未就业：本研究将应届大学毕业生在毕业半年后调查时没有全职或者半

职雇用工作的状态，视为未就业。这包括准备考研、准备出国读研、还在找工作和"待定族"四种情况。失业率＝未就业毕业生数/需就业的总毕业生数。

待定族：指调查时处于失业状态且不打算求职和求学的大学毕业生。

（一）失业率

图 1-2-13 是 2011～2013 届大学生毕业半年后的失业率变化趋势。可以看出，2013 届大学生毕业半年后的失业率（8.6%）比 2012 届（9.1%）略有下降，比 2011 届（9.8%）下降 1.2 个百分点。其中，本科院校 2013 届毕业生失业率（8.2%），比 2012 届（8.5%）略有下降，比 2011 届（9.2%）下降 1 个百分点；高职高专院校 2013 届毕业生失业率（9.1%），比 2012 届（9.6%）略有下降，比 2011 届（10.4%）下降 1.3 个百分点。从近三届的趋势可以看出，大学毕业生毕业半年后失业率呈现下降趋势。

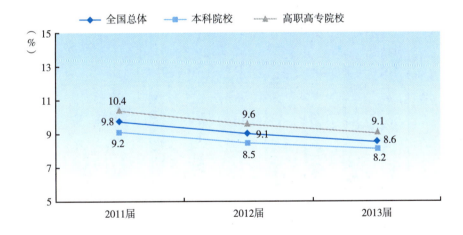

图 1-2-13　2011～2013 届大学生毕业半年后的失业率变化趋势

数据来源：麦可思 - 中国 2011～2013 届大学毕业生社会需求与培养质量调查。

图 1-2-14 和图 1-2-15 分别是 2013 届本科和高职高专毕业人数最多的 100 个专业中失业率最高的 10 个专业。可以看出，2013 届本科毕业生失

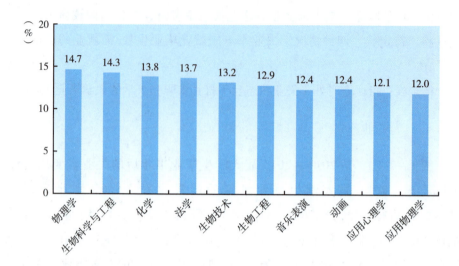

图 1 – 2 – 14　2013 届本科毕业人数最多的 100 个专业中失业率最高的 10 个专业

数据来源：麦可思 – 中国 2013 届大学毕业生社会需求与培养质量调查。

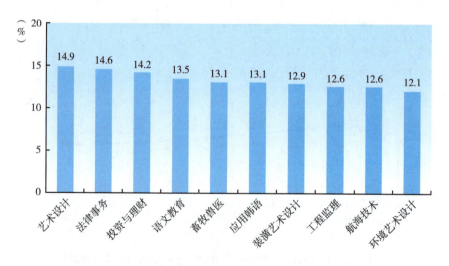

图 1 – 2 – 15　2013 届高职高专毕业人数最多的 100 个专业中失业率最高的 10 个专业

数据来源：麦可思 – 中国 2013 届大学毕业生社会需求与培养质量调查。

业率最高的专业为物理学（14.7%），其次为生物科学与工程（14.3%）；高职高专毕业生失业率最高的为艺术设计（14.9%），其次为法律事务（14.6%）。

（二）各类院校的未就业人群分布

图1-2-16是2013届大学毕业生的未就业人群分布。可以看出，在2013届各类院校毕业生的未就业人群中，大多数毕业生还在继续找工作。本科院校处于未就业状态的毕业生（7.2%）中有21%为"待定族"（不求学不求职），高职高专院校处于未就业状态的毕业生（8.8%）中有35%为"待定族"。

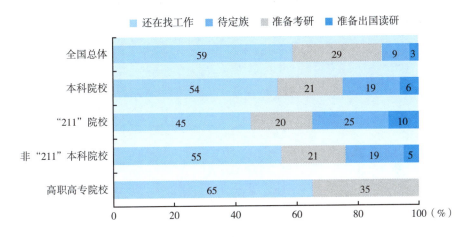

图1-2-16　2013届大学毕业生的未就业人群分布

数据来源：麦可思-中国2013届大学毕业生社会需求与培养质量调查。

（三）各类院校的"待定族"打算分布

图1-2-17是2013届大学毕业生的"待定族"打算分布。可以看出，在2013届本科院校毕业半年后的"待定族"中，有28%的毕业生在准备公务员考试，有12%的毕业生准备创业。在高职高专院校毕业半年后的"待定族"中，有21%的毕业生准备创业，有8%的毕业生在准备公务员考试。

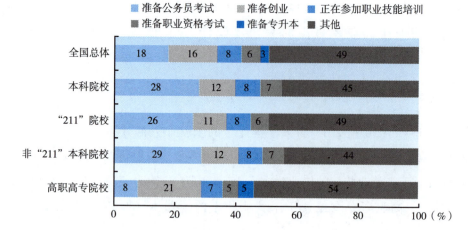

图1-2-17 2013届大学毕业生的"待定族"打算分布

数据来源：麦可思-中国2013届大学毕业生社会需求与培养质量调查。

第三章
就业质量

结论摘要

一　就业满意度

1. 2013届大学毕业生的就业满意度为56%，与2012届（55%）基本持平。其中，本科院校2013届毕业生的就业满意度为58%，与2012届（58%）持平；高职高专院校2013届毕业生的就业满意度为54%，比2012届（51%）高3个百分点。

2. 2013届本科和高职高专毕业生对就业现状不满意的主要原因是"收入低"（本科、高职高专均为66%）、"发展空间不够"（本科为60%，高职高专为59%）。

3. 在2013届本科学科门类中，毕业生毕业半年后就业满意度最高的为经济学，为63%；就业满意度最低的为理学，为55%。在高职高专专业大类中，就业满意度最高的为文化教育大类，为57%；最低的为制造大类、生化与药品大类、轻纺食品大类，均为50%。

4. 2013届本科生毕业半年后就业满意度最高的职业是"税收监察者、征收人和税收代理人"，为84%；最低的职业是"存货管理员（储藏室、库房的）"、"机械绘图员"、"化工厂系统操作员"，均为33%。2013届高职高专生毕业半年后就业满意度最高的职业是"总经理和日常主管"，为79%；最低的职业是"餐馆服务生"、"半导体加工人员"，均为30%。

5. 2013届本科生毕业半年后就业满意度最高的行业是"中国人民银行、保监会和证监会"，为76%；最低的行业为"铁制品制造业"，为32%。2013

届高职高专生毕业半年后就业满意度最高的行业是"中国人民银行、保监会和证监会",为78%;最低的行业是"基础化学用品制造业"、"纸产品加工制造业",均为36%。

6. 2013届毕业生毕业半年后在"政府机构/科研或其他事业单位"的就业满意度最高(本科为69%,高职高专为64%),在"民营企业/个体"的就业满意度最低(本科、高职高专均为52%)。

7. 2013届本科生、高职高专生毕业半年后在泛长江三角洲区域经济体就业的满意度均最高,分别为61%、56%。

二 职业期待吻合度

1. 2013届大学毕业生工作与职业期待的吻合度为43%,与2012届(44%)基本持平。其中,本科院校2013届毕业生工作与职业期待的吻合度为46%,与2012届(47%)基本持平;高职高专院校2013届毕业生工作与职业期待的吻合度为40%,与2012届(40%)持平。

2. 在认为工作与职业期待不吻合(本科为54%,高职高专为60%)的2013届毕业生中,本科和高职高专均有33%的人认为是"不符合自己的职业发展规划",其次(本科为24%,高职高职为22%)认为是不符合自己的兴趣爱好。

3. 在2013届本科学科门类中,毕业生毕业半年后职业期待吻合度最高的为法学(51%);职业期待吻合度最低的为理学(43%)。在高职高专专业大类中,职业期待吻合度最高的为文化教育大类(46%);最低的为生化与药品大类(37%)。

三 薪资分析

1. 2013届大学毕业生月收入(3250元)比2012届(3048元)增长了202元,比2011届(2766元)增长了484元。其中,本科毕业生2013届(3560元)比2012届(3366元)增长了194元,比2011届(3051元)增长509元;高职高专毕业生2013届(2940元)比2012届(2731元)增长了209元,比2011届(2482元)增长了458元。从近三届的趋势可以看出,大学毕业生毕业半年后月收入呈现上升趋势。

2. 2013届本科毕业生有17.2%月收入在5000元以上,比2012届

（16.0%）高1.2个百分点；2013届高职高专毕业生月收入在5000元以上的比例为8.1%，比2012届（6.3%）高1.8个百分点。2013届本科毕业生有1.6%月收入在1500元以下，比2012届（2.2%）低0.6个百分点；2013届高职高专毕业生月收入在1500元以下的比例为4.0%，比2012届（5.5%）低1.5个百分点。

3. 在2013届本科学科门类中，毕业生毕业半年后月收入最高的是经济学（3775元）；最低的是教育学（3151元）。在高职高专专业大类中，毕业生毕业半年后月收入最高的是交通运输大类（3167元）；最低的是医药卫生大类（2519元）。

4. 2013届本科生毕业半年后从事的主要职业类月收入最高的是"互联网开发及应用"（4415元），其次是"金融（银行/基金/证券/期货/理财）"（4248元）。2013届高职高专生毕业半年后月收入最高的职业类是"矿山/石油"（3565元），其次是"电气/电子（不包括计算机）"（3294元）。

5. 2013届本科生毕业半年后月收入最高的行业类为"金融（银行/保险/证券）业"（4186元），其次是"媒体、信息及通信产业"（3922元）。2013届高职高专生毕业半年后月收入最高的行业类为"矿业"（3322元），其次是"金融（银行/保险/证券）业"（3238元）。

6. 2013届大学生毕业半年后在"中外合资/外资/独资"单位就业的月收入最高，其中本科为3975元，高职高专为3250元。与2012届相比，2013届大学毕业生在各类型用人单位就业的月收入都有所上升。

7. 2013届大学生毕业半年后在"3000人以上"规模的大型用人单位就业的月收入最高，本科为4021元，高职高专为3391元。与2012届相比，2013届大学毕业生在各规模用人单位就业的月收入都有所上升。

8. 2013届本科生毕业半年后在泛珠江三角洲区域经济体就业的月收入最高，为3993元。2013届高职高专生毕业半年后在泛长江三角洲区域经济体就业的月收入最高，为3092元。

四 工作与专业相关度

1. 2013届本科和高职高专毕业生的工作与专业相关度分别为69%、

62%，均与 2012 届（分别为 69%、62%）持平，均略高于 2011 届（分别为 67%、60%）。从近三届的趋势可以看出，大学毕业生的工作与专业相关度呈现平稳发展趋势。

2. 2013 届本科毕业生选择与专业无关工作的最主要原因是"专业工作不符合自己的职业期待"（33%），其次为"迫于现实先就业再择业"（25%）。高职高专毕业生选择与专业无关工作的最主要原因是"专业工作不符合自己的职业期待"、"迫于现实先就业再择业"（均为 29%）。

3. 在 2013 届本科学科门类中，专业相关度最高的是医学（88%），其次是工学（73%），最低的为法学（53%）。高职高专专业相关度最高的专业大类为医药卫生大类（87%），其次是土建大类（81%），最低的为旅游大类和电子信息大类（均为 50%）。

五 离职率

1. 2013 届大学毕业生毕业半年内的离职率（34%）与 2012 届（33%）基本持平。其中，本科院校 2013 届毕业生毕业半年内离职率为 24%，与 2012 届（24%）持平，高职高专院校 2013 届毕业生毕业半年内离职率为 43%，与 2012 届（42%）基本持平。

2. 在 2013 届本科学科门类中，医学和工学半年内离职率最低，均为 18%，文学的半年内离职率最高，为 30%。在高职高专专业大类中，医药卫生大类半年内离职率最低，为 21%，艺术设计传媒大类的半年内离职率最高，为 53%。

3. 2013 届大学生毕业半年内离职的人群有 98% 发生过主动离职，主动离职的主要原因是"个人发展空间不够"（51%）和"薪资福利偏低"（49%）。

一 就业满意度

（一）总体就业满意度

就业满意度：在被调查的毕业生中，由就业人群对自己目前的就业现状进行主观判断，选项有"很满意"、"满意"、"不满意"、"很不满意"、"无法评估"，共五项。其中，选择"满意"或"很满意"的人属于对就业现状满意，选择"不满意"或"很不满意"的人属于对就业现状不满意；就业人群包括"受雇全职工作"、"受雇半职工作"、"自主创业"。

图1-3-1是2012届、2013届大学生毕业半年后的就业满意度。可以看出，2013届大学毕业生的就业满意度为56%，与2012届（55%）基本持平。其中，本科院校2013届毕业生的就业满意度为58%，与2012届（58%）持平；高职高专院校2013届毕业生的就业满意度为54%，比2012届（51%）高3个百分点。在本科院校中，"211"院校2013届毕业生的就业满意度为61%，非"211"本科院校2013届毕业生的就业满意度为57%。

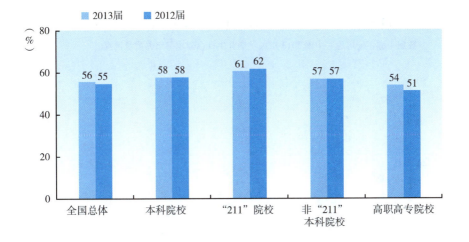

图1-3-1 2012届、2013届大学生毕业半年后的就业满意度

数据来源：麦可思-中国2012届、2013届大学毕业生社会需求与培养质量调查。

（二）对就业现状不满意的原因

图1-3-2和图1-3-3分别是2013届本科生和高职高专生对就业现状不满意的原因。可以看出，2013届本科和高职高专毕业生对就业现状不满意

就业蓝皮书

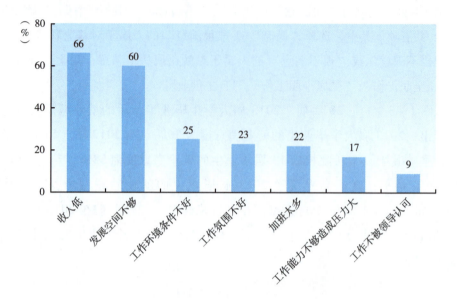

图1－3－2 2013届本科毕业生对就业现状不满意的原因（多选）

数据来源：麦可思－中国2013届大学毕业生社会需求与培养质量调查。

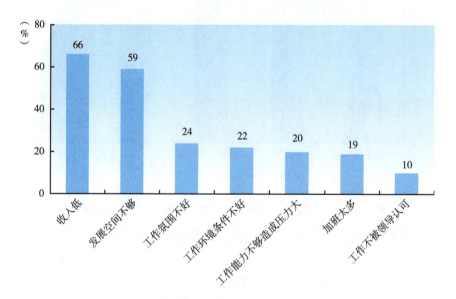

图1－3－3 2013届高职高专毕业生对就业现状不满意的原因（多选）

数据来源：麦可思－中国2013届大学毕业生社会需求与培养质量调查。

的主要原因是"收入低"（本科、高职高专均为66%）、"发展空间不够"（本科为60%，高职高专为59%）。

（三）主要专业的就业满意度

表1-3-1是2012届、2013届主要学科门类/专业大类毕业半年后的就业满意度。可以看出，在2013届本科学科门类中，毕业生毕业半年后就业满意度最高的为经济学，为63%；就业满意度最低的为理学，为55%。在高职高专专业大类中，就业满意度最高的为文化教育大类，为57%；最低的为制造大类、生化与药品大类、轻纺食品大类，均为50%。

表1-3-1 2012届、2013届主要学科门类/专业大类毕业生
毕业半年后的就业满意度[*]

单位：%

本科学科门类名称	2013届	2012届	高职高专专业大类名称	2013届	2012届
经济学	63	61	文化教育大类	57	53
法学	61	59	医药卫生大类	56	54
教育学	61	57	旅游大类	55	52
管理学	59	59	艺术设计传媒大类	55	53
文学	58	58	材料与能源大类	54	54
医学	57	57	财经大类	54	51
工学	56	57	电子信息大类	53	52
农学	56	53	土建大类	53	49
理学	55	55	交通运输大类	51	49
			轻纺食品大类	50	46
			生化与药品大类	50	44
			制造大类	50	48
全国本科	**58**	**58**	**全国高职高专**	**54**	**51**

*个别学科门类/专业大类因为样本较少，没有包括在内。
数据来源：麦可思-中国2012届、2013届大学毕业生社会需求与培养质量调查。

表1–3–2 2013届本科生毕业半年后就业满意度排前50位的主要专业*

单位：%

本科专业名称	毕业半年后的就业满意度	本科专业名称	毕业半年后的就业满意度
建筑学	76	信息工程	60
城市规划	72	日语	60
播音与主持艺术	68	市场营销	60
给水排水工程	67	信息管理与信息系统	59
审计学	66	动画	59
小学教育	65	服装设计与工程	59
建筑环境与设备工程	64	热能与动力工程	59
音乐表演	64	土木工程	59
金融学	64	经济学	59
新闻学	64	数学与应用数学	59
思想政治教育	63	法学	59
财务管理	63	国际经济与贸易	59
会计学	63	汉语言文学	59
学前教育	63	过程装备与控制工程	59
车辆工程	63	公共事业管理	59
劳动与社会保障	62	教育学	59
软件工程	62	生物科学与工程	59
网络工程	62	广播电视编导	59
电气工程及其自动化	62	安全工程	58
园林	61	英语	58
历史学	61	工业设计	58
护理学	61	交通工程	58
工程管理	61	机械工程及自动化	58
计算机科学与技术	61	体育教育	58
音乐学	60	工商管理	58
全国本科	**58**	**全国本科**	**58**

　＊毕业生规模过小的专业不包括在此排序中。

　数据来源：麦可思–中国2013届大学毕业生社会需求与培养质量调查。

表 1 – 3 – 3　2013 届高职高专生毕业半年后就业满意度排前 50 位的主要专业 *

单位：%

高职高专专业名称	毕业半年后的就业满意度	高职高专专业名称	毕业半年后的就业满意度
电气化铁道技术	72	营销与策划	59
铁道工程技术	70	市场开发与营销	59
电力系统自动化技术	69	助产	59
学前教育	68	国际经济与贸易	59
电脑艺术设计	68	艺术设计	59
信息安全技术	66	医学影像技术	58
资产评估与管理	65	装潢艺术设计	58
装饰艺术设计	64	烹饪工艺与营养	58
港口物流设备与自动控制	64	供用电技术	58
旅游英语	64	社区管理与服务	58
集装箱运输管理	63	医学检验技术	58
金融管理与实务	63	航海技术	58
工业设计	63	建筑设备工程技术	58
石油化工生产技术	62	产品造型设计	58
康复治疗技术	61	工业分析与检验	57
房地产经营与估价	61	汽车运用技术	57
应用英语	61	建筑设计技术	57
发电厂及电力系统	61	汽车技术服务与营销	57
检测技术及应用	60	楼宇智能化工程技术	57
畜牧兽医	60	计算机信息管理	57
微电子技术	60	药学	57
投资与理财	60	国际金融	57
园林技术	60	广告设计与制作	57
护理	60	市场营销	57
英语教育	60	园林工程技术	56
全国高职高专	**54**	**全国高职高专**	**54**

＊毕业生规模过小的专业不包括在此排序中。

数据来源：麦可思 – 中国 2013 届大学毕业生社会需求与培养质量调查。

表 1 – 3 – 4 和表 1 – 3 – 5 分别是 2013 届本科生毕业半年后就业满意度最高和最低的前十位职业。可以看出，2013 届本科生毕业半年后就业满意度最

高的职业是"税收监察者、征收人和税收代理人",为 84%;最低的职业是"存货管理员(储藏室、库房的)"、"机械绘图员"、"化工厂系统操作员",均为 33%。

表 1 – 3 – 4　2013 届本科生毕业半年后就业满意度最高的前十位职业*

单位：%

本科毕业生就业满意度最高的前十位职业名称	毕业半年后的就业满意度	本科毕业生就业满意度最高的前十位职业名称	毕业半年后的就业满意度
税收监察者、征收人和税收代理人	84	交通技术员	75
警察	80	信贷面谈员和办事员	74
总经理和日常主管	78	其他高等教育教师	73
证券和期货销售商	78	信贷经纪人	72
建筑师(非园林和水上景观)	77	其他从事媒体和交流工作的人	72

* 毕业生规模过小的职业不包括在此排序中。
数据来源：麦可思 – 中国 2013 届大学毕业生社会需求与培养质量调查。

表 1 – 3 – 5　2013 届本科生毕业半年后就业满意度最低的前十位职业*

单位：%

本科毕业生就业满意度最低的前十位职业名称	毕业半年后的就业满意度	本科毕业生就业满意度最低的前十位职业名称	毕业半年后的就业满意度
存货管理员(储藏室、库房的)	33	安装、维护和修理工的辅助工人	39
机械绘图员	33	工业工程技术员	39
化工厂系统操作员	33	平面设计	39
电话推销员	38	计算机硬件工程师	40
舰艇建造师	38	收银员	41

* 毕业生规模过小的职业不包括在此排序中。
数据来源：麦可思 – 中国 2013 届大学毕业生社会需求与培养质量调查。

表 1 – 3 – 6 和表 1 – 3 – 7 分别是 2013 届高职高专生毕业半年后就业满意度最高和最低的前十位职业。可以看出,2013 届高职高专生毕业半年后就业满意度最高的职业是"总经理和日常主管",为 79%;最低的职业是"餐馆服务生"、"半导体加工人员",均为 30%。

表1－3－6　2013届高职高专生毕业半年后就业满意度最高的前十位职业*

单位：%

高职高专毕业生就业满意度最高的前十位职业名称	毕业半年后的就业满意度	高职高专毕业生就业满意度最高的前十位职业名称	毕业半年后的就业满意度
总经理和日常主管	79	药剂技师	68
铁轨铺设及维护设备操作员	73	农业技术员	68
市场经理	72	保险理赔员	67
警察	70	机动轨道车修理技术员	67
紧急医疗救护及护理人员	69	柜员和租赁服务员	67

＊毕业生规模过小的职业不包括在此排序中。

数据来源：麦可思－中国2013届大学毕业生社会需求与培养质量调查。

表1－3－7　2013届高职高专生毕业半年后就业满意度最低的前十位职业*

单位：%

高职高专毕业生就业满意度最低的前十位职业名称	毕业半年后的就业满意度	高职高专毕业生就业满意度最低的前十位职业名称	毕业半年后的就业满意度
餐馆服务生	30	收银员	35
半导体加工人员	30	精密设备检查员和试验员	36
生产、计划及配送人员	32	家用器具修理技术员	36
加工金属或塑料的数控机床操作维护员	34	数据录入员	37
包装机、装料机操作员和管理员	34	电子和电气设备装配技术员	37

＊毕业生规模过小的职业不包括在此排序中。

数据来源：麦可思－中国2013届大学毕业生社会需求与培养质量调查。

　　表1－3－8和表1－3－9分别是2013届本科生毕业半年后就业满意度最高和最低的前十位行业。可以看出，2013届本科生毕业半年后就业满意度最高

表1－3－8　2013届本科生毕业半年后就业满意度最高的前十位行业*

单位：%

本科毕业生就业满意度最高的前十位行业名称	毕业半年后的就业满意度	本科毕业生就业满意度最高的前十位行业名称	毕业半年后的就业满意度
中国人民银行、保监会和证监会	76	证券和商品交易所	70
司法、执法部门（公检法）	73	发电、输电业	70
本科学院和大学	73	储蓄信用中介	70
各级党政领导机构及人大、政协	73	铁路运输业	70
航空运输服务业	71	法律、知识产权服务业	68

＊毕业生规模过小的行业不包括在此排序中。

数据来源：麦可思－中国2013届大学毕业生社会需求与培养质量调查。

的行业是"中国人民银行、保监会和证监会"，为76%；最低的行业为"铁制品制造业"，为32%。

表1-3-9　2013届本科生毕业半年后就业满意度最低的前十位行业*

单位：%

本科毕业生就业满意度最低的前十位行业名称	毕业半年后的就业满意度	本科毕业生就业满意度最低的前十位行业名称	毕业半年后的就业满意度
铁制品制造业	32	铁合金制造业	42
电气照明设备制造业	37	金属加工成套设备制造业	42
水泥和混凝土产品制造业	37	船舶制造业	43
铝制品加工及制造业	39	音频和视频设备制造业	45
单件机器制造业	41	农药、化肥和其他农业化学制品制造业	45

＊毕业生规模过小的行业不包括在此排序中。

数据来源：麦可思-中国2013届大学毕业生社会需求与培养质量调查。

表1-3-10和表1-3-11分别是2013届高职高专生毕业半年后就业满意度最高和最低的前十位行业。可以看出，2013届高职高专生毕业半年后就业满意度最高的行业是"中国人民银行、保监会和证监会"，为78%；最低的行业是"基础化学用品制造业"、"纸产品加工制造业"，均为36%。

表1-3-10　2013届高职高专生毕业半年后就业满意度最高的前十位行业*

单位：%

高职高专毕业生就业满意度最高的前十位行业名称	毕业半年后的就业满意度	高职高专毕业生就业满意度最高的前十位行业名称	毕业半年后的就业满意度
中国人民银行、保监会和证监会	78	其他各级党政机关	67
铁路运输服务业	70	司法、执法部门（公检法）	67
储蓄信用中介	69	动物生产服务业	67
铁路运输业	69	航空运输服务业	66
大专/高职教育机构	68	铁路机车制造业	66

＊毕业生规模过小的行业不包括在此排序中。

数据来源：麦可思-中国2013届大学毕业生社会需求与培养质量调查。

表 1-3-11　2013 届高职高专生毕业半年后就业满意度最低的前十位行业*

单位：%

高职高专毕业生就业满意度最低的前十位行业名称	毕业半年后的就业满意度	高职高专毕业生就业满意度最低的前十位行业名称	毕业半年后的就业满意度
基础化学用品制造业	36	铝制品加工及制造业	41
纸产品加工制造业	36	通信设备制造业	41
公路运输服务业	39	印刷及相关产业	41
铁制品制造业	40	有色金属(铝除外)生产和加工业	42
单件机器制造业	40	办公及居住区的物业服务业	42

＊毕业生规模过小的行业不包括在此排序中。

数据来源：麦可思 – 中国 2013 届大学毕业生社会需求与培养质量调查。

（四）各用人单位类型的就业满意度

图 1-3-4 和图 1-3-5 分别是 2013 届大学生毕业半年后在各类型用人单位的就业满意度。可以看出，2013 届毕业生毕业半年后在"政府机构/科研或其他事业单位"的就业满意度最高（本科为 69%，高职高专为 64%）；在"民营企业/个体"的就业满意度最低（本科、高职高专均为 52%）。

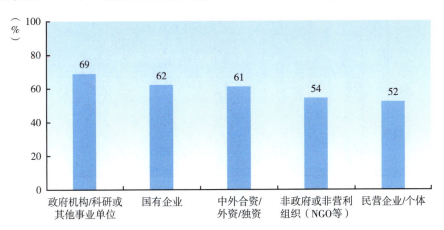

图 1-3-4　2013 届本科生毕业半年后在各类型用人单位的就业满意度

数据来源：麦可思 – 中国 2013 届大学毕业生社会需求与培养质量调查。

（五）各类经济区域的就业满意度

图 1-3-6 和图 1-3-7 分别是 2013 届本科生和高职高专生毕业半年后

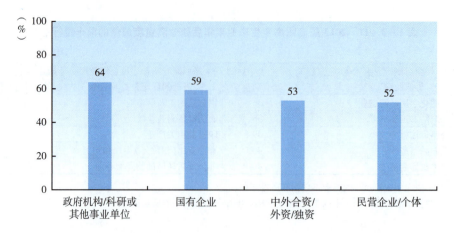

图1-3-5　2013届高职高专生毕业半年后在各类型用人单位的就业满意度*

*非政府或非营利组织（NGO等）因为样本较少，没有包括在内。
数据来源：麦可思-中国2013届大学毕业生社会需求与培养质量调查。

在各类经济区域的就业满意度。可以看出，2013届本科生、高职高专生毕业半年后在泛长江三角洲区域经济体就业的满意度均最高，分别为61%、56%。

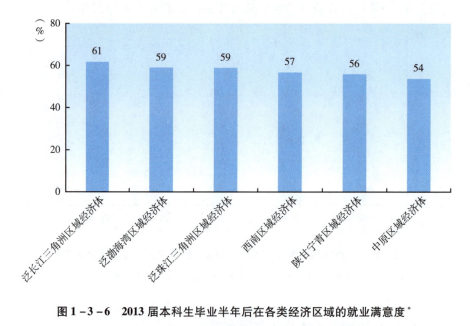

图1-3-6　2013届本科生毕业半年后在各类经济区域的就业满意度*

*西部生态经济区和东北区域经济体因为样本较少，没有包括在内。
数据来源：麦可思-中国2013届大学毕业生社会需求与培养质量调查。

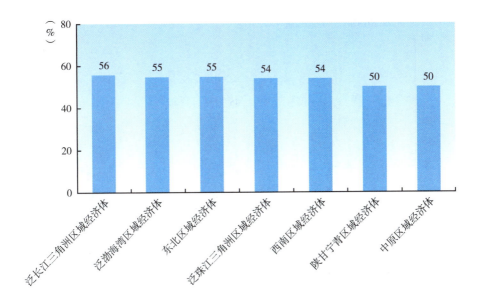

图 1 – 3 – 7　2013 届高职高专生毕业半年后在各类经济区域的就业满意度 ＊

＊西部生态经济区因为样本较少，没有包括在内。

数据来源：麦可思 – 中国 2013 届大学毕业生社会需求与培养质量调查。

二　职业期待吻合度

（一）总体职业期待吻合度

职业期待吻合度：毕业生被调查时的工作与职业期待吻合的人数百分比。

图 1 – 3 – 8 显示了 2012 届、2013 届大学毕业生工作与职业期待的吻合度。可以看出，2013 届大学毕业生工作与职业期待的吻合度为 43％，与 2012 届（44％）基本持平。其中，本科院校 2013 届毕业生工作与职业期待的吻合度为 46％，与 2012 届（47％）基本持平；高职高专院校 2013 届毕业生工作与职业期待的吻合度为 40％，与 2012 届（40％）持平。

（二）工作与职业期待不吻合的原因

图 1 – 3 – 9 和图 1 – 3 – 10 分别是 2013 届本科生和高职高专生目前的工作

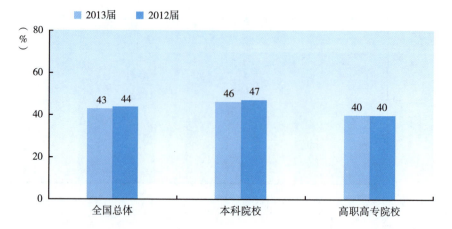

图 1 - 3 - 8　2012 届、2013 届大学毕业生工作与职业期待吻合度

数据来源：麦可思 - 中国 2012 届、2013 届大学毕业生社会需求与培养质量调查。

与职业期待不吻合的原因分布。可以看出，在认为工作与职业期待不吻合（本科为 54%，高职高专为 60%）的 2013 届毕业生中，本科和高职高专均有 33% 的人认为是"不符合自己的职业发展规划"，其次（本科为 24%，高职高职为 22%）认为是不符合自己的兴趣爱好。

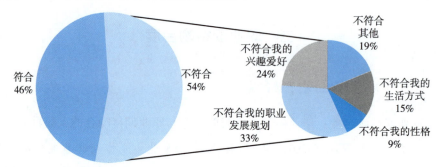

图 1 - 3 - 9　2013 届本科毕业生目前的工作与职业期待不吻合的原因分布

数据来源：麦可思 - 中国 2013 届大学毕业生社会需求与培养质量调查。

（三）主要专业的职业期待吻合度

表 1 - 3 - 12 是 2013 届主要学科门类/专业大类毕业生毕业半年后的职业期待吻合度。可以看出，在 2013 届本科学科门类中，毕业生毕业半年后职业

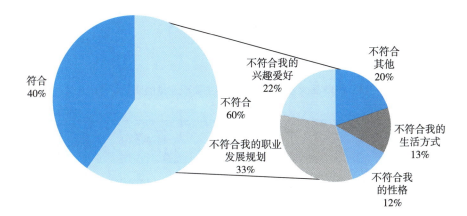

图 1 - 3 - 10　2013 届高职高专毕业生目前的工作与职业期待不吻合的原因分布

数据来源：麦可思 - 中国 2013 届大学毕业生社会需求与培养质量调查。

期待吻合度最高的为法学（51%）；职业期待吻合度最低的为理学（43%）。在高职高专专业大类中，职业期待吻合度最高的为文化教育大类（46%）；最低的为生化与药品大类（37%）。

表 1 - 3 - 12　2013 届主要学科门类/专业大类毕业生毕业半年后的职业期待吻合度 *

单位：%

本科 学科门类名称	职业期待 吻合度	高职高专 专业大类名称	职业期待 吻合度
法　　学	51	文化教育大类	46
文　　学	50	土建大类	45
医　　学	50	医药卫生大类	45
教　育　学	48	材料与能源大类	44
管　理　学	48	艺术设计传媒大类	44
农　　学	47	轻纺食品大类	42
经　济　学	46	交通运输大类	42
工　　学	45	电子信息大类	39
理　　学	43	财经大类	39
		制造大类	38
		旅游大类	38
		生化与药品大类	37
全国本科	**46**	**全国高职高专**	**40**

* 个别学科门类/专业大类因为样本较少，没有包括在内。

数据来源：麦可思 - 中国 2013 届大学毕业生社会需求与培养质量调查。

（四）主要职业的职业期待吻合度

表 1 – 3 – 13　2013 届大学毕业生从事的主要职业类的职业期待吻合度*

单位：%

职业类名称	职业期待吻合度	职业类名称	职业期待吻合度
中小学教育	58	经营管理	45
公安/检察/法院/经济执法	55	销售	44
表演艺术/影视	55	交通运输/邮电	42
美术/设计/创意	54	电力/能源	42
互联网开发及应用	54	公共关系	42
高等教育/职业培训	54	矿山/石油	42
人力资源	52	机动车机械/电子	41
翻译	52	测绘	40
媒体/出版	51	电气/电子(不包括计算机)	39
金融(银行/基金/证券/期货/理财)	50	保险	38
医疗保健/紧急救助	50	服装/纺织/皮革	37
农/林/牧/渔类	50	行政/后勤	35
计算机与数据处理	49	物流/采购	34
幼儿与学前教育	48	机械/仪器仪表	33
财务/审计/税务/统计	47	生物/化工	33
建筑工程	47	工业安全与质量	32
房地产经营	47	餐饮/娱乐	32
酒店/旅游/会展	47	生产/运营	28
环境保护	47		

*个别职业类因为样本较少，没有包括在内。

数据来源：麦可思 – 中国 2013 届大学毕业生社会需求与培养质量调查。

三　薪资分析

（一）总体薪资

月收入：指工资、奖金、业绩提成、现金福利补贴等所有的月度现金收入。

毕业半年后的平均月收入：指大学生毕业半年后实际每月工作收入的平均值。

图 1 – 3 – 11 是 2011～2013 届大学生毕业半年后的月收入变化趋势。可以看出，2013 届大学毕业生月收入（3250 元）比 2012 届（3048 元）增长了202 元，比 2011 届（2766 元）增长了 484 元。其中，本科毕业生 2013 届（3560 元）比 2012 届（3366 元）增长了 194 元，比 2011 届（3051 元）增长509 元；高职高专毕业生 2013 届（2940 元）比 2012 届（2731 元）增长了 209元，比 2011 届（2482 元）增长了 458 元。从近三届的趋势可以看出，大学毕业生毕业半年后月收入呈现上升趋势。

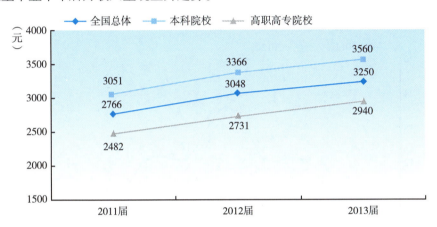

图 1 – 3 – 11　2011～2013 届大学生毕业半年后的月收入变化趋势

数据来源：麦可思 – 中国 2011～2013 届大学毕业生社会需求与培养质量调查。

图 1 – 3 – 12　2011～2013 届本科生毕业半年后的月收入变化趋势

数据来源：麦可思 – 中国 2011～2013 届大学毕业生社会需求与培养质量调查。

图 1 - 3 - 13 和图 1 - 3 - 14 分别是 2012 届、2013 届本科生和高职高专生毕业半年后的月收入分布。可以看出，2013 届本科毕业生有 17.2% 月收入在 5000 元以上，比 2012 届（16.0%）高 1.2 个百分点；2013 届高职高专毕业生月收入在 5000 元以上的比例为 8.1%，比 2012 届（6.3%）高 1.8 个百分点。2013 届本科毕业生有 1.6% 月收入在 1500 元以下，比 2012 届（2.2%）低 0.6 个百分点；2013 届高职高专毕业生月收入在 1500 元以下的比例为 4.0%，比 2012 届（5.5%）低 1.5 个百分点。

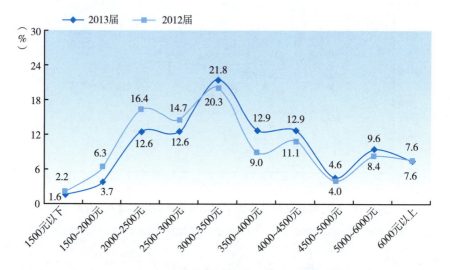

图 1 - 3 - 13 2012 届、2013 届本科生毕业半年后的月收入分布*

*图中显示数字均保留一位小数，因为四舍五入进位，加起来可能不等于 100%。
数据来源：麦可思 - 中国 2012 届、2013 届大学毕业生社会需求与培养质量调查。

（二）主要专业的薪资

表 1 - 3 - 14 是 2011 ~ 2013 届主要学科门类/专业大类毕业半年后的月收入。可以看出，在 2013 届本科学科门类中，毕业生毕业半年后月收入最高的是经济学（3775 元）；最低的是教育学（3151 元）。在高职高专专业大类中，毕业生毕业半年后月收入最高的是交通运输大类（3167 元）；最低的是医药卫生大类（2519 元）。

图1-3-14 2012届、2013届高职高专生毕业半年后的月收入分布[*]

＊图中显示数字均保留一位小数，因为四舍五入进位，加起来可能不等于100%。
数据来源：麦可思-中国2012届、2013届大学毕业生社会需求与培养质量调查。

表1-3-14 2011～2013届主要学科门类/专业大类毕业半年后的月收入[*]

单位：元

本科 学科门类名称	2013届	2012届	2011届	高职高专 专业大类名称	2013届	2012届	2011届
经 济 学	3775	3540	3129	交通运输大类	3167	3091	2625
工 学	3681	3577	3297	制造大类	3156	2861	2625
管 理 学	3524	3293	2982	电子信息大类	3066	2908	2588
理 学	3452	3451	3086	材料与能源大类	3045	2920	2763
法 学	3411	3183	2934	生化与药品大类	2988	2793	2610
文 学	3353	3268	2978	土建大类	2935	2582	2622
医 学	3202	3278	2920	轻纺食品大类	2827	2605	2378
农 学	3157	3067	2896	财经大类	2811	2595	2368
教 育 学	3151	2927	2621	文化教育大类	2793	2511	2287
				旅游大类	2792	2589	2454
				艺术设计传媒大类	2790	2781	2429
				医药卫生大类	2519	2439	2357
全国本科	**3560**	**3366**	**3051**	**全国高职高专**	**2940**	**2731**	**2482**

＊个别学科门类/专业大类因为样本较少，没有包括在内。
数据来源：麦可思-中国2011～2013届大学毕业生社会需求与培养质量调查。

表1-3-15　2013届本科主要专业类毕业生毕业半年后的月收入*

单位：元

本科 专业类名称	2013届	2012届	2011届	本科 专业类名称	2013届	2012届	2011届
电子信息科学类	3927	3816	3622	新闻传播学类	3450	3244	3122
电气信息类	3899	3831	3620	法学类	3430	3322	2974
土建类	3816	3492	3410	药学类	3418	3462	3181
交通运输类	3781	3451	3288	中国语言文学类	3394	3124	2929
经济学类	3775	3738	3289	化工与制药类	3376	3200	3082
管理科学与工程类	3767	3572	3375	地理科学类	3359	3202	3051
能源动力类	3702	3531	3406	生物科学类	3346	3224	3045
测绘类	3690	3508	3618	轻工纺织食品类	3322	3118	2972
仪器仪表类	3672	3394	3341	政治学类	3275	3182	3032
统计学类	3648	3552	3274	化学类	3274	3137	2928
社会学类	3619	3478	3140	生物工程类	3270	3006	2838
工商管理类	3618	3380	3089	体育学类	3268	3081	2808
外国语言文学类	3612	3510	3184	艺术类	3235	3010	2991
数学类	3583	3485	3276	护理学类	3179	3090	2503
材料类	3578	3269	3150	环境生态类	3151	3106	3036
环境与安全类	3558	3319	2983	教育学类	3091	2851	2671
机械类	3522	3359	3150	环境科学类	3085	3080	2915
物理学类	3481	3304	3037	历史学类	3066	2857	2870
公共管理类	3478	3415	3048	心理学类	3056	2798	2802
全国本科	**3560**	**3366**	**3051**	**全国本科**	**3560**	**3366**	**3051**

＊个别专业类因为样本较少，没有包括在内。

数据来源：麦可思-中国2011~2013届大学毕业生社会需求与培养质量调查。

表 1-3-16　2013 届高职高专主要专业类毕业生毕业半年后的月收入 *

单位：元

高职高专专业类名称	2013 届	2012 届	2011 届	高职高专专业类名称	2013 届	2012 届	2011 届
机电设备类	3350	3081	3041	工商管理类	2945	2771	2574
水上运输类	3262	2962	2987	经济贸易类	2916	2711	2511
公路运输类	3199	2969	2832	艺术设计类	2906	2803	2706
土建施工类	3182	2778	2833	工程管理类	2887	2485	2569
机械设计制造类	3173	2924	2724	纺织服装类	2880	2786	2509
自动化类	3147	2919	2758	语言文化类	2877	2642	2477
电子信息类	3147	2874	2714	林业技术类	2870	2643	2258
化工技术类	3129	2818	2799	建筑设计类	2867	2544	2431
汽车类	3116	2872	2811	广播影视类	2815	2646	2440
通信类	3114	2861	2610	制药技术类	2774	2700	2425
港口运输类	3101	2799	2732	旅游管理类	2774	2677	2512
市场营销类	3097	2813	2635	环保类	2767	2616	2446
测绘类	3095	3157	3097	食品类	2742	2492	2278
畜牧兽医类	3083	2627	2326	生物技术类	2739	2737	2487
计算机类	3078	2856	2651	教育类	2713	2422	2378
财政金融类	3078	2894	2685	法律实务类	2707	2491	2407
电力技术类	3053	2823	2801	公共管理类	2674	2480	2433
材料类	3048	3020	2634	农业技术类	2654	2455	2167
能源类	3035	2644	2652	公共事业类	2641	2565	2480
建筑设备类	3009	2582	2601	财务会计类	2587	2409	2223
房地产类	3005	2817	2556	护理类	2499	2425	2183
全国高职高专	**2940**	**2731**	**2482**	**全国高职高专**	**2940**	**2731**	**2482**

＊个别专业类因为样本较少，没有包括在内。

数据来源：麦可思－中国 2011～2013 届大学毕业生社会需求与培养质量调查。

表 1-3-17　2013 届本科生毕业半年后月收入排前 50 位的主要专业 *

单位：元

本科专业名称	毕业半年后的平均月收入
建筑学	4757
金融学	4407
软件工程	4406
城市规划	4388
电子商务	3953
网络工程	3950

本科专业名称	毕业半年后的平均月收入
计算机科学与技术	3931
经济学	3924
审计学	3918
通信工程	3902
信息工程	3883
矿物加工工程	3882
工业工程	3818
自动化	3817
信息管理与信息系统	3811
电子信息工程	3803
安全工程	3803
光信息科学与技术	3791
机械工程及自动化	3790
信息与计算科学	3785
交通运输	3777
车辆工程	3756
测绘工程	3734
市场营销	3729
汽车服务工程	3714
机械电子工程	3711
工程管理	3698
热能与动力工程	3685
材料科学与工程	3683
国际经济与贸易	3675
测控技术与仪器	3672
工程力学	3665
地理信息系统	3658
物流管理	3656
行政管理	3652
新闻学	3651
统计学	3648
会计学	3646
建筑环境与设备工程	3644
电气工程及其自动化	3640
电子信息科学与技术	3639
交通工程	3635

续表

本科专业名称	毕业半年后的平均月收入
日语	3630
土木工程	3613
油气储运工程	3617
人力资源管理	3582
给水排水工程	3581
社会工作	3572
法学	3570
广告学	3559

*毕业生规模过小的专业不包括在此排序中。

数据来源：麦可思–中国2013届大学毕业生社会需求与培养质量调查。

表1–3–18 **2013届高职高专生毕业半年后月收入排前50位的主要专业***

单位：元

高职高专专业名称	毕业半年后的平均月收入
铁道工程技术	3976
城市轨道交通运营管理	3679
航海技术	3658
石油化工生产技术	3459
城市轨道交通工程技术	3440
汽车技术服务与营销	3396
机电设备维修与管理	3333
软件技术	3313
电气化铁道技术	3306
轮机工程技术	3292
港口物流设备与自动控制	3277
道路桥梁工程技术	3270
集装箱运输管理	3249
汽车制造与装配技术	3241
数控技术	3226
楼宇智能化工程技术	3221
机电一体化技术	3219
市场营销	3218
机械设计与制造	3216
通信技术	3214
数控设备应用与维护	3209
金融与证券	3208

续表

高职高专专业名称	毕业半年后的平均月收入
信息安全技术	3206
国际金融	3189
焊接技术及自动化	3183
建筑工程管理	3182
电子信息工程技术	3178
微电子技术	3172
精细化学品生产技术	3170
计算机控制技术	3170
机械制造与自动化	3169
建筑工程技术	3164
投资与理财	3163
工程测量技术	3158
高分子材料应用技术	3138
营销与策划	3136
模具设计与制造	3127
电脑艺术设计	3126
房地产经营与估价	3123
船舶工程技术	3122
电气自动化技术	3120
畜牧兽医	3118
应用电子技术	3110
发电厂及电力系统	3108
计算机应用技术	3102
市政工程技术	3093
现代纺织技术	3090
建筑设计技术	3087
应用化工技术	3077
材料工程技术	3068

*毕业生规模过小的专业不包括在此排序中。
数据来源：麦可思－中国2013届大学毕业生社会需求与培养质量调查。

月收入的"增长率"＝（2013届毕业生的平均月收入－2012届毕业生的平均月收入）/2012届毕业生的平均月收入。

表1－3－19、表1－3－20、表1－3－21和表1－3－22分别是2013届本科生和高职高专生毕业半年后月收入增长最快/最慢的前十位专业类。可以看

出，2013届本科生毕业半年后月收入增长最快的专业类为交通运输类，增长率①为9.6%；毕业半年后月收入增长最慢的专业类为药学类，增长率为－1.3%。2013届高职高专生毕业半年后月收入增长最快的专业类为畜牧兽医

表1-3-19 2013届本科生毕业半年后月收入增长最快的
前十位专业类（与2012届对比）*

单位：%，元

本科专业类名称	增长率	2013届	2012届
交通运输类	9.6	3781	3451
材料类	9.5	3578	3269
土建类	9.3	3816	3492
心理学类	9.2	3056	2798
生物工程类	8.8	3270	3006
中国语言文学类	8.6	3394	3124
教育学类	8.4	3091	2851
仪器仪表类	8.2	3672	3394
艺术类	7.5	3235	3010
历史学类	7.3	3066	2857

*毕业生规模过小的专业类不包括在此排序中。

数据来源：麦可思-中国2012届、2013届大学毕业生社会需求与培养质量调查。

表1-3-20 2013届本科生毕业半年后月收入增长最慢的
前十位专业类（与2012届对比）*

单位：%，元

本科专业类名称	增长率	2013届	2012届
药学类	－1.3	3418	3462
环境科学类	0.2	3085	3080
经济学类	1.0	3775	3738
环境生态类	1.4	3151	3106
电气信息类	1.8	3899	3831
公共管理类	1.8	3478	3415
统计学类	2.7	3648	3552
数学类	2.8	3583	3485
外国语言文学类	2.9	3612	3510
护理学类	2.9	3179	3090

*毕业生规模过小的专业类不包括在此排序中。

数据来源：麦可思-中国2012届、2013届大学毕业生社会需求与培养质量调查。

---

① 月收入增长的幅度可能受到基数的影响。

类，增长率为17.4%；毕业半年后月收入增长最慢的专业类为测绘类，增长率为 −2.0%。

表 1 −3 −21　2013 届高职高专生毕业半年后月收入增长最快的
前十位专业类（与 2012 届对比）*

单位：%，元

高职高专专业类名称	增长率	2013 届	2012 届
畜牧兽医类	17.4	3083	2627
建筑设备类	16.5	3009	2582
工程管理类	16.2	2887	2485
能源类	14.8	3035	2644
土建施工类	14.5	3182	2778
建筑设计类	12.7	2867	2544
教育类	12.0	2713	2422
化工技术类	11.0	3129	2818
港口运输类	10.8	3101	2799
水上运输类	10.1	3262	2962

　*毕业生规模过小的专业类不包括在此排序中。

　数据来源：麦可思－中国 2012 届、2013 届大学毕业生社会需求与培养质量调查。

表 1 −3 −22　2013 届高职高专生毕业半年后月收入增长最慢的
前十位专业类（与 2012 届对比）*

单位：%，元

高职高专专业类名称	增长率	2013 届	2012 届
测绘类	−2.0	3095	3157
生物技术类	0.1	2739	2737
材料类	0.9	3048	3020
制药技术类	2.7	2774	2700
公共事业类	3.0	2641	2565
护理类	3.1	2499	2425
纺织服装类	3.4	2880	2786
旅游管理类	3.6	2774	2677
艺术设计类	3.7	2906	2803
环保类	5.8	2767	2616

　*毕业生规模过小的专业类不包括在此排序中。

　数据来源：麦可思－中国 2012 届、2013 届大学毕业生社会需求与培养质量调查。

（三）主要职业的薪资

表1-3-23和表1-3-24分别是2012届、2013届本科生和高职高专生毕业半年后从事的主要职业类的月收入。可以看出，2013届本科生毕业半年后从事的主要职业类月收入最高的是"互联网开发及应用"（4415元），其次是"金融（银行/基金/证券/期货/理财）"（4248元）。2013届高职高专生毕业半年后月收入最高的职业类是"矿山/石油"（3565元），其次是"电气/电子（不包括计算机）"（3294元）。

表1-3-23 2012届、2013届本科生毕业半年后从事的主要职业类的月收入[*]

单位：元

本科职业类名称	2013届	2012届	本科职业类名称	2013届	2012届
互联网开发及应用	4415	4469	保险	3477	3131
金融（银行/基金/证券/期货/理财）	4248	3954	机动车机械/电子	3476	3421
计算机与数据处理	4135	4251	人力资源	3431	3086
矿山/石油	4024	4022	财务/审计/税务/统计	3421	3237
房地产经营	3861	3802	律师/律政调查员	3388	—
电力/能源	3812	3500	媒体/出版	3382	3327
翻译	3775	3763	酒店/旅游/会展	3372	3043
航空机械/电子	3749	—	环境保护	3361	2931
电气/电子（不包括计算机）	3739	3579	公共关系	3323	—
经营管理	3738	3585	机械/仪器仪表	3264	3062
建筑工程	3696	3309	美术/设计/创意	3255	3117
交通运输/邮电	3685	3707	餐饮/娱乐	3233	2875
生产/运营	3676	3412	生物/化工	3180	3079
表演艺术/影视	3657	—	高等教育/职业培训	3130	2911
销售	3653	3596	中小学教育	3111	2878
物流/采购	3605	3230	幼儿与学前教育	3107	3043
公安/检察/法院/经济执法	3578	3588	行政/后勤	3080	2877
服装/纺织/皮革	3557	—	农/林/牧/渔类	3001	—
测绘	3540	—	医疗保健/紧急救助	2908	2999
研究人员	3533	3403	社区工作者	2658	2803
工业安全与质量	3522	3209			
全国本科	**3560**	**3366**	**全国本科**	**3560**	**3366**

[*]个别职业类因为样本较少，没有包括在内。

数据来源：麦可思-中国2012届、2013届大学毕业生社会需求与培养质量调查。

表1-3-24　2012届、2013届高职高专生毕业半年后从事的主要职业类的月收入*

单位：元

高职高专 职业类名称	2013届	2012届	高职高专 职业类名称	2013届	2012届
矿山/石油	3565	—	农/林/牧/渔类	2989	—
电气/电子(不包括计算机)	3294	2898	公安/检察/法院/经济执法	2961	—
金融(银行/基金/证券/期货/理财)	3268	3104	服装/纺织/皮革	2941	—
销售	3267	2968	物流/采购	2914	2712
房地产经营	3257	—	机动车机械/电子	2900	2761
交通运输/邮电	3223	3221	餐饮/娱乐	2861	2869
生产/运营	3218	2911	美术/设计/创意	2837	2478
互联网开发及应用	3214	2973	公共关系	2788	—
经营管理	3185	3088	人力资源	2784	2504
电力/能源	3166	2993	媒体/出版	2727	2679
工业安全与质量	3140	—	酒店/旅游/会展	2709	2699
保险	3119	3049	高等教育/职业培训	2683	—
表演艺术/影视	3065	—	行政/后勤	2586	2325
建筑工程	3064	2745	财务/审计/税务/统计	2566	2333
机械/仪器仪表	3060	2777	医疗保健/紧急救助	2508	2406
计算机与数据处理	3015	2859	幼儿与学前教育	2460	—
测绘	3012	—	中小学教育	2365	2061
生物/化工	2996	2722			
全国高职高专	**2940**	**2731**	**全国高职高专**	**2940**	**2731**

* 个别职业类因为样本较少，没有包括在内。

数据来源：麦可思-中国2012届、2013届大学毕业生社会需求与培养质量调查。

　　表1-3-27、表1-3-28、表1-3-29和表1-3-30分别是2013届本科生和高职高专生毕业半年后月收入增长最快/最慢的前十位职业类。可以看出，2013届本科生毕业半年后月收入增长最快的职业类为"环境保护"，增长率为14.7%；毕业半年后月收入增长最慢的职业类为"社区工作者"，增长率为-5.2%。2013届高职高专生毕业半年后月收入增长最快的职业类为"中小学教育"，增长率为14.8%；毕业半年后月收入增长最慢的职业类为"餐饮/娱乐"，增长率为-0.3%。

表 1 - 3 - 25　2013 届本科生毕业半年后月收入最高的前 50 位职业*

单位：元

本科毕业生月收入 最高的前 50 位职业名称	毕业半年后的 平均月收入	本科毕业生月收入 最高的前 50 位职业名称	毕业半年后的 平均月收入
建筑师(非园林和水上景观)	4971	税收监察者、征收人和税收代理人	4077
互联网开发师	4799	一线销售主管(非零售)	4073
信贷经纪人	4768	工业工程师	4048
出纳员	4568	市场研究分析师	3971
计算机软件应用工程师	4542	发电站、变电站和中继站的电子和 电气修理技术员	3965
金融服务销售商	4529	电气工程师	3960
计算机系统软件工程师	4443	网络设计师	3939
新账户办事员	4437	其他从事媒体和交流工作的人	3936
计算机系统工程师或设计师	4412	网络系统和数据传递分析师	3935
信贷面谈员和办事员	4379	其他计算机专家	3918
计算机程序员	4327	城市及区域规划人员	3905
个人理财顾问	4307	生产及操作人员的初级主管	3883
贷款顾问	4299	一线销售主管(零售)	3877
销售代表(医疗用品)	4260	培训和发展专职人员	3876
软件质量鉴定及检验工程师	4220	审计员	3866
市场经理	4216	房地产销售经纪人	3860
销售经理	4209	公共关系专家	3849
管理分析人员	4199	半导体加工人员	3834
柜员和租赁服务员	4180	网络和计算机系统管理员	3820
警察	4178	通讯设备的安装、修理技术员	3798
销售工程师	4163	施工工程师	3791
电子工程师(不包括计算机工程师)	4150	房地产经纪人	3789
计算机支持专家	4143	翻译员	3775
土木工程师	4142	机械工程师	3756
总经理和日常主管	4099	计算机硬件工程师	3740
全国本科	**3560**	**全国本科**	**3560**

*个别职业因为样本较少，没有包括在内。

数据来源：麦可思 - 中国 2013 届大学毕业生社会需求与培养质量调查。

表 1 - 3 - 26　2013 届高职高专生毕业半年后月收入最高的前 50 位职业 *

单位：元

高职高专毕业生月收入最高的前 50 位职业名称	毕业半年后的平均月收入	高职高专毕业生月收入最高的前 50 位职业名称	毕业半年后的平均月收入
列车司机	4060	石油泵系统操作员、炼油工和计量员	3319
铁轨铺设及维护设备操作员	3993	土木工程技术员	3311
销售经理	3885	其他销售代表、服务商	3302
市场经理	3877	电气和电子运输设备安装者和修理技术员	3286
总经理和日常主管	3868	房地产经纪人	3281
互联网开发者	3863	商业和工业电子和电器设备修理技术员	3280
一线销售主管（非零售）	3689	工业生产管理员	3275
金融服务销售商	3622	舰艇建造技术员	3271
运输服务员（不包括航班乘务员和行李搬运工）	3567	计算机支持专业人员	3258
贷款顾问	3508	计算机软件应用工程技术员	3247
计算机程序员	3500	化工厂系统操作员	3233
房地产销售经纪人	3487	测量技术员	3218
个人理财顾问	3484	半导体加工人员	3215
一线销售主管（零售）	3425	销售代表（机械设备和零件）	3202
调度员（除警车、消防车和救护车）	3424	通讯设备的安装、修理技术员	3188
网络系统和数据传递分析师	3419	其他工程技术员	3187
船员	3405	施工技术员	3178
电气工程技术员	3380	发电站、变电站和中继站的电子和电气修理技术员	3163
网络设计师	3354	仓储及配送经理	3154
发动机和其他机械装配技术员	3349	机电技术员	3153
保险理赔员	3347	销售代表（批发和制造业，不包括科技类产品）	3149
工业工程技术员	3347	市场研究分析员	3145
电子工程技术员	3341	生产、计划及配送人员	3133
销售代表（医疗用品）	3334	建筑设计员（非园林和水上景观）	3130
生产及操作人员的初级主管	3329	电气技术员	3124
全国高职高专	**2940**	**全国高职高专**	**2940**

　　* 个别职业因为样本较少，没有包括在内。

　　数据来源：麦可思 - 中国 2013 届大学毕业生社会需求与培养质量调查。

表 1 – 3 – 27　2013 届本科生毕业半年后月收入增长最快的
前十位职业类（与 2012 届对比）*

单位：%，元

本科职业类名称	增长率	2013 届	2012 届
环境保护	14.7	3361	2931
餐饮/娱乐	12.5	3233	2875
建筑工程	11.7	3696	3309
物流/采购	11.6	3605	3230
人力资源	11.2	3431	3086
保险	11.1	3477	3131
酒店/旅游/会展	10.8	3372	3043
工业安全与质量	9.8	3522	3209
电力/能源	8.9	3812	3500
中小学教育	8.1	3111	2878

* 毕业生规模过小的职业类不包括在此排序中。

数据来源：麦可思 – 中国 2012 届、2013 届大学毕业生社会需求与培养质量调查。

表 1 – 3 – 28　2013 届本科生毕业半年后月收入增长最慢的
前十位职业类（与 2012 届对比）*

单位：%，元

本科职业类名称	增长率	2013 届	2012 届
社区工作者	– 5.2	2658	2803
医疗保健/紧急救助	– 3.0	2908	2999
计算机与数据处理	– 2.7	4135	4251
交通运输/邮电	– 0.6	3685	3707
公安/检察/法院/经济执法	– 0.3	3578	3588
互联网开发及应用	0.0	4415	4469
矿山/石油	0.0	4024	4022
翻译	0.3	3775	3763
房地产经营	1.6	3861	3802
销售	1.6	3653	3596

* 毕业生规模过小的职业类不包括在此排序中。

数据来源：麦可思 – 中国 2012 届、2013 届大学毕业生社会需求与培养质量调查。

表 1 – 3 – 29   2013 届高职高专生毕业半年后月收入增长最快的
前十位职业类（与 2012 届对比）*

单位：%，元

高职高专职业类名称	增长率	2013 届	2012 届
中小学教育	14.8	2365	2061
美术/设计/创意	14.5	2837	2478
电气/电子（不包括计算机）	13.7	3294	2898
建筑工程	11.6	3064	2745
行政/后勤	11.2	2586	2325
人力资源	11.2	2784	2504
生产/运营	10.5	3218	2911
机械/仪器仪表	10.2	3060	2777
生物/化工	10.1	2996	2722
销售	10.1	3267	2968

*毕业生规模过小的职业类不包括在此排序中。

数据来源：麦可思 – 中国 2012 届、2013 届大学毕业生社会需求与培养质量调查。

表 1 – 3 – 30   2013 届高职高专生毕业半年后月收入增长最慢的
前十位职业类（与 2012 届对比）*

单位：%，元

高职高专职业类名称	增长率	2013 届	2012 届
餐饮/娱乐	– 0.3	2861	2869
交通运输/邮电	0.1	3223	3221
酒店/旅游/会展	0.4	2709	2699
媒体/出版	1.8	2727	2679
保险	2.3	3119	3049
经营管理	3.1	3185	3088
医疗保健/紧急救助	4.2	2508	2406
机动车机械/电子	5.0	2900	2761
金融（银行/基金/证券/期货/理财）	5.3	3268	3104
计算机与数据处理	5.5	3015	2859

*毕业生规模过小的职业类不包括在此排序中。

数据来源：麦可思 – 中国 2012 届、2013 届大学毕业生社会需求与培养质量调查。

（四）主要行业的薪资

表 1 – 3 –31 和表 1 – 3 –32 分别是 2012 届、2013 届本科生和高职高专生

表 1 – 3 – 31　2012 届、2013 届本科生毕业半年后在主要行业类的月收入*

单位：元

本科行业类名称	2013 届	2012 届	本科行业类名称	2013 届	2012 届
金融（银行/保险/证券）业	4186	3932	批发商业	3359	3204
媒体、信息及通信产业	3922	4036	纺织皮革及成品加工业	3329	3057
运输业	3853	3792	玻璃黏土、石灰水泥制品业	3296	—
电子电气仪器设备及电脑制造业	3834	3749	化学品、化工、塑胶业	3288	3183
矿业	3780	3909	木品和纸品业	3258	3063
水电煤气公用事业	3712	3510	政府及公共管理	3238	3098
房地产开发销售租赁及其他租赁业	3695	3738	初级金属制造业	3217	3002
各类专业设计与咨询服务业	3653	3576	住宿和饮食业	3200	2714
建筑业	3644	3208	其他服务业（除行政服务）	3191	2935
艺术、娱乐和休闲业	3561	3406	机械五金制造业	3178	2936
食品、烟草、加工业	3548	3253	农业、林业、渔业和畜牧业	3150	2835
交通工具制造业	3534	3503	教育业	3138	2948
零售商业	3477	3213	行政、商业和环境保护辅助业	3109	2819
家具、医疗设备及其他制成品业	3384	3231	医疗和社会护理服务业	3078	3144
邮递、物流及仓储业	3377	3213			
全国本科	**3560**	**3366**	**全国本科**	**3560**	**3366**

* 个别行业类因为样本较少，没有包括在内。

数据来源：麦可思 – 中国 2012 届、2013 届大学毕业生社会需求与培养质量调查。

表 1 – 3 – 32　2012 届、2013 届高职高专生毕业半年后在主要行业类的月收入*

单位：元

高职高专行业类名称	2013 届	2012 届	高职高专行业类名称	2013 届	2012 届
矿业	3322	—	机械五金制造业	2938	2592
金融（银行/保险/证券）业	3238	3170	水电煤气公用事业	2911	2930
电子电气仪器设备及电脑制造业	3211	2880	纺织皮革及成品加工业	2910	2564
运输业	3200	—	食品、烟草、加工业	2894	2622
交通工具制造业	3131	2806	批发商业	2879	—
艺术、娱乐和休闲业	3099	2906	零售商业	2874	—
媒体、信息及通信产业	3083	2978	玻璃黏土、石灰水泥制品业	2822	—
房地产开发销售租赁及其他租赁业	3069	2819	政府及公共管理	2815	2302
化学品、化工、塑胶业	3034	2635	各类专业设计与咨询服务业	2763	2538
初级金属制造业	3030	—	其他服务业（除行政服务）	2743	2486
建筑业	3011	2700	住宿和饮食业	2698	2657
家具、医疗设备及其他制成品业	2972	2658	行政、商业和环境保护辅助业	2688	2602
农业、林业、渔业和畜牧业	2972	—	教育业	2607	2246
木品和纸品业	2956	—	医疗和社会护理服务业	2561	2486
邮递、物流及仓储业	2944	2645			
全国高职高专	**2940**	**2731**	**全国高职高专**	**2940**	**2731**

* 个别行业类因为样本较少，没有包括在内。

数据来源：麦可思 – 中国 2012 届、2013 届大学毕业生社会需求与培养质量调查。

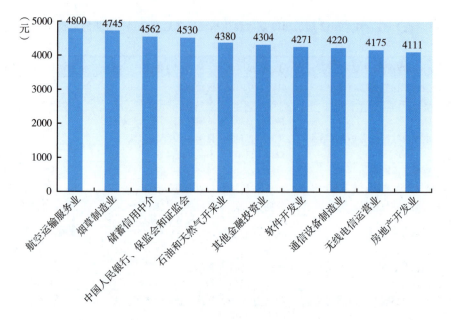

图1-3-15　2013届本科生毕业半年后月收入最高的前十位行业

数据来源：麦可思-中国2013届大学毕业生社会需求与培养质量调查。

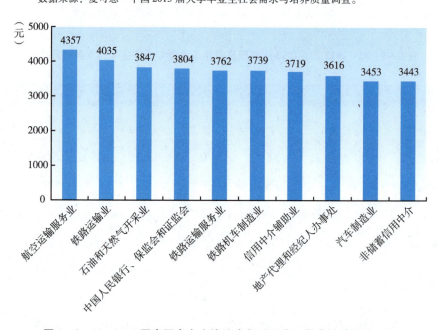

图1-3-16　2013届高职高专生毕业半年后月收入最高的前十位行业

数据来源：麦可思-中国2013届大学毕业生社会需求与培养质量调查。

毕业半年后在主要行业类的月收入。可以看出，2013届本科生毕业半年后月收入最高的行业类为"金融（银行/保险/证券）业"（4186元），其次是"媒体、信息及通信产业"（3922元）。2013届高职高专生毕业半年后月收入最高的行业类为"矿业"（3322元），其次是"金融（银行/保险/证券）业"（3238元）。

表1-3-33、表1-3-34、表1-3-35和表1-3-36分别是2013届本科生和高职高专生毕业半年后月收入增长最快/最慢的前五位行业类。可以看出，2013届本科生毕业半年后月收入增长最快的行业类为"住宿和饮食业"，增长率为17.9%；毕业半年后月收入增长最慢的行业类为"矿业"，增长率为-3.3%。2013届高职高专生毕业半年后月收入增长最快的行业类为"政府及公共管理"，增长率为22.3%；毕业半年后月收入增长最慢的行业类为"水电煤气公用事业"，增长率为-0.6%。

表1-3-33　2013届本科生毕业半年后月收入增长最快的
前五位行业类（与2012届对比）*

单位：%，元

本科行业类名称	增长率	2013届	2012届
住宿和饮食业	17.9	3200	2714
建筑业	13.6	3644	3208
农业、林业、渔业和畜牧业	11.1	3150	2835
行政、商业和环境保护辅助业	10.3	3109	2819
食品、烟草、加工业	9.1	3548	3253

＊毕业生规模过小的行业类不包括在此排序中。

数据来源：麦可思-中国2012届、2013届大学毕业生社会需求与培养质量调查。

表1-3-34　2013届本科生毕业半年后月收入增长最慢的
前五位行业类（与2012届对比）*

单位：%，元

本科行业类名称	增长率	2013届	2012届
矿业	-3.3	3780	3909
媒体、信息及通信产业	-2.8	3922	4036
医疗和社会护理服务业	-2.1	3078	3144
房地产开发销售租赁及其他租赁业	-1.2	3695	3738
交通工具制造业	0.9	3534	3503

＊毕业生规模过小的行业类不包括在此排序中。

数据来源：麦可思-中国2012届、2013届大学毕业生社会需求与培养质量调查。

表 1 – 3 – 35　2013 届高职高专生毕业半年后月收入增长最快的
前五位行业类（与 2012 届对比）*

单位：% ，元

高职高专行业类名称	增长率	2013 届	2012 届
政府及公共管理	22.3	2815	2302
教育业	16.1	2607	2246
化学品、化工、塑胶业	15.1	3034	2635
纺织皮革及成品加工业	13.5	2910	2564
机械五金制造业	13.3	2938	2592

　＊毕业生规模过小的行业类不包括在此排序中。

　数据来源：麦可思 – 中国 2012 届、2013 届大学毕业生社会需求与培养质量调查。

表 1 – 3 – 36　2013 届高职高专生毕业半年后月收入增长最慢的
前五位行业类（与 2012 届对比）*

单位：% ，元

高职高专行业类名称	增长率	2013 届	2012 届
水电煤气公用事业	– 0.6	2911	2930
住宿和饮食业	1.5	2698	2657
金融(银行/保险/证券)业	2.1	3238	3170
医疗和社会护理服务业	3.0	2561	2486
行政、商业和环境保护辅助业	3.3	2688	2602

　＊毕业生规模过小的行业类不包括在此排序中。

　数据来源：麦可思 – 中国 2012 届、2013 届大学毕业生社会需求与培养质量调查。

（五）用人单位的薪资

　　图 1 – 3 – 17 和图 1 – 3 – 18 分别是 2012 届、2013 届本科生和高职高专生毕业半年后在各类型用人单位的月收入。可以看出，2013 届大学生毕业半年后在"中外合资/外资/独资"单位就业的人群月收入最高，其中本科为 3975元，高职高专为 3250 元。与 2012 届相比，2013 届大学毕业生在各类型用人单位就业的月收入都有所上升。

　　图 1 – 3 – 19 和图 1 – 3 – 20 分别是 2012 届、2013 届本科生和高职高专生毕业半年后在各规模用人单位的月收入。可以看出，2013 届大学毕业生在"3000 人以上"规模的大型用人单位就业的月收入最高，本科为 4021 元，高

**图 1 – 3 – 17 2012 届、2013 届本科生毕业半年后
在各类型用人单位的月收入**

数据来源：麦可思 – 中国 2012 届、2013 届大学毕业生社会需求与培养质量调查。

**图 1 – 3 – 18 2012 届、2013 届高职高专生毕业半年后
在各类型用人单位的月收入**

数据来源：麦可思 – 中国 2012 届、2013 届大学毕业生社会需求与培养质量调查。

职高专为 3391 元。与 2012 届相比，2013 届大学毕业生在各规模用人单位就业的月收入都有所上升。

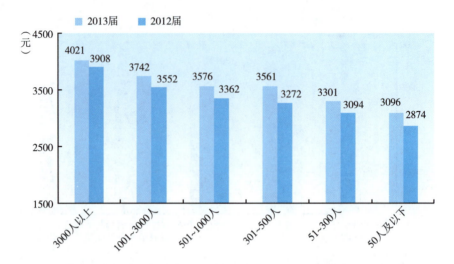

图1－3－19　2012届、2013届本科生毕业半年后在各规模用人单位的月收入

数据来源：麦可思－中国2012届、2013届大学毕业生社会需求与培养质量调查。

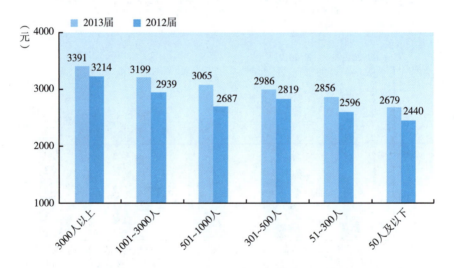

图1－3－20　2012届、2013届高职高专生毕业半年后
在各规模用人单位的月收入

数据来源：麦可思－中国2012届、2013届大学毕业生社会需求与培养质量调查。

（六）各类经济区域的薪资

图1－3－21和图1－3－22分别是2012届、2013届本科生和高职高专生

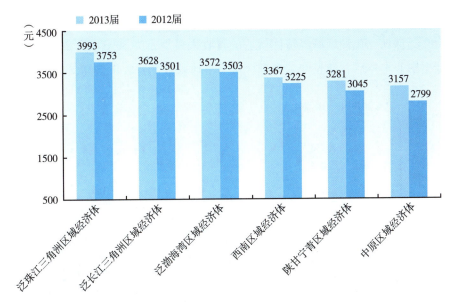

图1－3－21 2012届、2013届本科生毕业半年后在各类经济区域就业的月收入 *

* 西部生态经济区和东北区域经济体因为样本较少，没有包括在内。

数据来源：麦可思－中国2012届、2013届大学毕业生社会需求与培养质量调查。

图1－3－22 2012届、2013届高职高专生毕业半年后在
各类经济区域就业的月收入 *

* 西部生态经济区因为样本较少，没有包括在内。

数据来源：麦可思－中国2012届、2013届大学毕业生社会需求与培养质量调查。

毕业半年后在各类经济区域就业的月收入。可以看出，2013届本科生毕业半年后在泛珠江三角洲区域经济体就业的月收入最高，为3993元。2013届高职高专生毕业半年后在泛长江三角洲区域经济体就业的月收入最高，为3092元。

图 1 – 3 – 23　2012届、2013届本科生毕业半年后在各类城市就业的月收入

数据来源：麦可思 – 中国2012届、2013届大学毕业生社会需求与培养质量调查。

图 1 – 3 – 24　2012届、2013届高职高专生毕业半年后在各类城市就业的月收入

数据来源：麦可思 – 中国2012届、2013届大学毕业生社会需求与培养质量调查。

四　工作与专业相关度

（一）总体工作与专业相关度

工作与专业相关度＝受雇全职工作并且与专业相关的毕业生人数/受雇全职工作的毕业生人数。

图1-3-25是2011~2013届大学生毕业半年后的工作与专业相关度。可以看出，2013届本科和高职高专毕业生的工作与专业相关度分别为69%、62%，均与2012届（分别为69%、62%）持平，均略高于2011届（分别为67%、60%）。从近三届的趋势可以看出，大学毕业生的工作与专业相关度呈现平稳发展趋势。

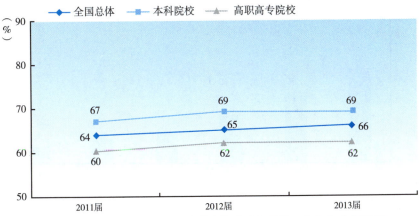

图1-3-25　2011~2013届大学生毕业半年后的工作与专业相关度

数据来源：麦可思-中国2011~2013届大学毕业生社会需求与培养质量调查。

（二）选择与专业无关工作的原因

图1-3-27和图1-3-28分别呈现2013届本科生和高职高专生毕业半年后选择与专业无关工作的主要原因。可以看出，2013届本科毕业生选择与专业无关工作的最主要原因是"专业工作不符合自己的职业期待"（33%），其次为"迫于现实先就业再择业"（25%）。高职高专毕业生选择与专业无关工作的最主要原因是"专业工作不符合自己的职业期待"、"迫于现实先就业再择业"（均为29%）。

117

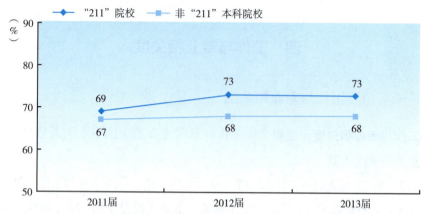

图 1 – 3 – 26　2011 ~ 2013 届本科生毕业半年后的工作与专业相关度

数据来源：麦可思 – 中国 2011 ~ 2013 届大学毕业生社会需求与培养质量调查。

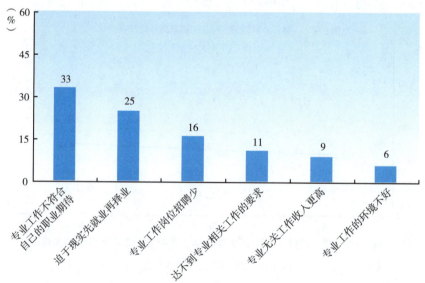

图 1 – 3 – 27　2013 届本科生毕业半年后选择与专业无关工作的主要原因

数据来源：麦可思 – 中国 2013 届大学毕业生社会需求与培养质量调查。

（三）主要专业的专业相关度

表 1 – 3 – 37 呈现 2011 ~ 2013 届主要学科门类/专业大类毕业生的工作与专业相关度变化趋势。可以看出，在 2013 届本科学科门类中，专业相关度最高的是医学（88%），其次是工学（73%），最低的为法学（53%）。高职高专

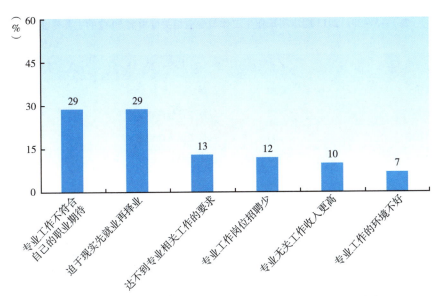

图 1 – 3 – 28　2013 届高职高专生毕业半年后选择与专业无关工作的主要原因

数据来源：麦可思 – 中国 2013 届大学毕业生社会需求与培养质量调查。

专业相关度最高的专业大类为医药卫生大类（87%），其次是土建大类（81%），最低的为旅游大类和电子信息大类（均为 50%）。

表 1 – 3 – 37　2011～2013 届主要学科门类/专业大类毕业生的
工作与专业相关度变化趋势*

单位：%

本科学科 门类名称	2013 届	2012 届	2011 届	高职高专 专业大类名称	2013 届	2012 届	2011 届
医学	88	87	89	医药卫生大类	87	86	81
工学	73	76	73	土建大类	81	80	85
管理学	69	69	68	材料与能源大类	78	79	78
经济学	67	66	66	交通运输大类	69	71	67
文学	65	65	66	财经大类	62	62	60
教育学	62	62	57	生化与药品大类	60	60	52
理学	58	60	57	文化教育大类	58	60	55
农学	55	53	54	制造大类	58	57	57
法学	53	53	48	艺术设计传媒大类	58	57	60
				轻纺食品大类	54	52	53
				电子信息大类	50	52	55
				旅游大类	50	53	46
全国本科	**69**	**69**	**67**	**全国高职高专**	**62**	**62**	**60**

*个别学科门类/专业大类因为样本较少，没有包括在内。

数据来源：麦可思 – 中国 2011～2013 届大学毕业生社会需求与培养质量调查。

表 1 – 3 – 38　2013 届本科毕业生工作与专业相关度排前 50 位的主要专业*

单位：%

本科专业名称	专业相关度	本科专业名称	专业相关度
建筑学	99	金融学	78
临床医学	98	过程装备与控制工程	78
城市规划	94	机械工程及自动化	77
护理学	94	软件工程	77
地质工程	94	安全工程	76
土木工程	93	交通运输	76
船舶与海洋工程	92	汉语言文学	75
采矿工程	91	机械设计制造及其自动化	75
建筑环境与设备工程	89	教育学	74
工程管理	88	数学与应用数学	74
药学	87	汽车服务工程	74
审计学	87	工程力学	74
会计学	86	园林	74
给水排水工程	85	地理信息系统	73
矿物加工工程	85	机械电子工程	72
学前教育	84	服装设计与工程	71
测绘工程	84	音乐学	70
中药学	84	美术学	70
热能与动力工程	82	计算机科学与技术	70
财务管理	82	交通工程	70
车辆工程	81	广告学	69
制药工程	81	艺术设计	69
油气储运工程	81	自动化	69
电气工程及其自动化	80	网络工程	69
小学教育	79	化学工程与工艺	69
全国本科	**69**	**全国本科**	**69**

＊毕业生规模过小的专业不包括在此排序中。

数据来源：麦可思 – 中国 2013 届大学毕业生社会需求与培养质量调查。

表 1-3-39　2013 届高职高专毕业生工作与专业相关度排前 50 位的主要专业*

单位：%

高职高专专业名称	专业相关度	高职高专专业名称	专业相关度
临床医学	96	室内设计技术	74
护理	94	城市轨道交通工程技术	73
医学检验技术	93	建筑装饰工程技术	73
医学影像技术	93	畜牧兽医	72
电气化铁道技术	92	城市轨道交通运营管理	72
康复治疗技术	91	环境艺术设计	72
学前教育	91	财务管理	72
铁道工程技术	90	会计与审计	72
助产	90	航海技术	71
发电厂及电力系统	87	会计	71
药学	87	会计电算化	71
建筑工程技术	84	市场开发与营销	70
电力系统自动化技术	84	药物制剂技术	69
供用电技术	83	工程测量技术	69
道路桥梁工程技术	82	汽车检测与维修技术	69
工程造价	82	房地产经营与估价	68
建筑设计技术	81	生产过程自动化技术	68
建筑工程管理	80	广告设计与制作	68
建筑设备工程技术	79	应用化工技术	67
工程监理	79	精细化学品生产技术	67
市政工程技术	79	汽车技术服务与营销	67
供热通风与空调工程技术	76	市场营销	67
语文教育	75	营销与策划	67
初等教育	75	汽车运用技术	66
石油化工生产技术	74	装饰艺术设计	66
全国高职高专	**62**	**全国高职高专**	**62**

* 毕业生规模过小的专业不包括在此排序中。

数据来源：麦可思–中国 2013 届大学毕业生社会需求与培养质量调查。

（四）主要职业的工作与专业相关度

表 1 – 3 – 40　2013 届本科毕业生工作与专业相关度要求最高的前 20 位职业 *

单位：%

职业名称	专业相关度	职业名称	专业相关度
注册护士	100	法律职员	94
职业护士(有从业许可证的)	100	电气工程师	94
内科医师	98	高中教师(特殊教育和职业教育除外)	93
土木工程师	98	工商业设计师	93
建筑师(非园林和水上景观)	97	化学技术员	92
化学工程师	97	汽车机械技术员	92
园林建筑师	96	电气技术员	92
舰艇建造师	95	室内设计师	92
机械工程技术员	95	电气工程技术员	91
土木工程技术员	95	机械技术员	91

＊毕业生规模过小的职业不包括在此排序中。

数据来源：麦可思 – 中国 2013 届大学毕业生社会需求与培养质量调查。

表 1 – 3 – 41　2013 届本科毕业生工作与专业相关度要求最低的前 20 位职业 *

单位：%

职业名称	专业相关度	职业名称	专业相关度
社会及社区服务经理	20	仲裁人、调停者和抚慰者	35
初级主管、菜品烹调和服务人员的主管	25	高等教育管理人员	36
一线销售主管(零售)	28	档案管理员	36
电话推销员	31	文职人员	37
零售售货员	32	公共关系专家	38
客服代表	33	行政秘书和行政助理	39
房地产销售经纪人	34	房地产经纪人	40
保单处理员	34	销售经理	42
数据录入员	34	办公室管理人员和行政工作人员的初级主管	43
保险代理人	35	市政行政办公人员	44

＊毕业生规模过小的职业不包括在此排序中。

数据来源：麦可思 – 中国 2013 届大学毕业生社会需求与培养质量调查。

表 1 - 3 - 42　2013 届高职高专毕业生工作与专业相关度要求最高的前 20 位职业*

单位：%

职业名称	专业相关度	职业名称	专业相关度
职业护士（有从业许可证的）	100	室内设计师	93
注册护士	99	园林建筑技术员	93
船员	98	计算机程序员	92
护士助理和护理员	97	土木工程技术员	92
医学及临床实验的技术员	96	土木技术员	91
紧急医疗救护及护理人员	96	暖气装置和空调机械技术员	91
医生助手	96	预算员	91
药剂技师	94	电气技术员	91
建筑设计员（非园林和水上景观）	93	建筑技术员	90
监狱警察和监狱看守	93	图像设计师	90

＊毕业生规模过小的职业不包括在此排序中。

数据来源：麦可思－中国 2013 届大学毕业生社会需求与培养质量调查。

表 1 - 3 - 43　2013 届高职高专毕业生工作与专业相关度要求最低的前 20 位职业*

单位：%

职业名称	专业相关度	职业名称	专业相关度
数据录入员	28	其他种类的人力资源、培训和劳资关系专职人员	32
保单处理员	28	金融服务销售商	32
社会及社区服务经理	28	电话推销员	32
个人理财顾问	29	客服代表	33
市政行政办公人员	29	半导体加工人员	33
档案管理员	29	行政秘书和行政助理	34
文职人员	31	市场研究分析员	36
房地产经纪人	31	教育、职业和校园顾问	37
保险代理人	31	市场经理	38
房地产销售经纪人	31	贷款顾问	38

＊毕业生规模过小的职业不包括在此排序中。

数据来源：麦可思－中国 2013 届大学毕业生社会需求与培养质量调查。

五　离职率

离职率：有过工作经历的 2013 届毕业生（从毕业时到 2013 年 12 月 31

日）有多少人发生过离职。离职率＝曾经发生离职行为的毕业生人数/现在工作或曾经工作的毕业生人数。

离职类型： 分为主动离职（辞职）、被雇主解职、两者均有（离职两次以上可能会出现）三类情形。

（一）离职率

图1-3-29是2012届和2013届大学生毕业半年内的离职率。可以看出，2013届大学毕业生毕业半年内的离职率（34%）与2012届（33%）基本持平。其中，本科院校2013届毕业生毕业半年内离职率为24%，与2012届（24%）持平，高职高专院校2013届毕业生毕业半年内离职率为43%，与2012届（42%）基本持平。在本科院校中，"211"院校毕业生毕业半年内离职率为13%，非"211"本科院校为26%。

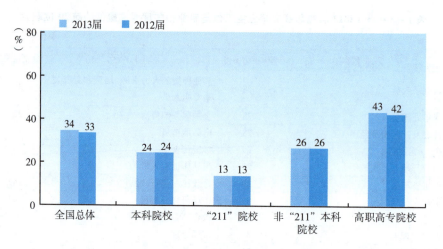

图1-3-29　2012届、2013届大学生毕业半年内的离职率

数据来源：麦可思-中国2012届、2013届大学毕业生社会需求与培养质量调查。

表1-3-44是2012届、2013届主要学科门类/专业大类毕业生毕业半年内的离职率。可以看出，在2013届本科学科门类中，医学和工学半年内离职率最低，均为18%，文学的半年内离职率最高，为30%。在高职高专专业大类中，医药卫生大类半年内离职率最低，为21%，艺术设计传媒大类的半年内离职率最高，为53%。

表 1 – 3 – 44 2012 届、2013 届主要学科门类/专业大类毕业生毕业半年内的离职率*

单位：%

本科学科 门类名称	2013 届	2012 届	高职高专 专业大类名称	2013 届	2012 届
文学	30	32	艺术设计传媒大类	53	53
经济学	28	26	旅游大类	49	46
农学	27	28	电子信息大类	49	47
管理学	24	25	财经大类	48	51
理学	24	23	轻纺食品大类	46	42
教育学	21	22	生化与药品大类	44	49
法学	20	21	制造大类	43	40
医学	18	21	文化教育大类	40	36
工学	18	18	土建大类	39	39
			交通运输大类	28	31
			材料与能源大类	23	22
			医药卫生大类	21	20
全国本科	**24**	**24**	**全国高职高专**	**43**	**42**

*个别学科门类/专业大类因为样本较少，没有包括在内。
数据来源：麦可思 – 中国 2012 届、2013 届大学毕业生社会需求与培养质量调查。

（二）离职类型和主动离职原因

图 1 – 3 – 30 和图 1 – 3 – 31 分别是 2013 届大学毕业生的离职类型和主动

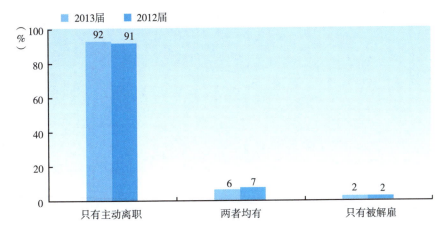

图 1 – 3 – 30 2012 届、2013 届大学毕业生的离职类型分布

数据来源：麦可思 – 中国 2012 届、2013 届大学毕业生社会需求与培养质量调查。

离职的原因分布。可以看出，2013届大学生毕业半年内离职的人群有98%发生过主动离职，主动离职的主要原因是"个人发展空间不够"（51%）和"薪资福利偏低"（49%）。

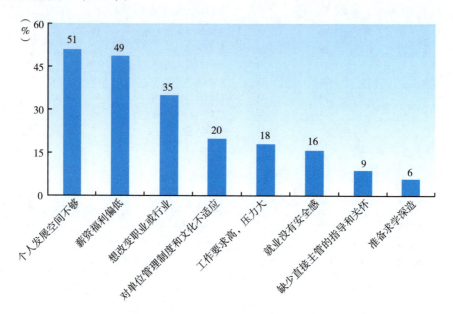

图1-3-31 2013届大学毕业生主动离职的原因（多选）

数据来源：麦可思-中国2013届大学毕业生社会需求与培养质量调查。

B.6

第四章
专业预警

结论摘要

1. 2014年本科就业红牌警告专业包括：生物科学与工程、法学、生物技术、生物工程、动画、美术学、艺术设计、体育教育。2014年高职高专就业红牌警告专业包括：法律事务、语文教育、电子商务、会计电算化、生物技术及应用、工商企业管理、计算机信息管理、计算机应用技术。以上专业大部分与2013年的红牌专业相同，这些专业失业量较大、就业率较低，薪资较低。

2. 2014年本科就业绿牌发展专业包括：建筑学、地质工程、矿物加工工程、采矿工程、油气储运工程、车辆工程、城市规划、船舶与海洋工程、审计学。2014年高职高专就业绿牌发展专业包括：电气化铁道技术、供热通风与空调工程技术、铁道工程技术、楼宇智能化工程技术、石油化工生产技术、道路桥梁工程技术。以上专业大部分与2013年的绿牌专业相同，这些专业的就业率持续走高，薪资走高。

红牌专业： 失业量较大，就业率较低，月收入较低且就业满意度较低的专业，为高失业风险型专业。

黄牌专业： 除红牌专业外，失业量较大，就业率较低，月收入较低且就业满意度较低的专业。

绿牌专业： 月收入、就业率持续走高，失业量较低且就业满意度较高的专业，为需求增长型专业。

出现红、黄牌专业的原因既可能是供大于求，也可能是培养质量达不到岗位要求，而这是导致大学毕业生找不到工作与企业招不到人才的原因之一。专

业预警分析可以引导政府和高校主动调整学科专业设置，提高人才培养质量，增强高等教育的人才培养对社会需求的质与量的敏感性和反应性，从而更好地建立与社会需求相适应的专业结构。

表1-4-1和表1-4-2分别是2014年中国大学毕业生"红黄绿牌"本科和高职高专专业。与2013年大学毕业生"红黄绿牌"本科和高职高专专业相比，大部分专业一致。其中，本科专业中，数学与应用数学、英语由2013年的红牌专业转为2014年的黄牌专业，艺术设计由2013年的黄牌专业转为2014年的红牌专业；高职高专专业中，国际金融由2013年的红牌专业转为2014年的黄牌专业，计算机信息管理由2013年的黄牌专业转为2014年的红牌专业。

表1-4-1　2014年中国大学毕业生"红黄绿牌"本科专业

红牌专业	黄牌专业	绿牌专业
生物科学与工程	数学与应用数学	建筑学
法学	电子信息科学与技术	地质工程
生物技术	公共事业管理	矿物加工工程
生物工程	汉语言文学	采矿工程
动画	英语	油气储运工程
美术学	工商管理	车辆工程
艺术设计	国际经济与贸易	城市规划
体育教育		船舶与海洋工程
		审计学

数据来源：麦可思-中国2011~2013届大学毕业生社会需求与培养质量调查。

表1-4-2　2014年中国大学毕业生"红黄绿牌"高职高专专业

红牌专业	黄牌专业	绿牌专业
法律事务	人力资源管理	电气化铁道技术
语文教育	国际金融	供热通风与空调工程技术
电子商务	商务英语	铁道工程技术
会计电算化	计算机网络技术	楼宇智能化工程技术
生物技术及应用	物流管理	石油化工生产技术
工商企业管理		道路桥梁工程技术
计算机信息管理		
计算机应用技术		

数据来源：麦可思-中国2011~2013届大学毕业生社会需求与培养质量调查。

第五章

能力与知识

结论摘要

一 基本工作能力

1. 无论是本科毕业生还是高职高专毕业生，其毕业时对基本工作能力的掌握水平均低于工作岗位要求的水平。

2. 2013届本科毕业生在理解交流能力中最重要的是有效的口头沟通能力（重要度为77%），其满足度为82%；科学思维能力中最重要的是针对性写作能力和科学分析能力（重要度均为67%），其满足度分别为79%和81%；管理能力中最重要的是谈判技能（重要度为76%），其满足度为74%；应用分析能力中最重要的是疑难排解能力（重要度为74%），其满足度为77%；动手能力中最重要的是电脑编程能力（重要度为74%），其满足度为70%。

3. 2013届高职高专毕业生在理解交流能力中最重要的是有效的口头沟通能力（重要度为74%），其满足度为83%；科学思维能力中最重要的是科学分析能力（重要度为62%），其满足度为82%；管理能力中最重要的是谈判技能和说服他人能力（重要度均为73%），其满足度分别为81%和74%；应用分析能力中最重要的是疑难排解能力和技术设计能力（重要度均为69%），其满足度分别为80%和74%；动手能力中最重要的是电脑编程能力（重要度为74%），其满足度为69%。

二 核心知识

1. 2013届大学毕业生最重要的核心知识是销售与营销知识，其满足度较低，本科和高职高专毕业生分别为72%和75%。

一　基本工作能力

（一）背景介绍

工作能力：从事某项职业工作必须具备的能力，分为职业工作能力和基本工作能力。职业工作能力是从事某一职业特殊需要的能力，基本工作能力是从事所有工作都必须具备的能力，麦可思参考美国 SCANS 标准，把基本工作能力分为 35 项。根据麦可思的工作能力分类，中国大学生可以从事的职业共693 个，对应的职业能力近万条。

五大类基本工作能力：麦可思参考美国 SCANS 标准，将 35 项基本工作能力划为五大类型，分别是理解与交流能力、科学思维能力、管理能力、应用分析能力和动手能力（见图 1－5－1）。

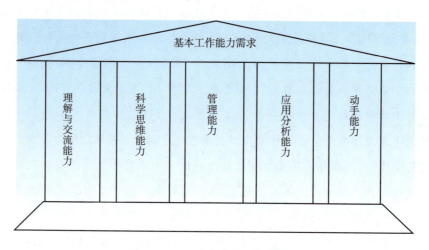

图 1－5－1　五大类基本工作能力

基本工作能力的重要度：用于定义正在工作的大学毕业生所理解的 35 项基本工作能力在其岗位工作中的重要程度，分为"无法评估"、"不重要"、"有些重要"、"重要"、"非常重要"和"极其重要"六个层次，数据处理时把重要性处理为百分比，0 代表"不重要"，25% 代表"有些重要"，50% 代表"重要"，75% 代表"非常重要"，100% 代表"极其重要"。

表1-5-1 基本工作能力定义及序号

序号	五大类能力	名称	描述
1	理解与交流能力	理解性阅读	理解工作文件的句子和段落
2	理解与交流能力	积极聆听	理解对方讲话的要点,适当地提出问题
3	理解与交流能力	有效的口头沟通	交谈中有效果地传递信息
4	理解与交流能力	积极学习	理解信息中的启示,用于解决问题,帮助做出决定
5	理解与交流能力	学习方法	在训练和指导工作时选择方法与程序
6	理解与交流能力	理解他人	关注并理解他人的反应
7	理解与交流能力	服务他人	积极地寻找方法来帮助他人
8	科学性思维能力	针对性写作	根据读者需求有效果地传递信息
9	科学性思维能力	数学解法	用数学方法来解决问题
10	科学性思维能力	科学分析	用科学的原理和方法来解决问题
11	科学性思维能力	批判性思维	运用逻辑推理来判定解决问题的建议、结论和方法的优缺点
12	管理能力	绩效监督	监督和评估自己、他人或组织的绩效以采取改进行动
13	管理能力	协调安排	根据他人的需要调整工作安排
14	管理能力	说服他人	说服他人改变想法或者行为
15	管理能力	谈判技能	与他人沟通并且达成一致
16	管理能力	指导他人	指导他人怎样去做一件事
17	管理能力	解决复杂的问题	识别复杂问题并查阅信息以发现和评估解决方案
18	管理能力	判断和决策	考虑各方案的成本和收益,决定最合适的方案
19	管理能力	时间管理	管理自己和他人的时间
20	管理能力	财务管理	决定怎样花钱以完成工作,并为这些开支记账核算
21	管理能力	物资管理	如何按照工作的特定需要获得设备、厂房和材料,以及监督其合理使用
22	管理能力	人力资源管理	在工作中激发、指导人们的工作,寻找适合各项工作的人
23	应用分析能力	新产品构思	分析需求和生产的可能性以开发出新产品
24	应用分析能力	技术设计	按要求设计和修改设备与技术
25	应用分析能力	设备选择	决定使用哪一种工具和设备来做一项工作
26	应用分析能力	质量控制分析	对产品、服务或工作程序进行测试和检查以评价其质量和绩效
27	应用分析能力	操作监控	监视仪表、控制器和其他指示器以保证机器正常运行
28	应用分析能力	操作和控制	控制设备和系统的运行
29	应用分析能力	设备维护	对设备进行日常维护并决定什么时候进行何种维护
30	应用分析能力	疑难排解	判断出操作错误的产生原因并决定纠错对策
31	应用分析能力	系统分析	判定变化对一个系统运行结果的影响
32	应用分析能力	系统评估	识别系统绩效的评估方法或指标,根据系统目标采取行动来改进系统表现
33	动手能力	安装能力	按照特定要求来安装设备、机器、管线或程序
34	动手能力	电脑编程	为各种目的编写电脑程序
35	动手能力	维修机器和系统	使用必要的工具来修理机器和系统

工作岗位要求的工作能力水平：用于定义正在工作的大学毕业生所理解的工作对35项基本工作能力的要求级别，从低到高分为一级到七级。一级代表该能力的最低水平，取值1/7；七级代表该能力的最高水平，取值1。为了帮助答题人自评级别，问卷在一到七级中分别举了三个例子，以帮助答题人理解能力的差别。

毕业时掌握的基本工作能力水平：用于定义正在工作的大学毕业生所理解的在刚毕业时对35项基本工作能力实际掌握的级别，从低到高分为一级到七级。一级代表该能力的最低水平，取值1/7；七级代表该能力的最高水平，取值1。为了帮助答题人自评级别，问卷在一级到七级中分别举了三个例子，以帮助答题人理解能力的差别。

基本工作能力的满足度：毕业时的基本工作能力水平满足社会初始岗位的工作要求水平的百分比，100%为完全满足。满足度计算公式的分子是毕业时的基本工作能力水平，分母是工作要求的水平。

（二）基本工作能力重要度和满足度

图1-5-2、图1-5-3和图1-5-4分别是2011~2013届大学毕业生毕业时的基本工作能力水平和工作岗位要求达到的水平，以及在此基础上计算出的能力满足度。可以看出，无论是本科毕业生还是高职高专毕业生，其毕业时基本工作能力的水平均低于工作岗位要求的水平。

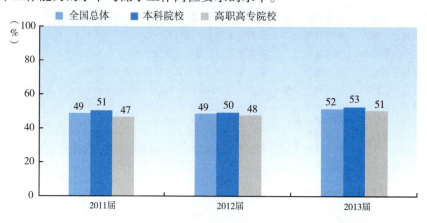

图1-5-2 2011~2013届大学毕业生毕业时的基本工作能力水平[*]

数据来源：麦可思-中国2011~2013届大学毕业生社会需求与培养质量调查。

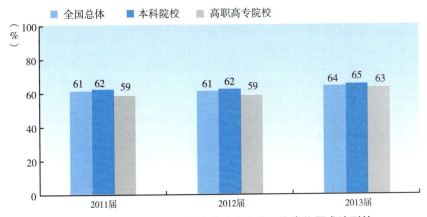

图1-5-3 2011~2013届大学毕业生的工作岗位要求达到的基本工作能力水平

数据来源：麦可思-中国2011~2013届大学毕业生社会需求与培养质量调查。

图1-5-4 2011~2013届大学毕业生的基本工作能力的满足度

数据来源：麦可思-中国2011~2013届大学毕业生社会需求与培养质量调查。

图1-5-5和图1-5-6分别是2013届本科和高职高专毕业生各项基本工作能力的重要度和满足度。可以看出，2013届本科毕业生在理解交流能力中最重要的是有效的口头沟通能力（重要度为77%），其满足度为82%；科学思维能力中最重要的是针对性写作能力和科学分析能力（重要度均为67%），其满足度分别为79%和81%；管理能力中最重要的是谈判技能（重要度为76%），其满足度为74%；应用分析能力中最重要的是疑难排解能力

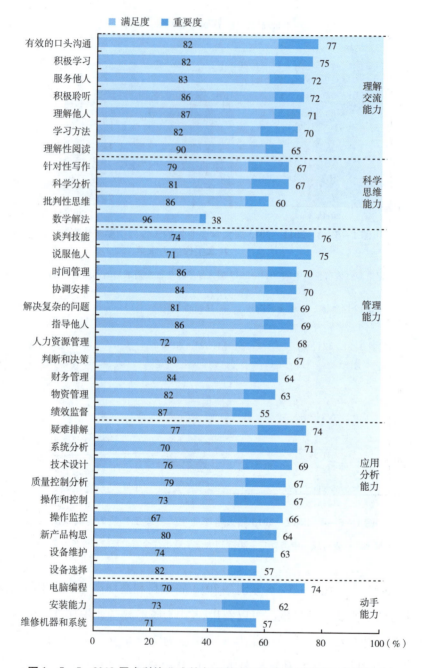

图 1-5-5 2013届本科毕业生的各项基本工作能力的重要度和满足度*

* 系统评估能力因为样本较少，没有包括在内。

数据来源：麦可思－中国2013届大学毕业生社会需求与培养质量调查。

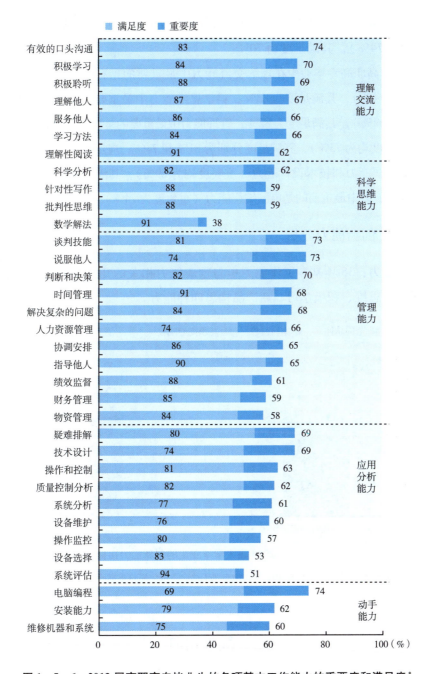

图 1－5－6 2013 届高职高专毕业生的各项基本工作能力的重要度和满足度*

*新产品构思能力因为样本较少，没有包括在内。

数据来源：麦可思－中国 2013 届大学毕业生社会需求与培养质量调查。

（重要度为 74%），其满足度为 77%；动手能力中最重要的是电脑编程能力（重要度为 74%），其满足度为 70%。

2013 届高职高专毕业生在理解交流能力中最重要的是有效的口头沟通能力（重要度为 74%），其满足度为 83%；科学思维能力中最重要的是科学分析能力（重要度为 62%），其满足度为 82%；管理能力中最重要的是谈判技能和说服他人能力（重要度均为 73%），其满足度分别为 81% 和 74%；应用分析能力中最重要的是疑难排解能力和技术设计能力（重要度均为 69%），其满足度分别为 80% 和 74%；动手能力中最重要的是电脑编程能力（重要度为 74%），其满足度为 69%。

（三）创新能力分析

创新能力：35 项基本工作能力中与创新能力相关的几项能力包括科学分析、批判性思维、积极学习、新产品构思四种能力。

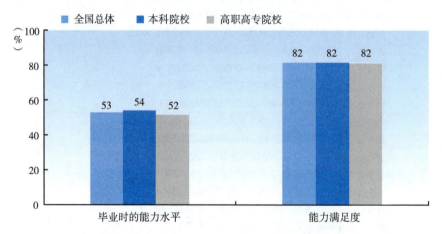

图 1 - 5 - 7　2013 届大学毕业生的创新能力指标

数据来源：麦可思－中国 2013 届大学毕业生社会需求与培养质量调查。

二　核心知识

（一）背景介绍

核心知识：从事某项职业必须具备的知识。麦可思参考美国 SCANS 标准，将核心知识分为 28 项。根据麦可思的核心知识分类，中国大学生可以从事的职业共 693 个，对应的职业知识近万条。大学毕业生在校期间所掌握的 28 项知识见表 1 – 5 – 2。

表 1 – 5 – 2 核心知识定义及序号

序号	名称	描述
1	行政与管理	关于战略规划、资源分配、人力资源、领导技巧、生产方法、人员与资源协调的商业管理原理
2	生物学	关于动植物有机体的组织、细胞、功能的知识，包括生物体的相互作用及其与环境的依赖和相互作用
3	化学	关于物质的化学组成、结构、性质、化学反应及变化的知识，包括掌握化学物品的危险特征、制备方法以及安全处理方法
4	文秘	关于行政和文书记录程序和系统的知识，例如：文字处理、文件记录归档、速记和誊写、表格设计等，还要掌握其他一些办公程序和专门用语
5	传播与媒体	关于传媒制作、交流、传播技术和方法的知识，包括通过书面、口头和可视媒体等方式来传达信息或娱乐受众
6	计算机与电子学	关于线路板、处理器、芯片、电子设备和电脑软硬件的知识，包括应用软件和编程方面的知识
7	消费者服务与个人服务	关于向顾客、个人提供服务的原理及过程的知识，这包括评估顾客需求以达到服务质量标准，并确定顾客的满意程度
8	设计	关于在精密技术方案、蓝图、绘图和模型中所涉及的设计技术、工具和原理的知识
9	经济学与会计	关于经济学和会计学的原理与实践，涉及金融市场、银行业以及对金融数据进行分析和报告的知识
10	教育与培训	关于课程设置和培训的原理和方法，教授和指导个人及团体，以及评估培训效果的知识
11	工程与技术	关于工程科技的实际应用的知识，包括应用原理、技术、程序、设计、生产多种产品和服务所用的设备
12	中文语言	关于汉语语言结构和内容的知识，包括词的意义和书写、构成规则和语法
13	美术	关于音乐、舞蹈、视觉艺术、戏剧和雕塑等艺术作品的创作、制作和表现中所涉及的理论和技术知识
14	外国语	关于一门外语语言结构和内容的知识，包括单词的意义和拼写、构成规则、语法和发音
15	地理学	关于描述陆地、海洋、大气特征的原理和方法的知识，包括其物理特征、位置、相互关系，以及关于植物、动物和人类分布的知识
16	历史学与考古学	关于历史事件及其起因、标志，以及对文明和文化的影响的知识
17	法律与政府	关于法律、法规、法庭程序、判例、政府规定、行政指令、机构规则和民主政治进程的知识
18	数学	关于算术、代数、几何、微积分、统计及其应用的知识
19	机械	关于机械和工具的知识，包括其设计、使用、修理和保养
20	人事与人力资源	关于招聘、选拔、培训、薪酬福利、劳动关系和谈判、人事信息系统的知识

序号	名称	描述
21	哲学	关于不同哲学系统和宗教流派的知识，包括基本原理、价值观、道德观、思考方式、习俗、惯例及其对人类文化的影响
22	物理学	关于物质世界的原理、定理和物质相互作用的知识和预测，以及通过实验手段去了解的关于物质、大气运动、机械、电子、原子和亚原子结构与过程的知识
23	生产与加工	关于原材料、生产过程、质量控制、成本和其他的知识，及使有限物资有效和最大限度地应用到制造和分配货物中的知识
24	心理学	关于人类行为和表现，能力、个性和兴趣的个体差异，学习与动机，心理研究方法，以及对行为和情感紊乱的评价和治疗的知识
25	销售与营销	关于展示、促销产品及服务的原则和方法的知识，包括营销策略、产品展示、销售技巧及销售控制体系
26	社会学和人类学	关于群体行为和动力学、社会趋势和影响、人类迁徙，以及种族、文化及其历史和起源的知识
27	电信学	关于电信体系中传输、播报、转换、控制和运营的知识
28	治疗与保健咨询	关于身体和精神功能紊乱的诊断、治疗、复健，以及职业咨询与指导的原则、方法和程序的知识

核心知识的重要度：用于定义正在工作的大学毕业生所理解的各项知识在其岗位工作中的重要程度，分为"无法评估"、"不重要"、"有些重要"、"重要"、"非常重要"和"极其重要"六个层次，数据处理时把重要性处理为百分比，0代表"不重要"，25%代表"有些重要"，50%代表"重要"，75%代表"非常重要"，100%代表"极其重要"。

工作要求的核心知识水平：用于定义正在工作的大学毕业生所理解的工作对各项知识的要求级别，从低到高分为一级到七级。一级代表该知识的最低水平，取值1/7；七级代表该知识的最高水平，取值1。为了帮助答题人自评级别，问卷在一到七级中分别举了三个例子，以帮助答题人理解知识水平差别。

毕业时掌握的核心知识水平：用于定义正在工作的大学毕业生所理解的在刚毕业时实际掌握的各项知识的级别，从低到高分为一级到七级。一级代表掌握该知识的最低水平，取值1/7；七级代表掌握该知识的最高水平，取值1。为了帮助答题人自评级别，问卷在一级到七级中分别举了三个例子，以帮助答题人理解知识水平差别。

核心知识的满足度：毕业时掌握的核心知识水平满足社会初始岗位的工作要求水平的程度，100%为完全满足。满足度计算公式的分子是毕业时掌握的核心知识水平，分母是工作要求的核心知识水平。

（二）核心知识重要度和满足度

图 1 - 5 - 8 和图 1 - 5 - 9 分别是 2013 届本科和高职高专毕业生的各项核

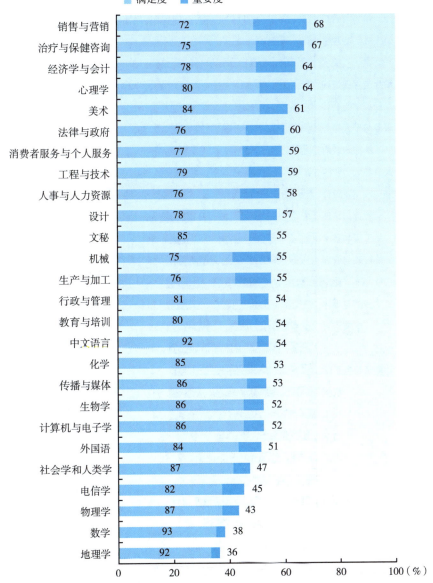

图 1 - 5 - 8　**2013 届本科毕业生的各项核心知识的重要度和满足度** *

* 部分知识由于样本较少，没有包括在内。

数据来源：麦可思 - 中国 2013 届大学毕业生社会需求与培养质量调查。

心知识的重要度和满足度。可以看出，2013届大学毕业生最重要的核心知识是销售与营销知识，其满足度较低，本科和高职高专分别为72%和75%。

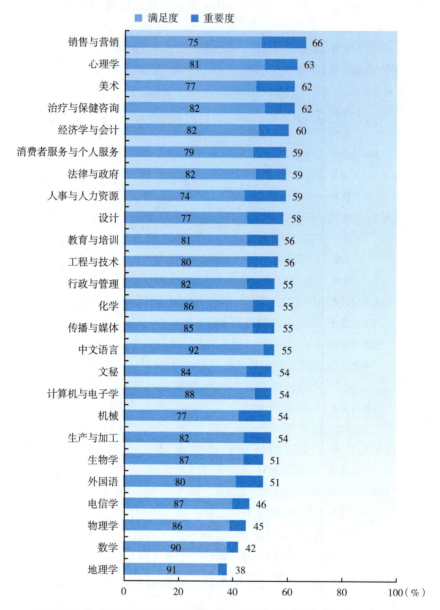

图1-5-9　2013届高职高专毕业生的各项核心知识的重要度和满足度*

*部分知识由于样本较少，没有包括在内。

数据来源：麦可思－中国2013届大学毕业生社会需求与培养质量调查。

B.8

第六章

自主创业

结论摘要

一 自主创业分布

1. 2013届大学毕业生自主创业比例为2.3%，比2012届（2.0%）高0.3个百分点，比2011届（1.6%）高0.7个百分点。2013届高职高专毕业生自主创业比例（3.3%）高于本科毕业生（1.2%）。从近三届的趋势可以看出，大学毕业生自主创业的比例呈现上升趋势。

2. 2013届本科毕业生自主创业比例最高的就业经济区域为泛长江三角洲区域经济体（1.8%）。2013届高职高专毕业生自主创业比例最高的就业经济区域为泛长江三角洲区域经济体和中原区域经济体（均为4.1%）。

3. 2013届大学毕业生自主创业主要集中在销售职业类，本科为16.4%，高职高专为18.8%。2013届本科毕业生自主创业集中的前两位行业类是教育业（15.0%）、零售商业（13.3%）。2013届高职高专毕业生自主创业集中的前两位行业类是零售商业（13.6%）和建筑业（9.7%）。

二 自主创业动机

创业理想是2013届大学毕业生自主创业最重要的动力（本科为46%，高职高专为48%），大学毕业生因为找不到合适的工作才创业的比例（本科为8%，高职高专为7%）较小。

三 自主创业资金来源

2013届大学毕业生自主创业的资金主要依靠父母/亲友投资或借贷和个人储蓄（本科为80%，高职高专为81%），而来自商业性风险投资（本科、高职高专均为2%）和政府资助（本科为2%，高职高专为1%）的比例均较小。

一　自主创业分布

图 1 – 6 – 1 是 2011 ~ 2013 届大学毕业生自主创业的比例变化趋势。可以看出，2013 届大学毕业生自主创业比例为 2.3%，比 2012 届（2.0%）高 0.3 个百分点，比 2011 届（1.6%）高 0.7 个百分点。2013 届高职高专毕业生自主创业比例（3.3%）高于本科毕业生（1.2%）。从近三届的趋势可以看出，大学毕业生自主创业的比例呈现上升趋势。

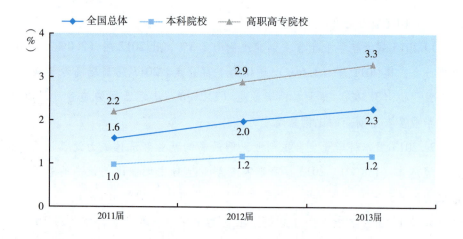

图 1 – 6 – 1　2011 ~ 2013 届大学毕业生自主创业的比例变化趋势

数据来源：麦可思 – 中国 2011 ~ 2013 届大学毕业生社会需求与培养质量调查。

就业经济区域自主创业比例 = 在本经济区域自主创业的 2013 届大学毕业生人数/在本经济区域就业的 2013 届大学毕业生人数。

图 1 – 6 – 2 和图 1 – 6 – 3 分别是在各经济区域就业的 2013 届本科和高职高专毕业生自主创业比例。可以看出，2013 届本科毕业生自主创业比例最高的就业经济区域为泛长江三角洲区域经济体（1.8%）。2013 届高职高专毕业生自主创业比例最高的就业经济区域为泛长江三角洲区域经济体和中原区域经济体（均为 4.1%）。

自主创业集中的职业类的比例：2013 届同学历层次自主创业人群中有多

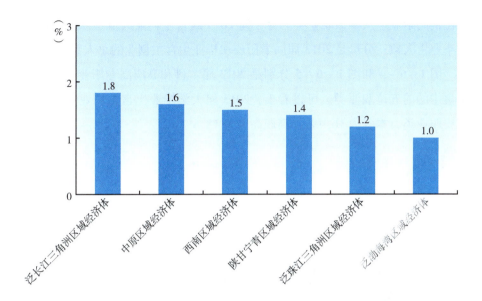

图 1 - 6 - 2 在各经济区域就业的 2013 届本科毕业生自主创业的比例 *

* 西部生态经济区和东北区域经济体因为样本较少，没有包括在内。

数据来源：麦可思 – 中国 2013 届大学毕业生社会需求与培养质量调查。

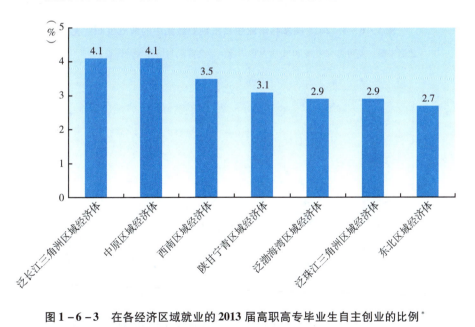

图 1 - 6 - 3 在各经济区域就业的 2013 届高职高专毕业生自主创业的比例 *

* 西部生态经济区因为样本较少，没有包括在内。

数据来源：麦可思 – 中国 2013 届大学毕业生社会需求与培养质量调查。

大比例的毕业生从事该职业类。分子是 2013 届自主创业人群中从事该职业类的毕业生人数，分母是 2013 届同学历层次毕业生自主创业的总人数。

图 1 - 6 - 4 和图 1 - 6 - 5 分别是 2013 届本科和高职高专毕业生自主创业最集中的前五位职业类。可以看出，2013 届大学毕业生自主创业主要集中在销售职业类，本科为 16.4%，高职高专为 18.8%

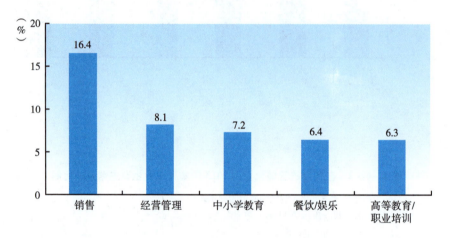

图 1 - 6 - 4　2013 届本科毕业生自主创业最集中的前五位职业类

数据来源：麦可思 - 中国 2013 届大学毕业生社会需求与培养质量调查。

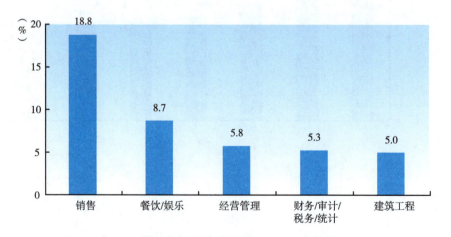

图 1 - 6 - 5　2013 届高职高专毕业生自主创业最集中的前五位职业类

数据来源：麦可思 - 中国 2013 届大学毕业生社会需求与培养质量调查。

自主创业集中的行业类的比例：2013 届同学历层次自主创业人群中有多大比例毕业生在该行业类就业，分子是 2013 届自主创业人群中在该行业类就业的毕业生人数，分母是 2013 届同学历层次毕业生自主创业的总人数。

　　图 1 - 6 - 6 和图 1 - 6 - 7 分别是 2013 届本科和毕业生自主创业最集中的前五位行业类。可以看出，2013 届本科毕业生自主创业集中的前两位行业类是教育业（15.0%）、零售商业（13.3%）。2013 届高职高专毕业生自主创业集中的前两位行业类是零售商业（13.6%）和建筑业（9.7%）。

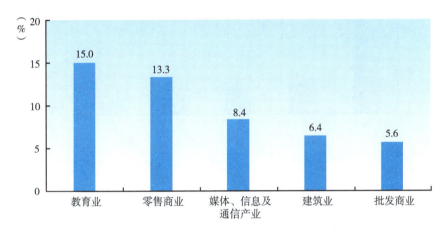

图 1 - 6 - 6　2013 届本科毕业生自主创业最集中的前五位行业类

数据来源：麦可思 - 中国 2013 届大学毕业生社会需求与培养质量调查。

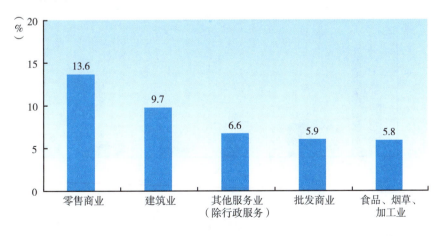

图 1 - 6 - 7　2013 届高职高专毕业生自主创业最集中的前五位行业类

数据来源：麦可思 - 中国 2013 届大学毕业生社会需求与培养质量调查。

二 自主创业动机

图 1 - 6 - 8 和图 1 - 6 - 9 分别是 2012 届、2013 届本科和高职高专毕业生

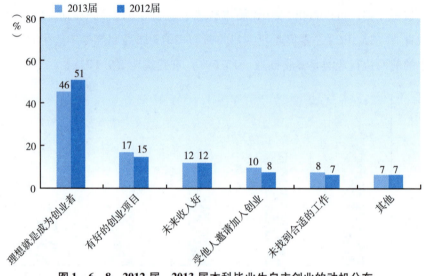

图 1 - 6 - 8　2012 届、2013 届本科毕业生自主创业的动机分布

数据来源：麦可思 - 中国 2012 届、2013 届大学毕业生社会需求与培养质量调查。

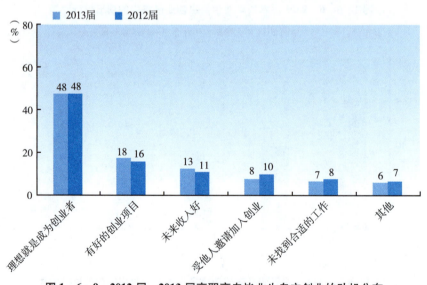

图 1 - 6 - 9　2012 届、2013 届高职高专毕业生自主创业的动机分布

数据来源：麦可思 - 中国 2012 届、2013 届大学毕业生社会需求与培养质量调查。

自主创业的动机分布。可以看出，创业理想是 2013 届大学毕业生自主创业最重要的动力（本科为 46%，高职高专为 48%），大学毕业生因为找不到合适的工作才创业的比例（本科为 8%，高职高专为 7%）较小。加强创业意识的培养才是提升大学毕业生自主创业率的有效途径。

三　自主创业资金来源

图 1 - 6 - 10 和图 1 - 6 - 11 分别是 2012 届、2013 届本科和高职高专毕业生自主创业的资金来源。可以看出，2013 届大学毕业生自主创业的资金主要依靠父母/亲友投资或借贷和个人储蓄（本科为 80%，高职高专为 81%），而来自商业性风险投资（本科、高职高专均为 2%）和政府资助（本科为 2%，高职高专为 1%）的比例均较小。

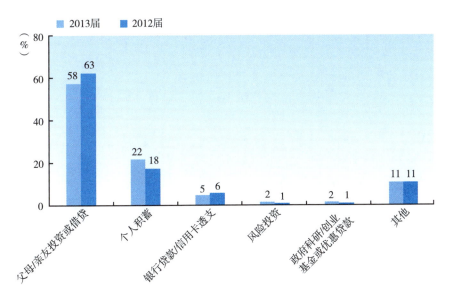

图 1 - 6 - 10　2012 届、2013 届本科毕业生自主创业的资金来源

数据来源：麦可思 - 中国 2012 届、2013 届大学毕业生社会需求与培养质量调查。

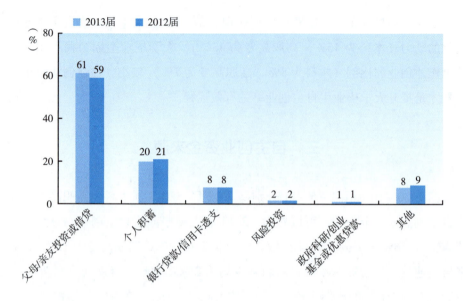

图1-6-11 2012届、2013届高职高专毕业生自主创业的资金来源

数据来源：麦可思-中国2012届、2013届大学毕业生社会需求与培养质量调查。

B.9

BLUE BOOK

第七章
国内读研和专升本

结论摘要

一 国内读研

1. 2013届本科毕业生国内读研的比例为10.8%，比2012届（9.5%）高1.3个百分点，比2011届（9.2%）高1.6个百分点，最近三届呈上升趋势。在2013届本科毕业后就读研的毕业生中，有29%转换了专业。

2. 在2013届本科学科门类中，毕业生读研比例最高的是医学，为16.8%；读研比例最低的是管理学，为6.1%。读研转换专业比例最高的学科门类是管理学，有43%的读研学生转换了专业；读研转换专业比例最低的是工学，为16%。

3. 2013届本科毕业生读研主要的动机是就业前景好（55%）和职业发展需要（46%）。读研人群选择研究生院校时最关注的因素是所学专业的声誉（41%）和学校的牌子（22%）。

4. 2013届本科毕业生读研的人群认为母校本科学术准备需要改进的是研究方法（60%），其次是学术批判性思维能力（52%）。

二 专升本

2013届高职高专生毕业后有3.8%选择了专升本，专升本比例最高的高职高专专业大类是文化教育大类（6.3%）。2013届高职高专毕业生选择读本科的主要原因是职业发展需要（30%）、就业前景好（29%）和想去更好的大学（23%）。

一 国内读研

（一）读研的比例

图1-7-1和图1-7-2分别是2011～2013届本科毕业生毕业后就在国内读研的比例，以及2013届本科毕业生读研转换专业的比例。可以看出，2013届本科毕业生国内读研的比例为10.8%，比2012届（9.5%）高1.3个百分点，比2011届（9.2%）高1.6个百分点，最近三届呈上升趋势。在2013届本科毕业后就读研的毕业生中，有29%转换了专业。

图1-7-1 2011～2013届本科毕业生毕业后就在国内读研的比例

数据来源：麦可思-中国2011～2013届大学毕业生社会需求与培养质量调查。

本科各专业毕业生读研比例=各专业毕业生的读研人数/该专业毕业生总人数。

本科各专业毕业生读研转换专业的比例=各专业读研的毕业生转换专业的人数/该专业读研毕业生总人数。

表1-7-1是2013届本科主要学科门类读研比例及转换专业比例。可以

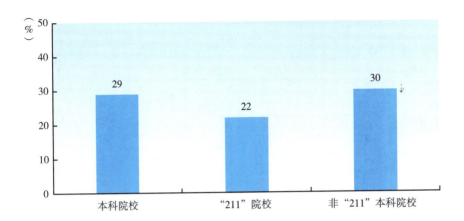

图1-7-2　2013届本科毕业生读研转换专业的比例

数据来源：麦可思－中国2013届大学毕业生社会需求与培养质量调查。

看出，在 2013 届本科学科门类中，毕业生读研比例最高的是医学，为 16.8%；读研比例最低的是管理学，为 6.1%。读研转换专业比例最高的学科门类是管理学，有 43% 的读研学生转换了专业；读研转换专业比例最低的是工学，为 16%。

表1-7-1　2013届本科主要学科门类读研比例及转换专业比例*

单位：%

本科 学科门类名称	读研比例	转换专业比例	本科 学科门类名称	读研比例	转换专业比例
医　　学	16.8	18	教 育 学	10.7	18
理　　学	16.6	31	经 济 学	8.0	37
农　　学	13.8	27	文　　学	7.4	30
法　　学	13.5	22	管 理 学	6.1	43
工　　学	11.9	16			
全国本科	**10.8**	**29**	**全国本科**	**10.8**	**29**

*个别学科门类因为样本较少，没有包括在内。

数据来源：麦可思－中国2013届大学毕业生社会需求与培养质量调查。

表1－7－2　2013届本科生毕业后就读研的主要研究生专业类分布*

单位：%

主要研究生专业类	分布比例	主要研究生专业类	分布比例
电气信息类	17.9	交通运输类	1.1
机械类	6.7	数学类	1.1
土建类	5.5	新闻传播学类	1.1
电子信息科学类	5.2	能源动力类	1.0
法学类	3.3	物理学类	1.0
经济学类	3.2	公共管理类	1.0
工商管理类	3.2	地理科学类	0.9
材料类	3.0	材料科学类	0.8
外国语言文学类	2.7	环境科学类	0.8
化工与制药类	2.5	动物医学类	0.8
化学类	2.5	动物生产类	0.8
药学类	2.4	政治学类	0.7
中国语言文学类	2.2	历史学类	0.7
管理科学与工程类	2.1	环境生态类	0.7
中医学类	2.1	地矿类	0.6
生物科学类	2.0	体育学类	0.6
轻工纺织食品类	2.0	工程力学类	0.5
艺术类	1.9	社会学类	0.5
植物生产类	1.8	哲学类	0.5
教育学类	1.6	心理学类	0.5
临床医学与医学技术类	1.5	测绘类	0.4
仪器仪表类	1.3	统计学类	0.4
生物工程类	1.3	地质学类	0.4
环境与安全类	1.3	图书档案学类	0.4

*个别专业类因为样本较少，没有包括在内。

数据来源：麦可思－中国2013届大学毕业生社会需求与培养质量调查。

（二）读研的动机

图1－7－3和图1－7－4分别是2013届本科毕业生读研的动机分布，2012届、2013届本科院校读研的毕业生选择研究生院校时最关注的因素分布。可以看出，2013届本科毕业生读研主要的动机是就业前景好（55%）和职业

发展需要（46%）。读研人群选择研究生院校时最关注的因素是所学专业的声誉（41%）和学校的牌子（22%）。

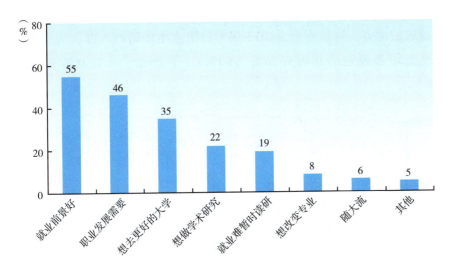

图1-7-3 2013届本科毕业生读研的动机分布（多选）

数据来源：麦可思-中国2013届大学毕业生社会需求与培养质量调查。

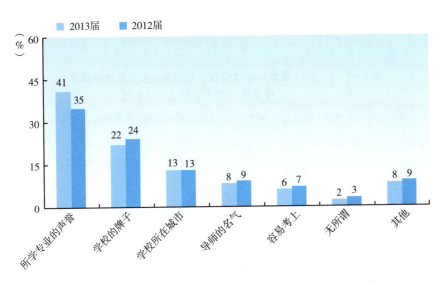

图1-7-4 2012届、2013届本科院校读研的毕业生选择研究生
院校时最关注的因素分布

数据来源：麦可思-中国2012届、2013届大学毕业生社会需求与培养质量调查。

（三）读研的本科学术准备

图1-7-5是2013届本科院校读研的毕业生认为母校本科学术准备最需要改进的地方。可以看出，2013届本科毕业生读研的人群认为母校本科学术准备需要改进的是研究方法（60%），其次是学术批判性思维能力（52%）。

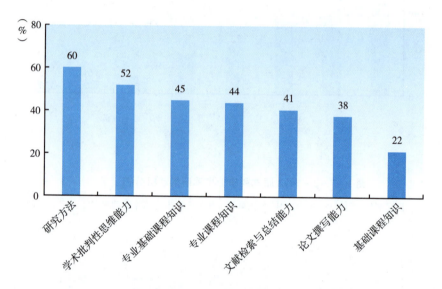

**图1-7-5 2013届本科院校读研的毕业生认为母校本科学术
准备最需要改进的地方（多选）**

数据来源：麦可思-中国2013届大学毕业生社会需求与培养质量调查。

二 专升本

（一）专升本的比例

专升本：指高职高专生毕业后继续就读本科。有专升本、专插本、专接本、专转本多种形式，本报告中统一称为"专升本"。

表1-7-3是2013届高职高专主要专业大类专升本的比例。2013届高职

高专生毕业后有 3.8% 选择了专升本，专升本比例最高的高职高专专业大类是文化教育大类（6.3%）。

（二）专升本的原因

图 1 - 7 - 6 是 2013 届高职高专毕业生选择读本科的原因分布。可以看出，2013 届高职高专毕业生选择读本科的主要原因是职业发展需要（30%）、就业前景好（29%）和想去更好的大学（23%）。

表 1 - 7 - 3　2013 届高职高专主要专业大类专升本的比例*

单位：%

高职高专专业大类名称	专升本比例	高职高专专业大类名称	专升本比例
文化教育大类	6.3	土建大类	3.2
医药卫生大类	4.3	制造大类	2.7
电子信息大类	4.2	交通运输大类	2.6
财经大类	3.8	生化与药品大类	2.3
艺术设计传媒大类	3.7	材料与能源大类	2.3
旅游大类	3.5	轻纺食品大类	2.2

*个别专业大类因为样本较少，没有包括在内。

数据来源：麦可思 - 中国 2013 届大学毕业生社会需求与培养质量调查。

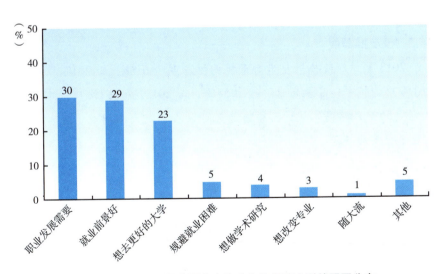

图 1 - 7 - 6　2013 届高职高专毕业生选择读本科的原因分布

数据来源：麦可思 - 中国 2013 届大学毕业生社会需求与培养质量调查。

B.10
第八章
校友评价

结论摘要

一　校友满意度

1. 2013届大学毕业生对母校的总体满意度为86%，与2012届（85%）基本持平，比2011届（82%）高4个百分点。其中，本科院校校友满意度为87%，与2012届（86%）基本持平，比2011届（84%）高3个百分点；高职高专院校校友满意度为85%，比2012届（83%）高2个百分点，比2011届（80%）高5个百分点。从近三届的趋势可以看出，大学毕业生对母校的总体满意度呈现上升趋势。

2. 泛长江三角洲区域经济体的2013届本科毕业生对母校的总体满意度最高（90%），泛渤海湾区域经济体的2013届高职高专毕业生对母校的总体满意度最高（87%）。

二　校友推荐度

1. 2013届本科院校毕业生对母校的推荐度为61%，与2012届、2011届（均61%）均持平；高职高专院校为58%，与2012届（57%）基本持平，比2011届（56%）略高。从近三届的趋势可以看出，大学毕业生对母校的推荐度呈现平稳发展趋势。

一　校友满意度

（一）总体校友满意度

校友满意度：由被调查的2013届大学毕业生回答对母校的总体满意度，

选项有"很满意"、"满意"、"不满意"、"很不满意"、"无法评估"共五项。其中,"满意"、"很满意"属于满意的范围,"不满意"、"很不满意"属于不满意的范围,选择"无法评估"的人群比例相对较小,所以不在分析范围之内。

图1-8-1是2011~2013届大学生毕业半年后的总体校友满意度变化趋势。可以看出,2013届大学毕业生对母校的总体满意度为86%,与2012届(85%)基本持平,比2011届(82%)高4个百分点。其中,本科院校校友满意度为87%,与2012届(86%)基本持平,比2011届(84%)高3个百分点;高职高专院校校友满意度为85%,比2012届(83%)高2个百分点,比2011届(80%)高5个百分点。从近三届的趋势可以看出,大学毕业生对母校的总体满意度呈现上升趋势。

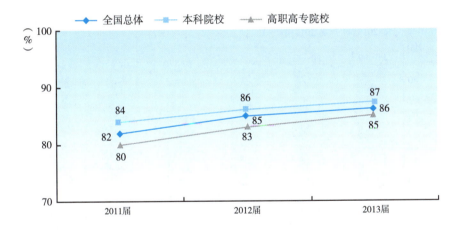

图1-8-1 2011~2013届大学生毕业半年后的总体校友满意度变化趋势

数据来源:麦可思-中国2011~2013届大学毕业生社会需求与培养质量调查。

图1-8-3和1-8-4分别是各经济区域的2012届、2013届本科和高职高专毕业生对母校的满意度。可以看出,泛长江三角洲区域经济体的2013届本科毕业生对母校的总体满意度最高(90%),泛渤海湾区域经济体的2013届高职高专毕业生对母校的总体满意度最高(87%)。

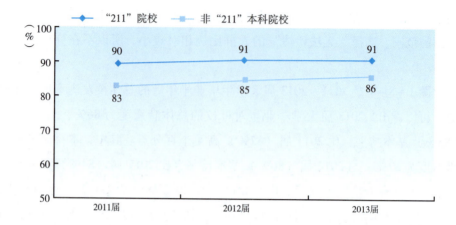

图 1 – 8 – 2　2011~2013 届本科生毕业半年后的总体校友满意度变化趋势

数据来源：麦可思 – 中国 2011~2013 届大学毕业生社会需求与培养质量调查。

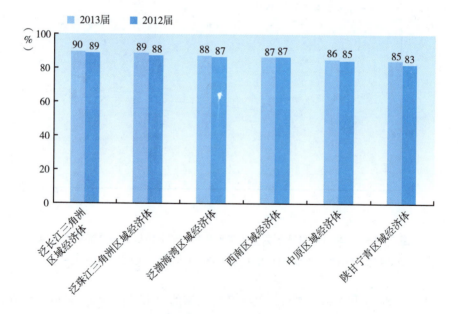

图 1 – 8 – 3　各经济区域的 2012 届、2013 届本科毕业生对母校的满意度*

*西部生态经济区和东北区域经济体因为样本较少，没有包括在内。

数据来源：麦可思 – 中国 2012 届、2013 届大学毕业生社会需求与培养质量调查。

图1-8-4 各经济区域的2012届、2013届高职高专毕业生对母校的满意度*

*陕甘宁青区域经济体2012届数据因为样本较少，没有包括在内。

*西部生态经济区因为样本较少，没有包括在内。

数据来源：麦可思－中国2012届、2013届大学毕业生社会需求与培养质量调查。

二 校友推荐度

校友推荐度：在同等分数、同类型学校条件下，2013届大学毕业生愿意推荐母校给亲朋好友去就读的比例。推荐度计算公式的分子是回答"愿意推荐"的人数，分母是回答"愿意推荐"、"不愿意推荐"、"不确定"的总人数。

图1-8-5是2011～2013届大学生毕业半年后对母校的推荐度变化趋势。2013届本科院校毕业生对母校的推荐度为61%，与2012届、2011届（均为61%）均持平；高职高专院校为58%，与2012届（57%）基本持平，比2011届（56%）略高。从近三届的趋势可以看出，大学毕业生对母校的推荐度呈现平稳发展趋势。

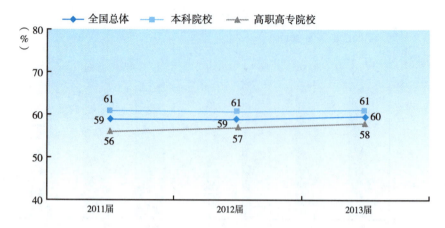

图 1 - 8 - 5　2011～2013 届大学生毕业半年后对母校的推荐度变化趋势

数据来源：麦可思 - 中国 2011～2013 届大学毕业生社会需求与培养质量调查。

图 1 - 8 - 6　2011～2013 届本科生毕业半年后对母校的推荐度变化趋势

数据来源：麦可思 - 中国 2011～2013 届大学毕业生社会需求与培养质量调查。

第九章
社团活动及素养

结论摘要

一 社团活动

2013 届大学毕业生在校期间参与度最高的社团活动为"公益类"（本科为 30%，高职高专为 26%），其次为"体育户外类"（本科为 21%，高职高专为 22%）。有 25% 的本科毕业生和 30% 的高职高专毕业生没有参加任何社团活动。在对参加的各类社团活动进行评价时，2013 届本科毕业生满意度最高的活动为"体育户外类"（81%），高职高专毕业生满意度最高的活动为"公益类"（85%）。

二 素养

2013 届本科、高职高专毕业生认为大学对"人生的乐观态度"（均为 62%）和"积极努力、追求上进"（均为 60%）这两方面素养的提升最有帮助。此外，有 4% 的本科毕业生和 5% 的高职高专毕业生认为大学对素养的提升没有任何帮助。

一 社团活动

社团活动：指被调查的毕业生在大学期间参加过的社团活动。社团活动包括："学术科技类"（如统计协会、哲学社等）、"社会实践类（如创业协会等)"、"公益类（如志愿者协会等)"、"社交联谊类"（如国际交流协会、同乡会等)、"文化艺术类"（如文学社、书画协会等)、"表演艺术类"（如演讲

与口才、歌舞戏剧、声乐器乐等方面的）、"体育户外类"（如登山协会等），一个毕业生可以选择参加多类社团活动，也可以选择"没参加任何社团活动"。

社团活动满意度：毕业生选择了参加某类社团活动后，会被要求评价对该类社团活动是否满意。社团活动满意度＝参加过该类社团活动并表示满意的人数/参加过该类社团活动的总人数。

图1-9-1和图1-9-2分别是2013届本科和高职高专毕业生参加社团活动的比例及满意度。可以看出，2013届大学毕业生在校期间参与度最高的社团活动为"公益类"（本科为30％，高职高专为26％），其次为"体育户外类"（本科为21％，高职高专为22％）。有25％的本科毕业生和30％的高职高专毕业生没有参加任何社团活动。在对参加的各类社团活动进行评价时，2013届本科毕业生满意度最高的活动为"体育户外类"（81％），高职高专毕业生满意度最高的活动为"公益类"（85％）。

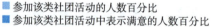
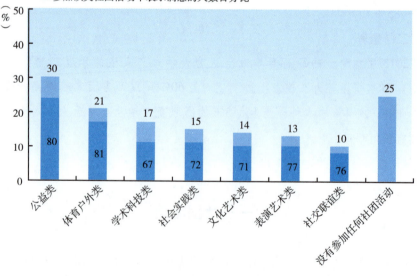

图1-9-1　2013届本科毕业生参加社团活动的比例及满意度（多选）

数据来源：麦可思-中国2013届大学毕业生社会需求与培养质量调查。

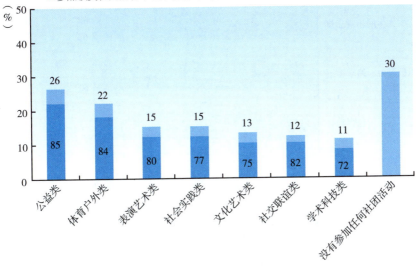

图 1 - 9 - 2　2013 届高职高专毕业生参加社团活动的比例及满意度（多选）

数据来源：麦可思 - 中国 2013 届大学毕业生社会需求与培养质量调查。

二　素养

素养提升：由被调查的毕业生选择大学对哪些方面素养的提升有帮助。毕业生可选择多项，也可选择大学对素养提升"没有任何帮助"。

图 1 - 9 - 3 和图 1 - 9 - 4 分别呈现 2013 届本科和高职高专毕业生大学期间的素养提升。可以看出，2013 届本科、高职高专毕业生认为大学对"人生的乐观态度"（均为 62%）和"积极努力、追求上进"（均为 60%）这两方面素养的提升最有帮助。其中，本科在"遵纪守法"（34%）方面比 2012 届（31%）高 3 个百分点，在"关注社会"（53%）方面比 2012 届（59%）低 6个百分点，在"包容精神"（54%）方面比 2012 届（59%）低 5 个百分点；高职高专在"乐于助人、参与公益"、"遵纪守法"（分别为 48%、45%）方面比 2012 届（分别为 42%、39%）均高 6 个百分点；此外，有 4% 的本科毕业生和 5% 的高职高专毕业生认为大学对素养的提升没有任何帮助。

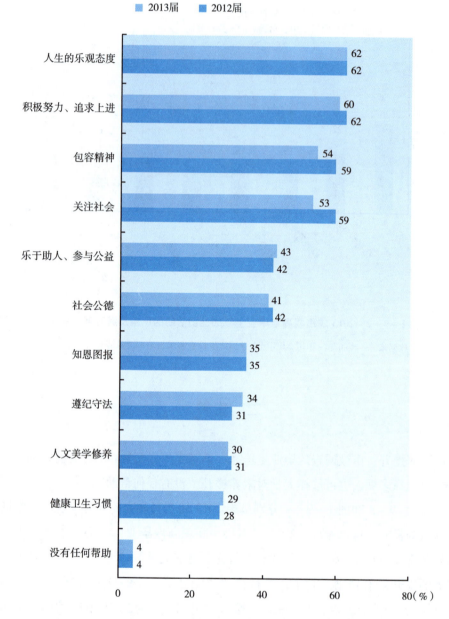

图1－9－3 2012届、2013届本科毕业生大学期间的素养提升（多选）

数据来源：麦可思－中国2012届、2013届大学毕业生社会需求与培养质量调查。

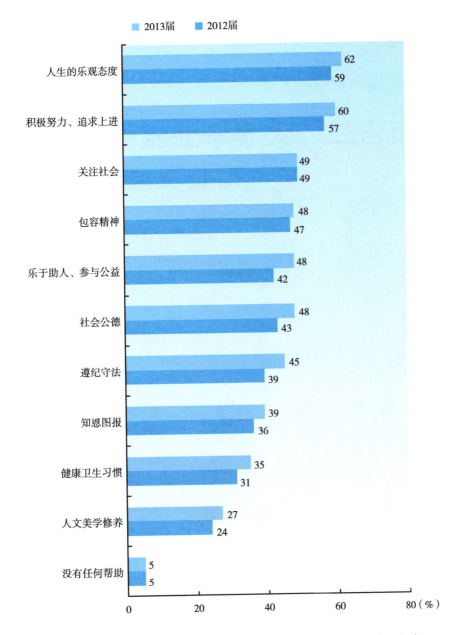

图 1 - 9 - 4 2012 届、2013 届高职高专毕业生大学期间的素养提升（多选）

数据来源：麦可思 - 中国 2012 届、2013 届大学毕业生社会需求与培养质量调查。

分报告二　大学毕业生中期职业发展

B.12

第一章

三年后毕业去向

结论摘要

一　总体分布

2010 届大学生毕业三年后有 90.6% 受雇全职工作（本科为 92.6%，高职高专为 88.5%），4.1% 的人自主创业（本科为 2.2%，高职高专为 6.0%），1.7% 的人"正在读研"（本科为 3.0%，高职高专为 0.4%），2.3% 的人"无工作，继续寻找工作"（本科为 1.5%，高职高专为 3.0%），还有 1.4% 的人无工作，且既没有求职也没有求学（本科为 0.8%，高职高专为 1.9%），有 0.2% 的高职高专毕业生"正在读本科"。

二 职业分布

1. 有41%的2010届大学生毕业三年内转换了职业（本科为34%，高职高专为48%），与2009届三年内该指标（38%）相比上升了3个百分点。

2. 在2010届本科主要学科门类中，农学门类的本科生毕业三年内的职业转换率最高（44%），其次是文学（42%）；医学门类的职业转换率最低（22%）。在高职高专主要专业大类中，旅游大类的职业转换率最高（62%），其次是农林牧渔大类（58%）；资源开发与测绘大类的职业转换率最低（29%）。

3. 在2010届本科生毕业三年内转换过的职业类中，被转入最多的是"销售"，有13.7%的人转换职业后从事"销售"，其次为"行政/后勤"（8.5%）；高职高专生转换职业中被转入最多的职业也是"销售"（13.8%），其次是"建筑工程"（9.5%）。

三 行业分布

1. 有48%的2010届大学生在毕业三年内转换了行业（本科为41%，高职高专为54%），比2009届三年内该指标（43%）上升了5个百分点。

2. 在2010届本科主要学科门类中，农学门类的毕业生三年内的行业转换率最高（48%），其后是文学和管理学（均为46%）；医学门类的行业转换率最低（23%）。在2010届高职高专主要专业大类中，艺术设计传媒大类的毕业生三年内的行业转换率最高（63%），其后是电子信息大类和财经大类（均为59%）；医药卫生大类的行业转换率最低（28%）。

3. 2010届本科生毕业三年内转换行业中被转入最多的行业类是"媒体、信息及通信产业"（11.4%），其次为"电子电气仪器设备及电脑制造业"（9.6%）；高职高专生毕业三年内转换行业中被转入最多的行业类是"建筑业"（11.6%），其次为"电子电气仪器设备及电脑制造业"（9.1%）。

一 总体分布

毕业三年后：麦可思于 2013 年对 2010 届大学毕业生进行了三年后调查跟踪（曾于 2011 年年初对这批大学毕业生进行过半年后调查），本报告涉及的三年内的变化分析即使用两次对同一批大学生的跟踪调查数据。

图 2 - 1 - 1 是 2010 届大学生毕业三年后的就业去向分布。可以看出，2010 届大学生毕业三年后有 90.6% 受雇全职工作（本科为 92.6%，高职高专为 88.5%），4.1% 的人自主创业（本科为 2.2%，高职高专为 6.0%），1.7% 的人"正在读研"（本科为 3.0%，高职高专为 0.4%），2.3% 的人"无工作，继续寻找工作"（本科为 1.5%，高职高专为 3.0%），还有 1.4% 的人无工作，且既没有求职也没有求学（本科为 0.8%，高职高专为 1.9%），有 0.2% 的高职高专毕业生"正在读本科"。

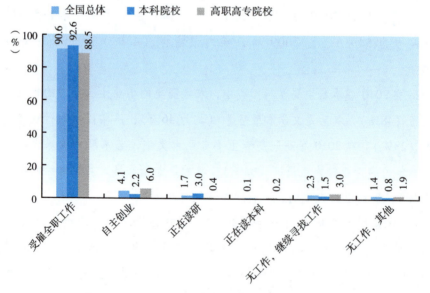

图 2 - 1 - 1 2010 届大学生毕业三年后的去向分布 *

* 图中显示数字均保留一位小数，因为四舍五入进位，加起来可能不等于 100%。
数据来源：麦可思 - 中国 2010 届大学毕业生三年后职业发展调查。

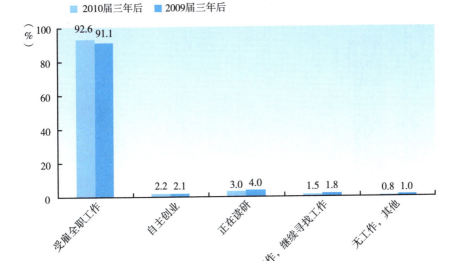

图2－1－2 2010届本科生毕业三年后的去向分布（与2009届三年后对比）*

＊图中显示数字均保留一位小数，因为四舍五入进位，加起来可能不等于100％。
数据来源：麦可思－中国2009届、2010届大学毕业生三年后职业发展调查。

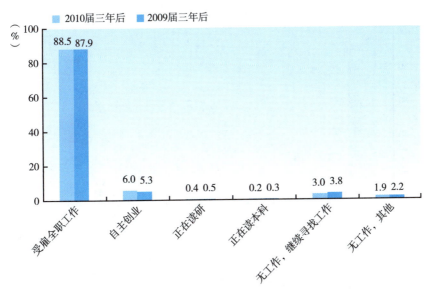

图2－1－3 2010届高职高专生毕业三年后的去向分布（与2009届三年后对比）*

＊图中显示数字均保留一位小数，因为四舍五入进位，加起来可能不等于100％。
数据来源：麦可思－中国2009届、2010届大学毕业生三年后职业发展调查。

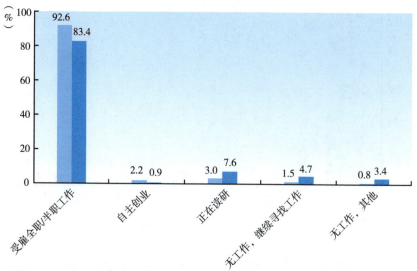

图 2-1-4　2010 届本科生毕业三年后的去向分布（与 2010 届半年后对比）*

　*图中显示数字均保留一位小数，因为四舍五入进位，加起来可能不等于 100%。

　数据来源：麦可思－中国 2010 届大学毕业生三年后职业发展调查，2010 届大学生毕业半年后社会需求与培养质量调查。

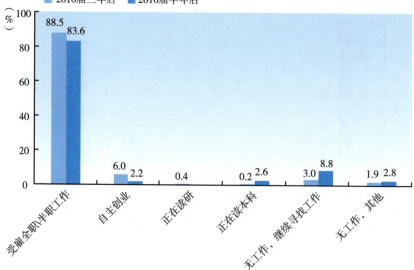

图 2-1-5　2010 届高职高专生毕业三年后的去向分布（与 2010 届半年后对比）*

　*图中显示数字均保留一位小数，因为四舍五入进位，加起来可能不等于 100%。

　数据来源：麦可思－中国 2010 届大学毕业生三年后职业发展调查，2010 届大学生毕业半年后社会需求与培养质量调查。

二　职业分布

职业转换：职业转换是指毕业生在毕业半年后从事某种职业，毕业三年后由原职业转换到不同的职业。通常在工作单位内部完成职业转换的并不代表离职；反过来讲，更换雇主可能也不代表转换职业。

职业转换率：职业转换率是指有多大比例的毕业生在毕业三年内转换了职业。其计算方法为：分母是毕业半年后有工作的毕业生数，分子是毕业三年后从事的职业与半年后从事的职业不同的毕业生数。

图2-1-6是2010届大学生毕业三年内的职业转换率（与2009届三年内对比）。可以看出，有41%的2010届大学生毕业三年内转换了职业（本科为34%，高职高专为48%），与2009届三年内该指标（38%）相比上升了3个百分点。

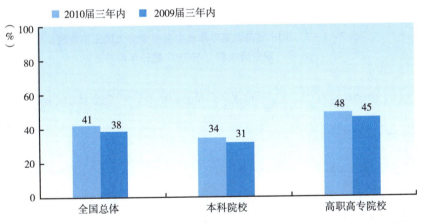

图2-1-6　2010届大学生毕业三年内的职业转换率（与2009届三年内对比）

数据来源：麦可思-中国2009届、2010届大学毕业生三年后职业发展调查，2009届、2010届大学毕业生半年后社会需求与培养质量调查。

表2-1-1是2010届本科毕业生主要学科门类三年内的职业转换率。可以看出，在2010届本科主要学科门类中，农学门类的本科生毕业三年内的职业转换率最高（44%），其次是文学（42%）；医学门类的职业转换率最低（22%）。在高职高专主要专业大类中，旅游大类的职业转换率最高（62%），其次是农林牧渔大类（58%）；资源开发与测绘大类的职业转换率最低（29%）。

表 2 - 1 - 1　2010 届本科毕业生主要学科门类三年内的
职业转换率（与 2009 届三年内对比）*

单位：%

本科学科门类名称	2010 届三年内职业转换率	2009 届三年内职业转换率
农　学	44	40
文　学	42	38
经 济 学	37	33
法　学	36	31
理　学	34	30
管 理 学	34	34
教 育 学	33	26
工　学	32	30
医　学	22	14
全国本科	**34**	**31**

＊个别学科门类因为样本较少，没有包括在内。

数据来源：麦可思 - 中国 2009 届、2010 届大学毕业生三年后职业发展调查，2009 届、2010 届大学毕业生半年后社会需求与培养质量调查。

表 2 - 1 - 2　2010 届高职高专毕业生主要专业大类三年内的
职业转换率（与 2009 届三年内对比）*

单位：%

高职高专专业大类名称	2010 届三年内职业转换率	2009 届三年内职业转换率
旅游大类	62	60
农林牧渔大类	58	61
制造大类	52	47
艺术设计传媒大类	52	50
电子信息大类	51	47
文化教育大类	48	52
土建大类	46	39
财经大类	45	47
生化与药品大类	44	35
轻纺食品大类	44	39
交通运输大类	36	25
材料与能源大类	30	34
医药卫生大类	30	33
资源开发与测绘大类	29	23
全国高职高专	**48**	**45**

＊个别专业大类因为样本较少，没有包括在内。

数据来源：麦可思 - 中国 2009 届、2010 届大学毕业生三年后职业发展调查，2009 届、2010 届大学毕业生半年后社会需求与培养质量调查。

图2－1－7、图2－1－8、图2－1－9和图2－1－10分别是2010届本科生和高职高专生毕业三年内职业转换率最高/最低的前五位专业类。可以看出，2010届本科生毕业三年内职业转换率最高的专业类是外国语言文学类、材料科学类和轻工纺织食品类（均为45%），最低的专业类是临床医学与医学技术类（11%）。高职高专生毕业三年内职业转换率最高的专业类是餐饮管理与服务类（69%），最低的是铁道运输类（22%）。

图2－1－11和图2－1－12分别是2010届本科生和高职高专生毕业三年内转换职业中被转入最多的前十位职业类。可以看出，在2010届本科生毕业三年内转换过的职业类中，被转入最多的是"销售"，有13.7%的人转换职业后从事"销售"，其次为"行政/后勤"（8.5%）；高职高专生转换职业中被转入最多的职业也是"销售"（13.8%），其次是"建筑工程"（9.5%）。

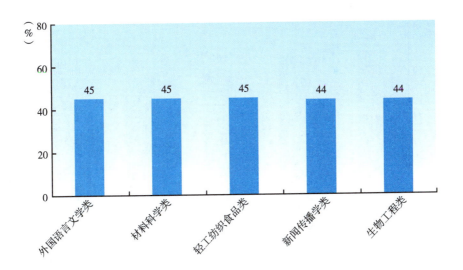

图2－1－7　2010届本科生毕业三年内职业转换率最高的前五位专业类*

*毕业生规模过小的专业类不包括在此排序中。

数据来源：麦可思－中国2010届大学毕业生三年后职业发展调查，2010届大学毕业生半年后社会需求与培养质量调查。

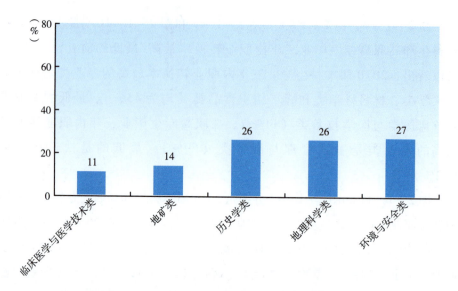

图2-1-8　2010届本科生毕业三年内职业转换率最低的前五位专业类*

＊毕业生规模过小的专业类不包括在此排序中。

数据来源：麦可思-中国2010届大学毕业生三年后职业发展调查，2010届大学毕业生半年后社会需求与培养质量调查。

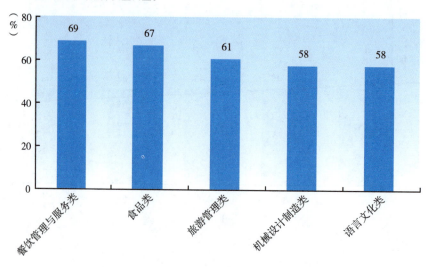

**图2-1-9　2010届高职高专生毕业三年内职业
转换率最高的前五位专业类***

＊毕业生规模过小的专业类不包括在此排序中。

数据来源：麦可思-中国2010届大学毕业生三年后职业发展调查，2010届大学毕业生半年后社会需求与培养质量调查。

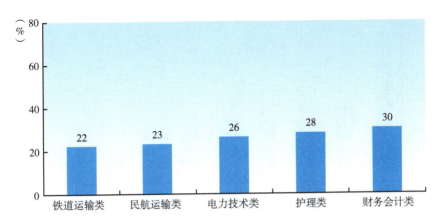

图 2 - 1 - 10　2010 届高职高专生毕业三年内职业
转换率最低的前五位专业类*

＊毕业生规模过小的专业类不包括在此排序中。

数据来源：麦可思 - 中国 2010 届大学毕业生三年后职业发展调查，2010 届大学毕业生半年后社会需求与培养质量调查。

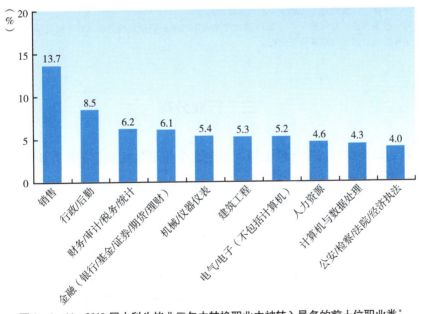

图 2 - 1 - 11　2010 届本科生毕业三年内转换职业中被转入最多的前十位职业类*

＊毕业生规模过小的职业类不包括在此排序中。

数据来源：麦可思 - 中国 2010 届大学毕业生三年后职业发展调查，2010 届大学毕业生半年后社会需求与培养质量调查。

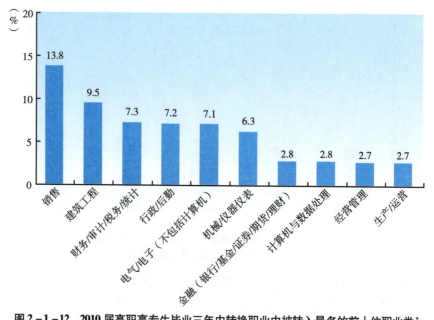

图 2 –1 –12　2010 届高职高专生毕业三年内转换职业中被转入最多的前十位职业类*

　　* 毕业生规模过小的职业类不包括在此排序中。

　　数据来源：麦可思－中国 2010 届大学毕业生三年后职业发展调查，2010 届大学毕业生半年后社会需求与培养质量调查。

三　行业分布

　　行业转换率：行业转换是指毕业生在毕业半年后就业于某行业（小类），而毕业三年后进入不同的行业就业。行业转换率是指有多大比例的毕业生在毕业三年内转换了行业。其计算方法为：分母是毕业半年后有工作的毕业生数，分子是毕业三年后所在行业与半年后所在行业不同的毕业生数。

　　图 2 –1 –13 是 2010 届大学生毕业三年内的行业转换率（与 2009 届三年内对比）。可以看出，有 48% 的 2010 届大学生在毕业三年内转换了行业（本科为41%，高职高专为 54%），比 2009 届三年内该指标（43%）上升了 5 个百分点。

　　表 2 –1 –3 和表 2 –1 –4 分别是 2010 届本科和高职高专毕业生主要学科门类/专业大类三年内的行业转换率。可以看出，在 2010 届本科主要学科门类中，农学门类的毕业生三年内的行业转换率最高（48%），其后是文学和管理学（均

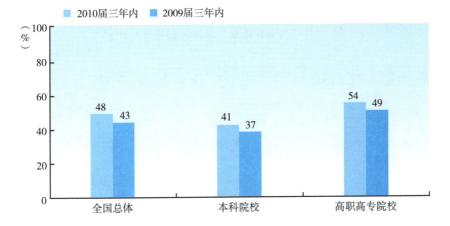

图 2－1－13　2010 届大学生毕业三年内的行业转换率
（与 2009 届三年内对比）

数据来源：麦可思－中国 2009 届、2010 届大学毕业生三年后职业发展调查，2009 届、2010 届大学毕业生半年后社会需求与培养质量调查。

为 46%）；医学门类的行业转换率最低（23%）。在 2010 届高职高专主要专业大类中，艺术设计传媒大类的毕业生三年内的行业转换率最高（63%），其后是电子信息大类和财经大类（均为 59%）；医药卫生大类的行业转换率最低（28%）。

表 2－1－3　2010 届本科毕业生主要学科门类三年内的
行业转换率（与 2009 届三年内对比）*

单位：%

本科学科门类名称	2010 届三年内行业转换率	2009 届三年内行业转换率
农　　学	48	42
文　　学	46	43
管 理 学	46	42
经 济 学	40	37
理　　学	39	36
法　　学	39	34
工　　学	39	36
教 育 学	30	23
医　　学	23	18
全国本科	**41**	**37**

*个别学科门类因为样本较少，没有包括在内。

数据来源：麦可思－中国 2009 届、2010 届大学毕业生三年后职业发展调查，2009 届、2010 届大学毕业生半年后社会需求与培养质量调查。

表 2 - 1 - 4　2010 届高职高专毕业生主要专业大类三年内的
行业转换率（与 2009 届三年内对比）*

单位：%

高职高专专业大类名称	2010 届三年内行业转换率	2009 届三年内行业转换率
艺术设计传媒大类	63	59
电子信息大类	59	57
财经大类	59	55
旅游大类	58	54
农林牧渔大类	55	56
制造大类	54	49
文化教育大类	50	48
生化与药品大类	50	43
轻纺食品大类	48	45
土建大类	47	42
资源开发与测绘大类	44	—
水利大类	42	—
交通运输大类	33	28
材料与能源大类	29	30
医药卫生大类	28	35
全国高职高专	**54**	**49**

*个别专业大类因为样本较少，没有包括在内。

数据来源：麦可思 - 中国 2009 届、2010 届大学毕业生三年后职业发展调查，2009 届、2010 届大学毕业生半年后社会需求与培养质量调查。

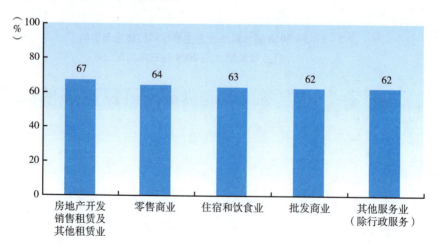

图 2 - 1 - 14　2010 届本科生毕业三年内行业转换率最高的前五位行业类*

*毕业生规模过小的行业类不包括在此排序中。

数据来源：麦可思 - 中国 2010 届大学毕业生三年后职业发展调查，2010 届大学毕业生半年后社会需求与培养质量调查。

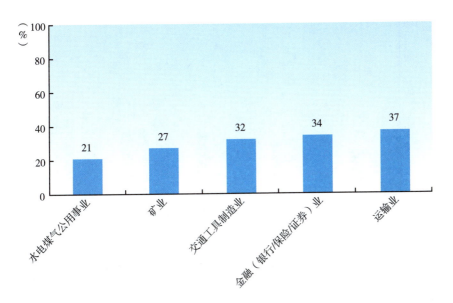

图 2 - 1 - 15 2010 届本科生毕业三年内行业转换率最低的前五位行业类*

＊毕业生规模过小的行业类不包括在此排序中。

数据来源：麦可思－中国 2010 届大学毕业生三年后职业发展调查，2010 届大学毕业生半年后社会需求与培养质量调查。

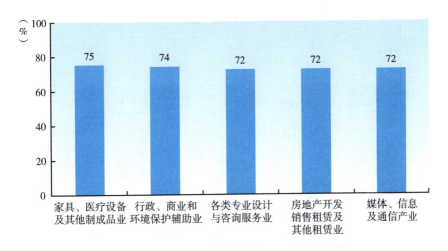

图 2 - 1 - 16 2010 届高职高专生毕业三年内行业转换率最高的前五位行业类*

＊毕业生规模过小的行业类不包括在此排序中。

数据来源：麦可思－中国 2010 届大学毕业生三年后职业发展调查，2010 届大学毕业生半年后社会需求与培养质量调查。

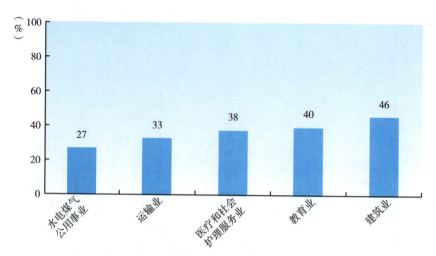

图 2 – 1 – 17　2010 届高职高专生毕业三年内行业转换率最低的前五位行业类 *

＊毕业生规模过小的行业类不包括在此排序中。

数据来源：麦可思 – 中国 2010 届大学毕业生三年后职业发展调查，2010 届大学毕业生半年后社会需求与培养质量调查。

图 2 – 1 – 18 和图 2 – 1 – 19 分别是 2010 届本科生和高职高专生毕业三年内转换行业中被转入最多的前五位行业类。可以看出，2010 届本科生毕业三

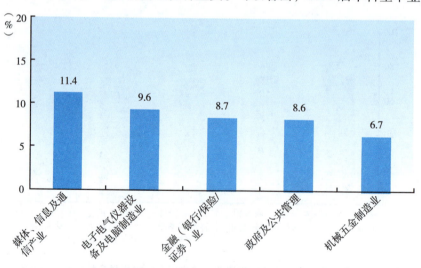

图 2 – 1 – 18　2010 届本科生毕业三年内转换行业中被转入最多的前五位行业类 *

＊毕业生规模过小的行业类不包括在此排序中。

数据来源：麦可思 – 中国 2010 届大学毕业生三年后职业发展调查，2010 届大学毕业生半年后社会需求与培养质量调查。

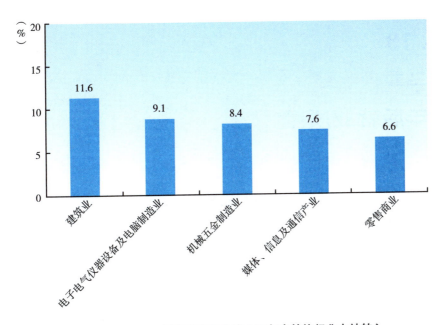

图2-1-19 2010届高职高专生毕业三年内转换行业中被转入
最多的前五位行业类*

* 毕业生规模过小的行业类不包括在此排序中。

数据来源：麦可思–中国2010届大学毕业生三年后职业发展调查，2010届大学毕业生半年后社会需求与培养质量调查。

年内转换行业中被转入最多的行业类是"媒体、信息及通信产业"（11.4%），其次为"电子电气仪器设备及电脑制造业"（9.6%）；高职高专生毕业三年内转换行业中被转入最多的行业类是"建筑业"（11.6%），其次为"电子电气仪器设备及电脑制造业"（9.1%）。

B.13

第二章

三年后就业质量

结论摘要

一 就业满意度

1. 2010 届大学生毕业三年后的就业满意度为 43%，即在就业的毕业生中，有 43% 对自己的就业现状表示满意（本科为 46%，高职高专为 40%），比 2009 届该指标（36%）增长了 7 个百分点。

2. 2010 届本科生毕业三年后就业满意度最高的学科门类是法学（51%）；就业满意度最低的学科门类是工学（44%）。高职高专生毕业三年后就业满意度最高的专业大类是文化教育大类（45%）；就业满意度最低的专业大类是制造大类（35%）。

3. 2010 届本科生毕业三年后就业满意度最高的职业类是"公安/检察/法院/经济执法"（60%）；就业满意度最低的职业类是"服装/纺织/皮革"（31%）。高职高专生毕业三年后就业满意度最高的职业类是"金融（银行/基金/证券/期货/理财）"（57%）；就业满意度最低的职业类是"电气/电子（不包括计算机）"、"机械/仪器仪表"（均为 30%）。

4. 2010 届本科生毕业三年后就业满意度最高的行业类是"金融（银行/保险/证券）业"、"教育业"、"政府及公共管理"（均为 55%）；就业满意度最低的行业类是"玻璃黏土、石灰水泥制品业"、"机械五金制造业"（均为35%）。高职高专生毕业三年后就业满意度最高的行业类是"金融（银行/保险/证券）业"（54%）；就业满意度最低的行业类是"机械五金制造业"（31%）。

5. 2010 届大学生毕业三年后就业满意度最高的用人单位类型是"政府机

构/科研或其他事业单位"（本科为56%，高职高专为52%）；就业满意度最低的用人单位类型是"民营企业/个体"（本科为40%，高职高专为36%）。

二 薪资分析

1. 2010届大学生毕业三年后平均月收入为5301元（本科为5962元，高职高专为4640元）。2010届毕业生半年后的月收入为2479元（本科为2815元，高职高专为2142元），三年来月收入增长2822元，涨幅超过了一倍。其中，本科增长3147元，涨幅比例为112%；高职高专增长2498元，涨幅比例为117%。

2. 2010届本科生毕业三年后有13.1%的人月收入达到了10000元及以上，有6.7%的人月收入在3000元以下。高职高专生毕业三年后有5.3%的人月收入在10000元及以上，有17.1%的人月收入在3000元以下。

3. 2010届本科生毕业三年后学历提升为硕士的比例为12.3%，高职高专生毕业三年后学历提升为本科的比例为33.4%。

4. 2010届大学毕业生在毕业三年后学历提升的人群月收入为5216元，与学历一直未提升的人群月收入（5312元）基本持平。其中，本科毕业三年后学历为硕士的人群月收入为5792元，学历仍然为本科的人群月收入为5983元。高职高专毕业三年后学历为本科的人群与学历仍然为高职高专的人群月收入均为4640元。

5. 2010届本科学科门类中三年后月收入最高的是医学，为6367元，高于该学科门类半年后月收入（2756元）3611元；三年后月收入最低的是教育学（5124元），高于该学科门类半年后月收入（2491元）2633元。2010届高职高专专业大类中三年后月收入最高的是土建大类，为5302元，高于该专业大类半年后月收入（2168元）3134元；三年后月收入最低的是文化教育大类，为3939元，高于该专业大类半年后月收入（1944元）1995元。

6. 2010届本科生毕业三年后从事"互联网开发及应用"职业类的三年后月收入最高，为7841元，高于毕业半年后从事该职业类的本科毕业生月收入（3450元）4391元，涨幅比例为127%。毕业三年后月收入最低的是从事"行政/后勤"职业类的本科毕业生，为4524元，高于毕业半年后从事该职业类的本科毕业生月收入（2430元）2094元。2010届高职高专生毕业三

年后从事"经营管理"职业类的月收入最高，为5765元，高于毕业半年后从事该职业类的高职高专毕业生月收入（2478元）3287元，涨幅比例为133%。毕业三年后月收入最低的是从事"行政/后勤"职业类的高职高专毕业生，为3376元，高于毕业半年后从事该职业类的高职高专毕业生月收入（1867元）1509元。

7. 2010届本科生毕业三年后在"金融（银行/保险/证券）业"就业的毕业生月收入最高，为7074元，高于毕业半年后在该行业类就业的毕业生月收入（3370元）3704元；毕业三年后月收入最低的是就业于"政府及公共管理"部门的本科毕业生，为4539元，月收入增长也最少，高于毕业半年后在该行业类就业的毕业生月收入（2653元）1886元。2010届高职高专生毕业三年后在"运输业"就业的毕业生月收入最高，为5421元，高于毕业半年后在该行业类就业的毕业生月收入（2347元）3074元；毕业三年后月收入最低的是就业于"政府及公共管理"部门的高职高专毕业生，为3610元，高于毕业半年后在该行业类就业的毕业生月收入（1831元）1779元。

8. 2010届本科生毕业后在"中外合资/外资/独资"就业的三年后月收入（7031元）最高；而在"民营企业/个体"就业的三年后月收入涨幅比例最大，为133%。2010届高职高专生在"中外合资/外资/独资"就业的三年后月收入最高（5048元）；而在"民营企业/个体"就业的三年后月收入涨幅比例最大，为133%。

9. 2010届大学毕业生在3000人以上规模的大型用人单位就业的人群三年后月收入最高，本科毕业为6658元，高职高专毕业为5104元。

10. 2010届本科生毕业三年后在泛珠江三角洲区域经济体（包括广东、广西、福建、海南）就业的月收入最高，为6600元，增长3426元，涨幅比例为108%；在陕甘宁青区域经济体（包括陕西、甘肃、宁夏、青海）就业的月收入最低，为4937元，增长2500元，涨幅比例最小，为103%。高职高专生毕业三年后在泛长江三角洲区域经济体（包括上海、江苏、浙江、江西、安徽）就业的月收入最高（5117元），增长2790元，涨幅比例为120%；在陕甘宁青区域经济体就业的月收入最低，为4232元，增长2404元，涨幅比例最大，为132%。

三 职位晋升

1. 2010届大学生毕业三年内有57%的人获得职位晋升。其中本科这一比例为55%，低于高职高专毕业生的晋升比例（58%）。

2. 2010届本科管理学门类毕业生三年内获得职位晋升的比例最高，为61%；医学门类获得职位晋升的比例最低，为46%。高职高专旅游大类毕业生三年内获得职位晋升的比例最高，为66%；医药卫生大类的比例最低，为39%。

3. 2010届大学生毕业三年内平均获得职位晋升0.9次，其中本科为0.8次，略低于高职高专毕业生（1.0次）。有33%的本科毕业生获得过1次晋升，高职高专这一比例为30%；有7%的本科毕业生获得过3次及以上的晋升，高职高专这一比例为10%。

4. 2010届本科农学、管理学门类的毕业生三年内获得职位晋升的次数最多，为1.0次；医学门类的本科生毕业三年内获得职位晋升的次数最少，为0.6次。2010届高职高专旅游大类毕业生三年内获得职位晋升的次数最多，为1.2次；医药卫生大类高职高专生毕业三年内获得职位晋升的次数最少，为0.6次。

5. 2010届本科从事"餐饮/娱乐"职业类的大学生毕业三年内获得职位晋升的次数最多，为1.5次；从事"公安/检察/法院/经济执法"职业类的大学毕业生职位晋升次数最少，为0.4次。2010届高职高专从事"经营管理"职业类的大学生毕业三年内获得职位晋升的次数最多，为1.7次；从事"医疗保健/紧急救助"职业类的大学毕业生职位晋升次数最少，为0.4次。

6. 2010届在"艺术、娱乐和休闲业"、"邮递、物流及仓储业"、"住宿和饮食业"就业的本科生毕业三年内获得职位晋升的次数最多，均为1.3次；在"政府及公共管理"部门就业的大学毕业生获得职位晋升的次数最少，为0.4次。2010届在"艺术、娱乐和休闲业"、"住宿和饮食业"就业的高职高专毕业生获得职位晋升的次数最多，均为1.4次；在"政府及公共管理"部门、"医疗和社会护理服务业"就业的毕业生获得职位晋升的次数最少，均为0.6次。

7. 2010届毕业生职位晋升的类型主要是薪资的增加、工作职责的增加；

本科毕业分别为75%、72%，高职高专毕业分别为71%、69%。

8. 2010届本科毕业生认为对职位晋升有帮助的大学活动主要是课外自学的知识和技能（含培训）（46%）；高职高专毕业生认为对职位晋升有帮助的大学活动主要是扩大社会人脉关系（39%）、课外自学的知识和技能（含培训）（36%）。

四 工作与专业相关度

1. 2010届大学生毕业三年后工作与专业相关度为62%，比2010届毕业半年后（64%）低2个百分点，与2009届毕业三年后（61%）基本持平。其中，本科毕业三年后工作与专业相关度为67%，比毕业半年后（69%）低2个百分点；高职高专毕业三年后工作与专业相关度为57%，比毕业半年后（59%）低2个百分点。

2. 在本科学科门类中，三年后工作与专业相关度最高的是医学（87%），其次是工学（72%），农学门类三年后工作与专业相关度最低，为51%。法学门类三年后工作与专业相关度（56%）比半年后（51%）提高了5个百分点。在高职高专专业大类中，三年后工作与专业相关度最高的是医药卫生大类（79%），最低的是旅游大类（37%）；其中轻纺食品大类工作与专业相关度三年内下降最多，下降了19个百分点，其次是旅游大类，下降了16个百分点。

五 雇主数

1. 2010届大学毕业生毕业三年内平均为2.3个雇主工作过，其中本科毕业生的平均雇主数为2.0个，低于高职高专毕业生的平均雇主数（2.5个）。

2. 2010届本科的艺术类毕业生三年内更换雇主最多，平均雇主数为2.4个；本科地矿类毕业生平均雇主数（1.4个）最少，工作最为稳定。高职高专的艺术设计类毕业生平均雇主数最多，为2.9个；高职高专民航运输类、电力技术类毕业生平均雇主数（均为1.8个）最少。

3. 有40%的本科生毕业三年内仅为1个雇主工作过，33%有2个雇主，7%有4个及以上雇主。而高职高专毕业生更换雇主更为频繁，仅有23%的高职高专生毕业三年内一直为1个雇主工作，而雇主数为4个及以上的高职高专毕业生达到了17%。

4. 在 2010 届本科毕业生中，毕业三年内一直为 1 个雇主工作的毕业生月收入最高，为 6442 元。为之工作过的雇主数越多，其月收入反而越低；为 5 个及以上雇主工作过的本科生毕业三年后月收入最低，仅为 5365 元。雇主数为 1 个的高职高专生毕业三年后月收入最高，为 5096 元。

一　就业满意度

（一）总体就业满意度

三年后就业满意度：在被调查的毕业生中，由就业人群对自己目前的就业现状进行主观判断，选项有"很满意"、"满意"、"不满意"、"很不满意"、"无法评估"共五项。其中选择"满意"或"很满意"的人属于对就业现状满意，选择"不满意"或"很不满意"的人属于对就业现状不满意，就业人群包括"受雇全职工作"、"自主创业"人群。

图 2－2－1 是 2010 届大学生毕业三年后的就业满意度。可以看出，2010 届大学生毕业三年后的就业满意度为 43%，即在就业的毕业生中，有 43% 对

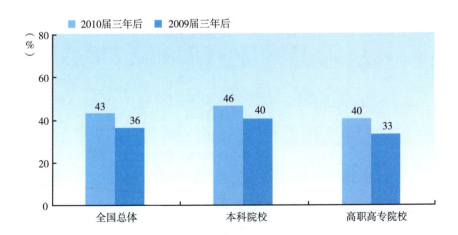

图 2－2－1　2010 届大学生毕业三年后的就业满意度（与 2009 届三年后对比）

数据来源：麦可思 – 中国 2009 届、2010 届大学毕业生三年后职业发展调查。

自己的就业现状表示满意（本科为 46%，高职高专为 40%），比 2009 届该指标（36%）增长了 7 个百分点。

（二）主要专业的就业满意度

表 2-2-1 是 2010 届本科和高职高专主要学科门类/专业大类毕业生毕业三年后的就业满意度。可以看出，2010 届本科生毕业三年后就业满意度最高的学科门类是法学（51%）；就业满意度最低的学科门类是工学（44%）。高职高专生毕业三年后就业满意度最高的专业大类是文化教育大类（45%）；就业满意度最低的专业大类是制造大类（35%）。

表 2-2-1 2010 届主要学科门类/专业大类毕业生毕业三年后的就业满意度*

单位：%

本科学科门类名称	就业满意度	高职高专专业大类名称	就业满意度
法　学	51	文化教育大类	45
医　学	50	旅游大类	44
经济学	50	水利大类	44
文　学	49	财经大类	42
教育学	48	轻纺食品大类	42
管理学	47	艺术设计传媒大类	42
农　学	46	交通运输大类	41
理　学	45	医药卫生大类	41
工　学	44	材料与能源大类	40
		生化与药品大类	39
		土建大类	39
		农林牧渔大类	37
		资源开发与测绘大类	37
		电子信息大类	36
		制造大类	35
全国本科	**46**	**全国高职高专**	**40**

*个别学科门类/专业大类因为样本较少，没有包括在内。

数据来源：麦可思－中国 2010 届大学毕业生三年后职业发展调查。

表2-2-2　2010届本科主要专业类毕业生毕业三年后的就业满意度*

单位：%

本科专业类名称	就业满意度	本科专业类名称	就业满意度
统计学类	54	心理学类	46
地矿类	54	电子信息科学类	46
中国语言文学类	53	化学类	46
教育学类	53	新闻传播学类	45
药学类	53	生物工程类	45
公共管理类	53	艺术类	44
临床医学与医学技术类	52	环境生态类	44
政治学类	51	管理科学与工程类	44
外国语言文学类	51	地理科学类	44
经济学类	51	化工与制药类	43
物理学类	50	能源动力类	43
法学类	50	植物生产类	43
测绘类	49	轻工纺织食品类	43
社会学类	49	材料类	42
体育学类	48	生物科学类	41
材料科学类	48	环境与安全类	41
仪器仪表类	47	环境科学类	41
工商管理类	47	交通运输类	40
土建类	47	历史学类	40
数学类	47	机械类	39
电气信息类	47		
全国本科	**46**	**全国本科**	**46**

* 个别专业类因为样本较少，没有包括在内。

数据来源：麦可思-中国2010届大学毕业生三年后职业发展调查。

（三）主要职业的就业满意度

图2-2-2、图2-2-3、图2-2-4和图2-2-5分别是2010届本科生和高职高专生毕业三年后就业满意度最高和最低的前五位职业类。可以看出，2010届本科生毕业三年后就业满意度最高的职业类是"公安/检察/法院/经济执法"（60%）；就业满意度最低的职业类是"服装/纺织/皮革"（31%）。高职高专生毕业三年后就业满意度最高的职业类是"金融（银行/基金/证券/期货/理财）"（57%）；就业满意度最低的职业类是"电气/电子（不包括计算机）"、"机械/仪器仪表"（均为30%）。

表2-2-3 2010届高职高专主要专业类毕业生毕业三年后的就业满意度*

单位：%

高职高专专业类名称	就业满意度	高职高专专业类名称	就业满意度
教育类	52	工商管理类	40
民航运输类	49	港口运输类	40
经济贸易类	47	艺术设计类	40
旅游管理类	47	制药技术类	39
财政金融类	47	公共管理类	39
法律实务类	47	广播影视类	39
护理类	46	公路运输类	38
建筑设备类	46	化工技术类	38
建筑设计类	45	铁道运输类	38
纺织服装类	44	生物技术类	38
语言文化类	43	汽车类	37
医学技术类	43	土建施工类	37
电力技术类	43	计算机类	37
房地产类	43	工程管理类	36
市场营销类	42	自动化类	36
财务会计类	42	水上运输类	35
畜牧兽医类	42	食品类	35
水利工程与管理类	42	临床医学类	35
林业技术类	41	机械设计制造类	33
市政工程类	41	测绘类	33
环保类	41	电子信息类	33
机电设备类	41	通信类	30
全国高职高专	**40**	**全国高职高专**	**40**

*个别专业类因为样本较少，没有包括在内。

数据来源：麦可思－中国2010届大学毕业生三年后职业发展调查。

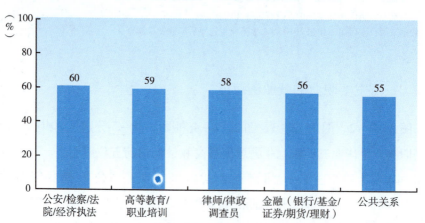

图2-2-2 2010届本科生毕业三年后就业满意度最高的前五位职业类*

*毕业生规模过小的职业类不包括在此排序中。

数据来源：麦可思－中国2010届大学毕业生三年后职业发展调查。

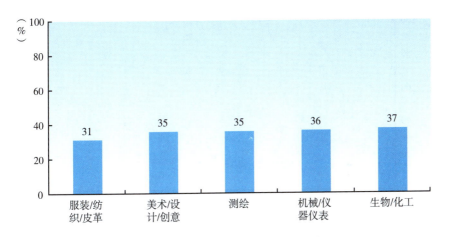

图2-2-3 2010届本科生毕业三年后就业满意度最低的前五位职业类*

*毕业生规模过小的职业类不包括在此排序中。

数据来源：麦可思－中国2010届大学毕业生三年后职业发展调查。

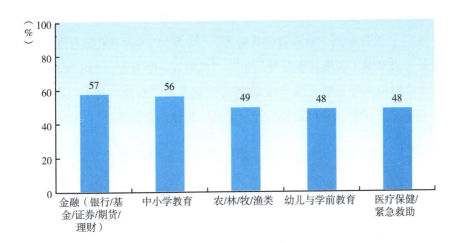

图2-2-4 2010届高职高专生毕业三年后就业满意度最高的前五位职业类*

*毕业生规模过小的职业类不包括在此排序中。

数据来源：麦可思－中国2010届大学毕业生三年后职业发展调查。

（四）主要行业的就业满意度

图2-2-6、图2-2-7、图2-2-8和图2-2-9分别是2010届本科生和高职高专生毕业三年后就业满意度最高和最低的前五位行业类。可以看出，

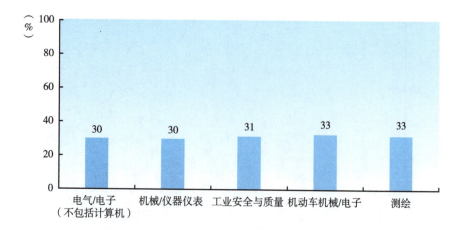

图 2 – 2 – 5　2010 届高职高专生毕业三年后就业满意度最低的前五位职业类*

* 毕业生规模过小的职业类不包括在此排序中。

数据来源：麦可思 – 中国 2010 届大学毕业生三年后职业发展调查。

2010 届本科生毕业三年后就业满意度最高的行业类是"金融（银行/保险/证券）业"、"教育业"、"政府及公共管理"（均为 55％）；就业满意度最低的行业类是"玻璃黏土、石灰水泥制品业"、"机械五金制造业"（均为 35％）。高职高专生毕业三年后就业满意度最高的行业类是"金融（银行/保险/证券）业"（54％）；就业满意度最低的行业类是"机械五金制造业"（31％）。

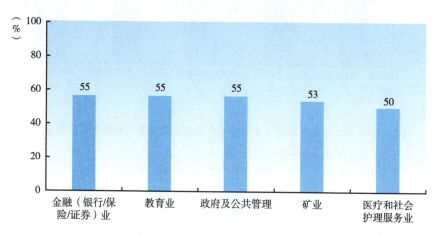

图 2 – 2 – 6　2010 届本科生毕业三年后就业满意度最高的前五位行业类*

* 毕业生规模过小的行业类不包括在此排序中。

数据来源：麦可思 – 中国 2010 届大学毕业生三年后职业发展调查。

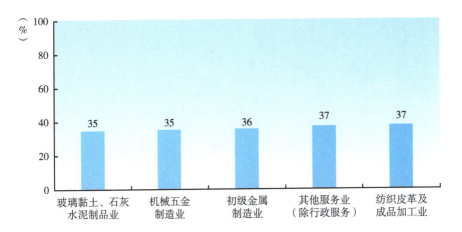

图 2 – 2 – 7　2010 届本科生毕业三年后就业满意度最低的前五位行业类＊

＊毕业生规模过小的行业类不包括在此排序中。
数据来源：麦可思 – 中国 2010 届大学毕业生三年后职业发展调查。

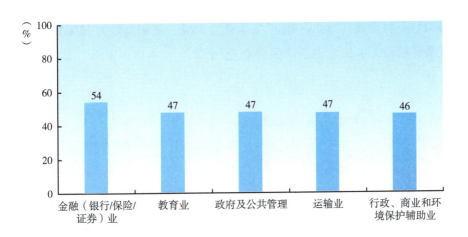

图 2 – 2 – 8　2010 届高职高专生毕业三年后就业满意度最高的前五位行业类＊

＊毕业生规模过小的行业类不包括在此排序中。
数据来源：麦可思 – 中国 2010 届大学毕业生三年后职业发展调查。

（五）各用人单位类型的就业满意度

图 2 – 2 – 10 是 2010 届大学生毕业三年后在各用人单位类型的就业满意度。可以看出，2010 届大学生毕业三年后就业满意度最高的用人单位类型是

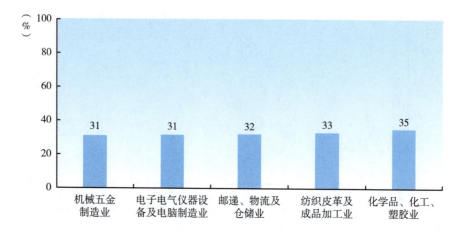

图 2 - 2 - 9 2010 届高职高专生毕业三年后就业满意度最低的前五位行业类 *

*毕业生规模过小的行业类不包括在此排序中。

数据来源：麦可思－中国 2010 届大学毕业生三年后职业发展调查。

"政府机构/科研或其他事业单位"（本科为 56%，高职高专为 52%）；就业满意度最低的用人单位类型是"民营企业/个体"（本科为 40%，高职高专为36%）。

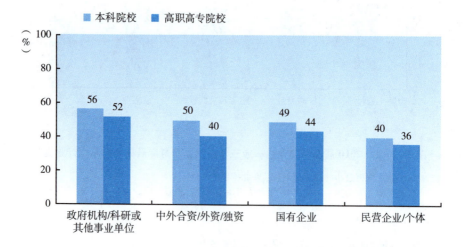

图 2 - 2 - 10 2010 届大学生毕业三年后在各用人单位类型的就业满意度 *

*非政府或非营利组织（NGO 等）用人单位因为样本较少，没有包括在内。

数据来源：麦可思－中国 2010 届大学毕业生三年后职业发展调查。

二　薪资分析

（一）总体月收入

月收入涨幅绝对值： 月收入涨幅绝对值＝毕业三年后的月收入－毕业半年后的月收入。

月收入涨幅比例： 月收入涨幅比例＝月收入涨幅绝对值/毕业半年后的月收入。

图2－2－11是2010届大学生毕业三年后的月收入。可以看出，2010届大学生毕业三年后平均月收入为5301元（本科为5962元，高职高专为4640元）。2010届毕业生半年后的月收入为2479元（本科为2815元，高职高专为2142元），三年来月收入增长2822元，涨幅超过了一倍。其中，本科增长3147元，涨幅比例为112%；高职高专增长2498元，涨幅比例为117%。

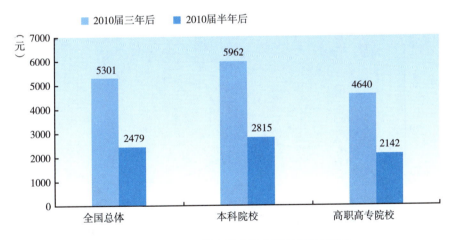

图2－2－11　2010届大学生毕业三年后的月收入

数据来源：麦可思－中国2010届大学毕业生三年后职业发展调查，2010届大学毕业生半年后社会需求与培养质量调查。

图2－2－13和图2－2－14分别是2010届本科生和高职高专生毕业三年后的月收入分布。可以看出，2010届本科生毕业三年后有13.1%的人月收入

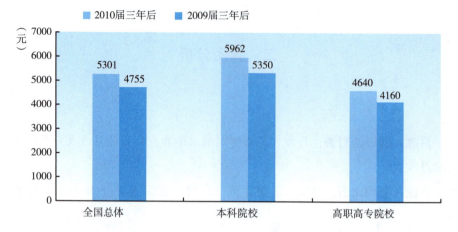

图 2－2－12　2010 届大学生毕业三年后的月收入（与 2009 届三年后对比）

数据来源：麦可思－中国 2009 届、2010 届大学毕业生三年后职业发展调查。

达到了 10000 元及以上，有 6.7％ 的人月收入在 3000 元以下。高职高专生毕业三年后有 5.3％ 的人月收入在 10000 元及以上，有 17.1％ 的人月收入在 3000元以下。

图 2－2－13　2010 届本科生毕业三年后的月收入分布
（与 2009 届三年后对比）*

＊图中显示数字均保留一位小数，因为四舍五入进位，加起来可能不等于 100％。
数据来源：麦可思－中国 2009 届、2010 届大学毕业生三年后职业发展调查。

图 2–2–14　2010 届高职高专生毕业三年后的月收入分布
（与 2009 届三年后对比）*

*图中显示数字均保留一位小数，因为四舍五入进位，加起来可能不等于100%。
数据来源：麦可思－中国2009届、2010届大学毕业生三年后职业发展调查。

图 2 – 2 – 15 是 2010 届大学生毕业三年后学历提升人群的比例。可以看出，2010 届本科生毕业三年后学历提升为硕士的比例为 12.3%，高职高专生毕业三年后学历提升为本科的比例为 33.4%。

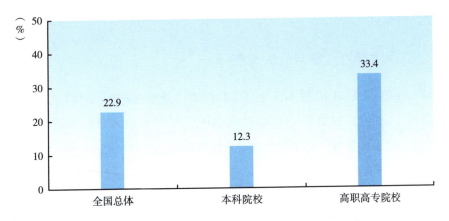

图 2–2–15　2010 届大学生毕业三年后学历提升人群的比例

数据来源：麦可思－中国2010届大学毕业生三年后职业发展调查，2010届大学毕业生半年后社会需求与培养质量调查。

图2-2-16是2010届大学生毕业三年后学历提升人群和学历未提升人群的月收入对比。可以看出，2010届大学毕业生在毕业三年后学历提升的人群月收入为5216元，与学历一直未提升的人群月收入（5312元）基本持平。其中，本科毕业三年后学历为硕士的人群月收入为5792元，学历仍然为本科的人群月收入为5983元。高职高专毕业三年后学历为本科的人群与学历仍然为高职高专的人群月收入均为4640元。

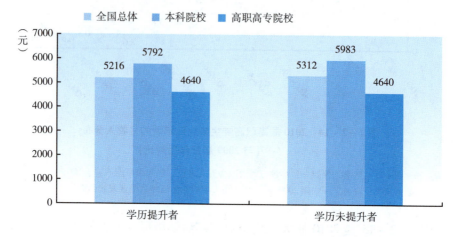

图2-2-16　2010届大学生毕业三年后学历提升人群和学历
未提升人群的月收入对比

数据来源：麦可思-中国2010届大学毕业生三年后职业发展调查，2010届大学毕业生半年后社会需求与培养质量调查。

（二）主要专业的月收入与涨幅

表2-2-4是2010届本科主要学科门类毕业生三年后的月收入与涨幅绝对值。可以看出，2010届本科学科门类中三年后月收入最高的是医学，为6367元，高于该学科门类半年后月收入（2756元）3611元；三年后月收入最低的是教育学（5124元），高于该学科门类半年后月收入（2491元）2633元。

表2-2-5是2010届高职高专主要专业大类毕业生三年后的月收入与涨幅绝对值。2010届高职高专专业大类中三年后月收入最高的是土建大类，为5302元，高于该专业大类半年后月收入（2168元）3134元；三年后月收入最低的是文化教育大类，为3939元，高于该专业大类半年后月收入（1944元）1995元。

表 2 - 2 - 4　2010 届本科主要学科门类毕业生三年后的月收入与涨幅绝对值*

单位：元

本科 学科门类名称	毕业三年后的 平均月收入	毕业半年后的 平均月收入	月收入 涨幅绝对值
医　　学	6367	2756	3611
经济学	6334	3023	3311
工　　学	6326	2953	3373
农　　学	6070	2501	3569
管理学	6029	2853	3176
理　　学	6029	2912	3117
文　　学	5842	2874	2968
法　　学	5472	2844	2628
教育学	5124	2491	2633
全国本科	5962	2815	3147

*个别学科门类因为样本较少，没有包括在内。

数据来源：麦可思 - 中国 2010 届大学毕业生三年后职业发展调查，2010 届大学毕业生半年后社会需求与培养质量调查。

表 2 - 2 - 5　2010 届高职高专主要专业大类毕业生毕业三年后的月收入与涨幅绝对值*

单位：元

高职高专 专业大类名称	毕业三年后的 平均月收入	毕业半年后的 平均月收入	月收入 涨幅绝对值
土建大类	5302	2168	3134
交通运输大类	5210	2390	2820
轻纺食品大类	5199	2167	3032
材料与能源大类	5177	2432	2745
艺术设计传媒大类	5160	2123	3037
农林牧渔大类	5041	1844	3197
水利大类	4877	2334	2543
电子信息大类	4852	2186	2666
资源开发与测绘大类	4711	2586	2125
制造大类	4705	2254	2451
财经大类	4524	2069	2455
生化与药品大类	4231	2082	2149
旅游大类	4124	2250	1874
医药卫生大类	4005	1713	2292
文化教育大类	3939	1944	1995
全国高职高专	4640	2142	2498

*个别专业大类因为样本较少，没有包括在内。

数据来源：麦可思 - 中国 2010 届大学毕业生三年后职业发展调查，2010 届大学毕业生半年后社会需求与培养质量调查。

表2-2-6 2010届本科主要专业类毕业生毕业三年后的月收入与涨幅绝对值*

单位：元

本科专业类名称	毕业三年后的平均月收入	毕业半年后的平均月收入	月收入涨幅绝对值
土建类	7038	2988	4050
电子信息科学类	6880	3176	3704
药学类	6806	3236	3570
电气信息类	6751	3153	3598
管理科学与工程类	6490	2997	3493
仪器仪表类	6473	2917	3556
地矿类	6438	3268	3170
数学类	6427	2960	3467
能源动力类	6345	2959	3386
经济学类	6334	3023	3311
外国语言文学类	6184	3070	3114
材料类	6047	2814	3233
化工与制药类	6017	2867	3150
工商管理类	5992	2906	3086
物理学类	5986	2944	3042
新闻传播学类	5928	2913	3015
生物工程类	5844	2625	3219
机械类	5808	2777	3031
环境与安全类	5806	2753	3053
交通运输类	5790	3003	2787
统计学类	5770	2986	2784
公共管理类	5745	2812	2933
环境科学类	5741	2787	2954
艺术类	5739	2728	3011
社会学类	5727	2821	2906
植物生产类	5678	2562	3116
法学类	5560	2852	2708
轻工纺织食品类	5339	2604	2735
化学类	5319	2734	2585
教育学类	5251	2808	2443
心理学类	5153	2852	2301
中国语言文学类	5111	2778	2333
生物科学类	5104	2767	2337
体育学类	5021	2735	2286
政治学类	4992	2939	2053
历史学类	4892	2658	2234
全国本科	5962	2815	3147

*个别专业类因为样本较少，没有包括在内。

数据来源：麦可思－中国2010届大学毕业生三年后职业发展调查，2010届大学毕业生半年后社会需求与培养质量调查。

表 2 - 2 - 7　2010 届高职高专主要专业类毕业生三年后的月收入与涨幅绝对值*

单位：元

高职高专 专业类名称	毕业三年后的 平均月收入	毕业半年后的 平均月收入	月收入 涨幅绝对值
水上运输类	6341	2841	3500
民航运输类	6323	3263	3060
建筑设计类	5903	2239	3664
艺术设计类	5283	2277	3006
纺织服装类	5266	2240	3026
电力技术类	5206	2289	2917
房地产类	5155	2249	2906
材料类	5142	2284	2858
建筑设备类	5099	2347	2752
工程管理类	5095	2212	2883
土建施工类	5084	2456	2628
公路运输类	5032	2495	2537
林业技术类	5031	2051	2980
市场营销类	5002	2284	2718
经济贸易类	4989	2188	2801
港口运输类	4949	2172	2777
通信类	4849	2233	2616
计算机类	4837	2197	2640
畜牧兽医类	4816	2079	2737
水利工程与管理类	4811	2226	2585
制药技术类	4740	2081	2659
自动化类	4730	2361	2369
财政金融类	4730	2266	2464
电子信息类	4705	2310	2395
汽车类	4693	2416	2277
机械设计制造类	4662	2312	2350
机电设备类	4636	2385	2251
测绘类	4618	2585	2033
法律实务类	4585	2250	2335
环保类	4525	2231	2294
食品类	4478	2132	2346
广播影视类	4428	2253	2175
语言文化类	4409	2133	2276
旅游管理类	4377	2271	2106
生物技术类	4361	2175	2186
化工技术类	4343	2331	2012
工商管理类	4332	2179	2153
护理类	4034	1712	2322
财务会计类	3847	1929	1918
教育类	3637	1877	1760
全国高职高专	**4640**	**2142**	**2498**

＊个别专业类因为样本较少，没有包括在内。

　数据来源：麦可思 - 中国 2010 届大学毕业生三年后职业发展调查，2010 届大学毕业生半年后社会需求与培养质量调查。

（三）主要职业的月收入与涨幅

表 2 - 2 - 8 是 2010 届本科生毕业三年后从事的主要职业类的月收入及涨幅绝对值。可以看出，2010 届本科生毕业三年后从事"互联网开发及应用"职业类的三年后月收入最高，为 7841 元，高于毕业半年后从事该职业类的本科毕业生月收入（3450 元）4391 元，涨幅比例为 127%。毕业三年后月收入最低的是从事"行政/后勤"职业类的本科毕业生，为 4524 元，高于毕业半年后从事该职业类的本科毕业生月收入（2430 元）2094 元。

表 2 - 2 - 8　2010 届本科生毕业三年后从事的主要职业类的月收入及涨幅绝对值*

单位：元

本科职业类名称	毕业三年后的平均月收入	毕业半年后的平均月收入	月收入涨幅绝对值
互联网开发及应用	7841	3450	4391
计算机与数据处理	7532	3373	4159
金融(银行/基金/证券/期货/理财)	7349	3386	3963
销售	7053	3145	3908
房地产经营	7023	3140	3883
建筑工程	6797	2876	3921
矿山/石油	6590	3488	3102
电力/能源	6547	3108	3439
电气/电子(不包括计算机)	6446	2989	3457
美术/设计/创意	6393	2655	3738
经营管理	6367	3079	3288
航空机械/电子	6299	3025	3274
测绘	6281	2699	3582
交通运输/邮电	6199	2987	3212
表演艺术/影视	6139	2992	3147
机动车机械/电子	6067	2766	3301
酒店/旅游/会展	5978	2668	3310
医疗保健/紧急救助	5960	2305	3655
生产/运营	5957	2870	3087
媒体/出版	5922	2882	3040
律师/律政调查员	5892	2555	3337
保险	5811	2730	3081
工业安全与质量	5753	2812	2941
物流/采购	5717	2778	2939

续表

本科职业类名称	毕业三年后的平均月收入	毕业半年后的平均月收入	月收入涨幅绝对值
翻译	5709	3303	2406
服装/纺织/皮革	5683	2661	3022
餐饮/娱乐	5648	2502	3146
财务/审计/税务/统计	5635	2792	2843
人力资源	5519	2712	2807
环境保护	5488	2419	3069
机械/仪器仪表	5477	2602	2875
生物/化工	4982	2476	2506
农/林/牧/渔类	4936	2266	2670
公安/检察/法院/经济执法	4760	2968	1792
中小学教育	4713	2457	2256
高等教育/职业培训	4696	2540	2156
行政/后勤	4524	2430	2094
全国本科	**5962**	**2815**	**3147**

＊个别职业类因为样本较少，没有包括在内。

数据来源：麦可思－中国2010届大学毕业生三年后职业发展调查，2010届大学毕业生半年后社会需求与培养质量调查。

表2－2－9是2010届高职高专生毕业三年后从事的主要职业类的月收入及涨幅绝对值。2010届高职高专生毕业三年后从事"经营管理"职业类的三年后月收入最高，为5765元，高于毕业半年后从事该职业类的高职高专毕业生月收入（2478元）3287元，涨幅比例为133%。毕业三年后月收入最低的是从事"行政/后勤"职业类的高职高专毕业生，为3376元，高于毕业半年后从事该职业类的高职高专毕业生月收入（1867元）1509元。

表2－2－9　2010届高职高专生毕业三年后从事的主要职业类的月收入及涨幅绝对值＊

单位：元

高职高专职业类名称	毕业三年后的平均月收入	毕业半年后的平均月收入	月收入涨幅绝对值
经营管理	5765	2478	3287
房地产经营	5693	2347	3346
销售	5614	2301	3313
矿山/石油	5590	2822	2768

高职高专 职业类名称	毕业三年后的 平均月收入	毕业半年后的 平均月收入	月收入 涨幅绝对值
计算机与数据处理	5520	2289	3231
美术/设计/创意	5503	1945	3558
餐饮/娱乐	5322	2097	3225
交通运输/邮电	5296	2494	2802
金融(银行/基金/证券/期货/理财)	5281	2332	2949
互联网开发及应用	5226	2421	2805
电力/能源	5096	2524	2572
建筑工程	5091	2296	2795
保险	5070	2175	2895
酒店/旅游/会展	4881	2051	2830
服装/纺织/皮革	4866	2225	2641
电气/电子(不包括计算机)	4690	2281	2409
机动车机械/电子	4529	2146	2383
生产/运营	4472	2312	2160
农/林/牧/渔类	4440	1975	2465
高等教育/职业培训	4429	1830	2599
物流/采购	4420	2010	2410
媒体/出版	4420	2056	2364
机械/仪器仪表	4410	2146	2264
工业安全与质量	4344	2279	2065
人力资源	4264	2107	2157
医疗保健/紧急救助	4166	1581	2585
生物/化工	3942	2078	1864
公安/检察/法院/经济执法	3855	2364	1491
财务/审计/税务/统计	3804	1901	1903
中小学教育	3394	1662	1732
行政/后勤	3376	1867	1509
全国高职高专	**4640**	**2142**	**2498**

＊个别职业类因为样本较少，没有包括在内。

数据来源：麦可思－中国2010届大学毕业生三年后职业发展调查，2010届大学毕业生半年后社会需求与培养质量调查。

（四）主要行业的月收入与涨幅

表2-2-10是2010届本科生毕业三年后在各主要行业类的月收入及涨幅绝对值。可以看出，2010届本科生毕业三年后在"金融（银行/保险/证券）业"就业的毕业生月收入最高，为7074元，高于毕业半年后在该行业类就业

的毕业生月收入（3370 元）3704 元；毕业三年后月收入最低的是就业于"政府及公共管理"部门的本科毕业生，为 4539 元，月收入增长也最少，高于毕业半年后在该行业类就业的毕业生月收入（2653 元）1886 元。

表 2－2－10　2010 届本科生毕业三年后在各主要行业类的月收入及涨幅绝对值*

单位：元

本科行业类名称	毕业三年后的平均月收入	毕业半年后的平均月收入	月收入涨幅绝对值
金融（银行/保险/证券）业	7074	3370	3704
媒体、信息及通信产业	7047	3190	3857
房地产开发销售租赁及其他租赁业	6839	3087	3752
各类专业设计与咨询服务业	6837	3052	3785
运输业	6742	3149	3593
家具、医疗设备及其他制成品业	6706	2954	3752
艺术、娱乐和休闲业	6692	3066	3626
电子电气仪器设备及电脑制造业	6686	3067	3619
建筑业	6543	2895	3648
水电煤气公用事业	6297	3067	3230
交通工具制造业	6274	2928	3346
医疗和社会护理服务业	6223	2531	3692
零售商业	6205	2736	3469
批发商业	6093	2792	3301
矿业	6082	3119	2963
邮递、物流及仓储业	5905	2597	3308
化学品、化工、塑胶业	5756	2754	3002
其他服务业（除行政服务）	5647	2523	3124
纺织皮革及成品加工业	5591	2571	3020
玻璃黏土、石灰水泥制品业	5439	2421	3018
食品、烟草、加工业	5390	2664	2726
农业、林业、渔业和畜牧业	5372	2410	2962
住宿和饮食业	5304	2341	2963
机械五金制造业	5256	2562	2694
初级金属制造业	4903	2527	2376
教育业	4834	2488	2346
行政、商业和环境保护辅助业	4832	2524	2308
政府及公共管理	4539	2653	1886
全国本科	**5962**	**2815**	**3147**

　*个别行业类因为样本较少，没有包括在内。

　数据来源：麦可思－中国 2010 届大学毕业生三年后职业发展调查，2010 届大学毕业生半年后社会需求与培养质量调查。

表 2-2-11 是 2010 届高职高专生毕业三年后在各主要行业类的月收入及涨幅绝对值。2010 届高职高专生毕业三年后在"运输业"就业的毕业生月收入最高，为 5421 元，高于毕业半年后在该行业类就业的毕业生月收入（2347 元）3074 元；毕业三年后月收入最低的是就业于"政府及公共管理"部门的高职高专毕业生，为 3610 元，高于毕业半年后在该行业类就业的毕业生月收入（1831 元）1779 元。

表 2-2-11　2010 届高职高专生毕业三年后在各主要行业类的月收入及涨幅绝对值*

单位：元

高职高专 行业类名称	毕业三年后的 平均月收入	毕业半年后的 平均月收入	月收入 涨幅绝对值
运输业	5421	2347	3074
金融（银行/保险/证券）业	5328	2372	2956
艺术、娱乐和休闲业	5211	2074	3137
批发商业	5196	2182	3014
矿业	5184	2579	2605
各类专业设计与咨询服务业	5183	2044	3139
媒体、信息及通信产业	5167	2276	2891
水电煤气公用事业	5120	2411	2709
建筑业	5051	2272	2779
家具、医疗设备及其他制成品业	4976	2259	2717
零售商业	4840	2117	2723
农业、林业、渔业和畜牧业	4821	2056	2765
房地产开发销售租赁及其他租赁业	4815	2192	2623
交通工具制造业	4791	2288	2503
电子电气仪器设备及电脑制造业	4671	2246	2425
纺织皮革及成品加工业	4663	2131	2532
住宿和饮食业	4579	1950	2629
邮递、物流及仓储业	4524	2082	2442
食品、烟草、加工业	4500	2128	2372
化学品、化工、塑胶业	4430	2100	2330
机械五金制造业	4402	2063	2339
其他服务业（除行政服务）	4363	2096	2267
医疗和社会护理服务业	4312	1706	2606
初级金属制造业	4240	2089	2151
行政、商业和环境保护辅助业	3914	2065	1849
教育业	3892	1753	2139
政府及公共管理	3610	1831	1779
全国高职高专	**4640**	**2142**	**2498**

*个别行业类因为样本较少，没有包括在内。

数据来源：麦可思-中国 2010 届大学毕业生三年后职业发展调查，2010 届大学毕业生半年后社会需求与培养质量调查。

（五）各用人单位的月收入与涨幅

图2－2－17和图2－2－18分别是2010届本科生和高职高专生毕业三年后在各类型用人单位就业的月收入。可以看出，2010届本科生毕业后在"中外合资/外资/独资"单位就业的三年后月收入（7031元）最高；而在"民营企业/个体"就业的三年后月收入涨幅比例最大，为133％。2010届高职高专生毕业后在"中外合资/外资/独资"就业的三年后月收入最高（5048元）；而在"民营企业/个体"就业的三年后月收入涨幅比例最大，为133％。

图2－2－17 2010届本科生毕业三年后在各类型用人单位的月收入 *

＊非政府或非营利组织（NGO等）用人单位因为样本较少，没有包括在内。
数据来源：麦可思－中国2010届大学毕业生三年后职业发展调查，2010届大学毕业生半年后社会需求与培养质量调查。

图2－2－19和图2－2－20分别是2010届本科生和高职高专生毕业三年后在各规模用人单位的月收入。可以看出，2010届大学毕业生在3000人以上规模的大型用人单位就业的三年后月收入最高，本科为6658元，高职高专为5104元。

（六）经济区域的月收入与涨幅

图2－2－21和图2－2－22分别是2010届本科生和高职高专生毕业三年后在各类经济区域就业的月收入。可以看出，2010届本科生毕业三年后在泛珠江三角

图 2 - 2 - 18　2010 届高职高专生毕业三年后在各类型用人单位的月收入*

*非政府或非营利组织（NGO 等）用人单位因为样本较少，没有包括在内。

数据来源：麦可思 - 中国 2010 届大学毕业生三年后职业发展调查，2010 届大学毕业生半年后社会需求与培养质量调查。

图 2 - 2 - 19　2010 届本科生毕业三年后在各规模用人单位的月收入

数据来源：麦可思 - 中国 2010 届大学毕业生三年后职业发展调查，2010 届大学毕业生半年后社会需求与培养质量调查。

洲区域经济体（包括广东、广西、福建、海南）就业的月收入最高，为 6600 元，比毕业半年后增长 3426 元，涨幅比例为 108%；在陕甘宁青区域经济体（包括陕西、甘肃、宁夏、青海）就业的本科生毕业三年后月收入最低，为 4937 元，比毕业半年后增长 2500 元，涨幅比例最小，为 103%。高职高专生毕业后在泛长江三角洲区域经济体（包括上海、江苏、浙江、江西、安徽）就业的月收入最高（5117

图 2 – 2 – 20　2010 届高职高专生毕业三年后在各规模用人单位的月收入

数据来源：麦可思－中国 2010 届大学毕业生三年后职业发展调查，2010 届大学毕业生半年后社会需求与培养质量调查。

图 2 – 2 – 21　2010 届本科生毕业三年后在各类经济区域就业的月收入[*]

[*]西部生态经济区因为样本较少，没有包括在内。

数据来源：麦可思－中国 2010 届大学毕业生三年后职业发展调查，2010 届大学毕业生半年后社会需求与培养质量调查。

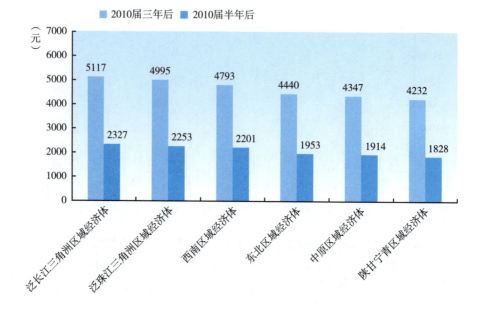

图 2－2－22　2010 届高职高专生毕业三年后在各类经济区域就业的月收入 *

＊西部生态经济区和东北区域经济体因为样本较少，没有包括在内。

数据来源：麦可思－中国 2010 届大学毕业生三年后职业发展调查，2010 届大学毕业生半年后社会需求与培养质量调查。

元），增长 2790 元，涨幅比例为 120%；在陕甘宁青区域经济体就业的高职高专生毕业三年后月收入最低，为 4232 元，增长 2404 元，涨幅比例最大，为 132%。

三　职位晋升

（一）职位晋升比例

职位晋升：由已经工作的毕业生回答是否获得职位晋升以及获得晋升的次数。职位晋升是指享有比前一个职位更多的职权并承担更多的责任，由毕业生主观判断。这既包括不换雇主的内部提升，也包括通过更换雇主实现的晋升。

图 2－2－23 是 2010 届大学生毕业三年内平均获得职位晋升的比例。可以看出，2010 届大学生毕业三年内有 57% 的人获得职位晋升。其中本科这一比例为 55%，低于高职高专毕业生的晋升比例（58%）。

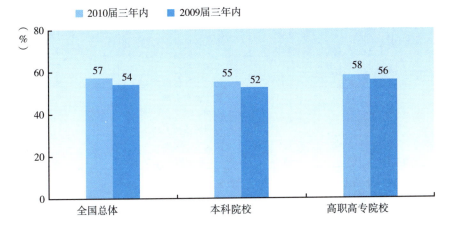

图 2 - 2 - 23　2010 届大学生毕业三年内平均获得职位晋升的比例
（与 2009 届三年内对比）

数据来源：麦可思 - 中国 2009 届、2010 届大学毕业生三年后职业发展调查。

　　表 2 - 2 - 12 是 2010 届主要学科门类/专业大类毕业生三年内平均获得职位晋升的比例。可以看出，2010 届本科管理学门类毕业生三年内获得职位晋升的比例最高，为 61%；医学门类获得职位晋升的比例最低，为 46%。高职高专旅游大类毕业生三年内获得职位晋升的比例最高，为 66%；医药卫生大类的比例最低，为 39%。

表 2 - 2 - 12　2010 届主要学科门类/专业大类毕业生三年内平均获得职位晋升的比例*

单位：%

本科学科门类名称	获得职位晋升的比例	高职高专专业大类名称	获得职位晋升的比例
管理学	61	旅游大类	66
农　　学	60	资源开发与测绘大类	65
理　　学	55	轻纺食品大类	63
经济学	54	交通运输大类	61
文　　学	54	农林牧渔大类	60
法　　学	53	制造大类	60
工　　学	52	公共事业大类	60
教育学	50	电子信息大类	58
医　　学	46	财经大类	58
		生化与药品大类	57

续表

本科学科门类名称	获得职位晋升的比例	高职高专专业大类名称	获得职位晋升的比例
		土建大类	57
		艺术设计传媒大类	54
		文化教育大类	53
		水利大类	52
		材料与能源大类	51
		医药卫生大类	39
全国本科	**55**	**全国高职高专**	**58**

＊个别学科门类/专业大类因为样本较少，没有包括在内。

数据来源：麦可思－中国2010届大学毕业生三年后职业发展调查。

表2－2－13　2010届本科主要职业类毕业生三年内平均获得职位晋升的比例＊

单位：%

本科职业类名称	获得职位晋升的比例	本科职业类名称	获得职位晋升的比例
餐饮/娱乐	80	电力/能源	54
经营管理	75	工业安全与质量	54
房地产经营	72	计算机与数据处理	54
生产/运营	67	电气/电子（不包括计算机）	53
销售	66	矿山/石油	53
服装/纺织/皮革	64	研究人员	53
人力资源	64	保险	51
物流/采购	62	媒体/出版	51
冶金材料	62	高等教育/职业培训	50
互联网开发及应用	60	社区工作者	50
交通运输/邮电	60	翻译	49
美术/设计/创意	60	行政/后勤	47
金融（银行/基金/证券/期货/理财）	59	机械/仪器仪表	45
酒店/旅游/会展	59	医疗保健/紧急救助	45
律师/律政调查员	58	测绘	43
生物/化工	58	环境保护	43
表演艺术/影视	57	中小学教育	43
公共关系	57	航空机械/电子	39
建筑工程	57	机动车机械/电子	39
财务/审计/税务/统计	55	公安/检察/法院/经济执法	30
农/林/牧/渔类	55		
全国本科	**55**	**全国本科**	**55**

＊个别职业类因为样本较少，没有包括在内。

数据来源：麦可思－中国2010届大学毕业生三年后职业发展调查。

表 2 – 2 – 14　2010 届高职高专主要职业类毕业生三年内平均获得职位晋升的比例*

单位：%

高职高专职业类名称	获得职位晋升的比例	高职高专职业类名称	获得职位晋升的比例
经营管理	82	生物/化工	61
餐饮/娱乐	74	保险	57
酒店/旅游/会展	74	工业安全与质量	56
房地产经营	70	建筑工程	56
高等教育/职业培训	69	计算机与数据处理	55
电气/电子(不包括计算机)	68	农/林/牧/渔类	55
测绘	66	交通运输/邮电	54
金融(银行/基金/证券/期货/理财)	66	财务/审计/税务/统计	53
美术/设计/创意	66	机械/仪器仪表	53
人力资源	66	电力/能源	52
物流/采购	66	媒体/出版	52
生产/运营	65	行政/后勤	47
销售	65	公安/检察/法院/经济执法	42
服装/纺织/皮革	64	中小学教育	33
互联网开发及应用	63	医疗保健/紧急救助	32
机动车机械/电子	62		
全国高职高专	**58**	**全国高职高专**	**58**

*个别职业类因为样本较少，没有包括在内。

数据来源：麦可思 – 中国 2010 届大学毕业生三年后职业发展调查。

表 2 – 2 – 15　2010 届本科主要行业类毕业生三年内平均获得职位晋升的比例*

单位：%

本科行业类名称	获得职位晋升的比例	本科行业类名称	获得职位晋升的比例
零售商业	73	初级金属制造业	58
食品、烟草、加工业	73	化学品、化工、塑胶业	58
邮递、物流及仓储业	72	建筑业	58
住宿和饮食业	70	金融(银行/保险/证券)业	58
房地产开发销售租赁及其他租赁业	68	电子电气仪器设备及电脑制造业	56
艺术、娱乐和休闲业	68	媒体、信息及通信产业	56
纺织皮革及成品加工业	67	水电煤气公用事业	53
运输业	67	矿业	51
家具、医疗设备及其他制成品业	65	机械五金制造业	47
各类专业设计与咨询服务业	64	教育业	47
批发商业	64	医疗和社会护理服务业	45
其他服务业(除行政服务)	64	行政、商业和环境保护辅助业	44
玻璃黏土、石灰水泥制品业	59	交通工具制造业	43
农业、林业、渔业和畜牧业	59	政府及公共管理	33
全国本科	**55**	**全国本科**	**55**

*个别行业类因为样本较少，没有包括在内。

数据来源：麦可思 – 中国 2010 届大学毕业生三年后职业发展调查。

表2-2-16　2010届高职高专主要行业类毕业生三年内平均获得职位晋升的比例*

单位：%

高职高专行业类名称	获得职位晋升的比例	高职高专行业类名称	获得职位晋升的比例
住宿和饮食业	74	建筑业	58
家具、医疗设备及其他制成品业	67	纺织皮革及成品加工业	57
食品、烟草、加工业	67	各类专业设计与咨询服务业	57
艺术、娱乐和休闲业	67	媒体、信息及通信产业	57
批发商业	66	水电煤气公用事业	57
电子电气仪器设备及电脑制造业	65	交通工具制造业	56
其他服务业（除行政服务）	65	初级金属制造业	55
房地产开发销售租赁及其他租赁业	64	矿业	54
金融（银行/保险/证券）业	64	机械五金制造业	52
零售商业	64	教育业	50
农业、林业、渔业和畜牧业	64	行政、商业和环境保护辅助业	49
邮递、物流及仓储业	63	医疗和社会护理服务业	40
化学品、化工、塑胶业	59	政府及公共管理	40
运输业	59		
全国高职高专	**58**	**全国高职高专**	**58**

* 个别行业类因为样本较少，没有包括在内。

数据来源：麦可思－中国2010届大学毕业生三年后职业发展调查。

（二）职位晋升次数

职位晋升次数：由毕业生自己回答获得职位晋升的次数，计算公式的分子是所有大学毕业生获得职位晋升次数之和，没有获得职位晋升的人记为0次，分母是三年内就业和就业过的大学毕业生数。

图2-2-24、图2-2-25和图2-2-26分别是2010届大学生毕业三年内平均获得职位晋升的次数和频度。可以看出，2010届大学生毕业三年内平均获得职位晋升0.9次，其中本科为0.8次，略低于高职高专毕业生（1.0次）。有33%的本科毕业生获得过1次晋升，高职高专这一比例为30%；有7%的本科毕业生获得过3次及以上的晋升，高职高专这一比例为10%。

表2-2-17是2010届主要学科门类/专业大类毕业生三年内平均获得职位晋升的次数。可以看出，2010届本科农学、管理学门类的毕业生三年内获得职位晋升的次数最多，为1.0次；医学门类的本科生毕业三年内获得的职位

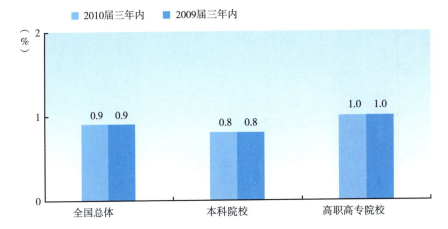

**图 2 - 2 - 24　2010 届大学生毕业三年内平均获得职位晋升的
次数（与 2009 届三年内对比）**

数据来源：麦可思 – 中国 2009 届、2010 届大学毕业生三年后职业发展调查。

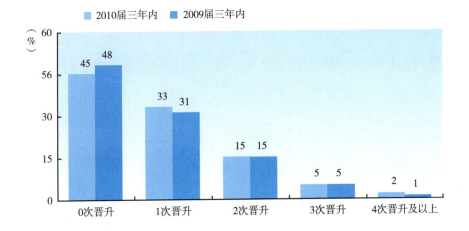

**图 2 - 2 - 25　2010 届本科生毕业三年内平均获得职位晋升的频度
（与 2009 届三年内对比）**

数据来源：麦可思 – 中国 2009 届、2010 届大学毕业生三年后职业发展调查。

晋升次数最少，为 0.6 次。2010 届高职高专旅游大类毕业生三年内获得职位
晋升的次数最多，为 1.2 次；医药卫生大类高职高专生毕业三年内获得职位晋
升的次数最少，为 0.6 次。

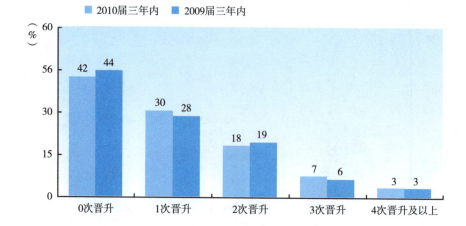

图 2 – 2 – 26　2010 届高职高专生毕业三年内平均获得职位
晋升的频度（与 2009 届三年内对比）

数据来源：麦可思 – 中国 2009 届、2010 届大学毕业生三年后职业发展调查。

表 2 – 2 – 17　2010 届主要学科门类/专业大类毕业生三年内平均获得职位晋升的次数 *

单位：次

本科学科门类名称	获得职位晋升的次数	高职高专专业大类名称	获得职位晋升的次数
农　　学	1.0	旅游大类	1.2
管理学	1.0	农林牧渔大类	1.1
理　　学	0.9	轻纺食品大类	1.1
经济学	0.8	交通运输大类	1.0
法　　学	0.8	土建大类	1.0
教育学	0.8	制造大类	1.0
文　　学	0.8	电子信息大类	1.0
工　　学	0.8	财经大类	1.0
医　　学	0.6	生化与药品大类	0.9
		资源开发与测绘大类	0.9
		材料与能源大类	0.9
		水利大类	0.9
		文化教育大类	0.9
		艺术设计传媒大类	0.9
		公共事业大类	0.8
		医药卫生大类	0.6
全国本科	0.8	全国高职高专	1.0

* 个别学科门类/专业大类因为样本较少，没有包括在内。

数据来源：麦可思 – 中国 2010 届大学毕业生三年后职业发展调查。

表2-2-18和表2-2-19分别是2010届本科和高职高专主要职业类毕业生三年内平均获得职位晋升的次数。可以看出，2010届本科从事"餐饮/娱乐"职业类的大学生毕业三年内获得的职位晋升次数最多，为1.5次；从事"公安/检察/法院/经济执法"职业类的大学毕业生职位晋升次数最少，为0.4次。2010届高职高专从事"经营管理"职业类的大学生毕业三年内获得职位晋升的次数最多，为1.7次；从事"医疗保健/紧急救助"职业类的大学毕业生职位晋升次数最少，为0.4次。

表2-2-18 2010届本科主要职业类毕业生三年内平均获得职位晋升的次数*

单位：次

本科职业类名称	获得职位晋升的次数	本科职业类名称	获得职位晋升的次数
餐饮/娱乐	1.5	电力/能源	0.8
房地产经营	1.4	电气/电子(不包括计算机)	0.8
经营管理	1.3	高等教育/职业培训	0.8
酒店/旅游/会展	1.2	工业安全与质量	0.8
公共关系	1.1	建筑工程	0.8
互联网开发及应用	1.1	律师/律政调查员	0.8
美术/设计/创意	1.1	媒体/出版	0.8
生产/运营	1.1	测绘	0.7
销售	1.1	翻译	0.7
表演艺术/影视	1.0	行政/后勤	0.7
服装/纺织/皮革	1.0	机械/仪器仪表	0.7
人力资源	1.0	矿山/石油	0.7
物流/采购	1.0	研究人员	0.7
计算机与数据处理	0.9	航空机械/电子	0.6
交通运输/邮电	0.9	环境保护	0.6
金融(银行/基金/证券/期货/理财)	0.9	社区工作者	0.6
农/林/牧/渔类	0.9	医疗保健/紧急救助	0.6
生物/化工	0.9	中小学教育	0.6
冶金材料	0.9	机动车机械/电子	0.5
保险	0.8	公安/检察/法院/经济执法	0.4
财务/审计/税务/统计	0.8		
全国本科	**0.8**	**全国本科**	**0.8**

* 个别职业类因为样本较少，没有包括在内。

数据来源：麦可思－中国2010届大学毕业生三年后职业发展调查。

表 2 – 2 – 19　2010 届高职高专主要职业类毕业生三年内平均获得职位晋升的次数*

单位：次

高职高专职业类名称	获得职位晋升的次数	高职高专职业类名称	获得职位晋升的次数
经营管理	1.7	机动车机械/电子	1.0
餐饮/娱乐	1.5	金融(银行/基金/证券/期货/理财)	1.0
酒店/旅游/会展	1.5	电力/能源	0.9
房地产经营	1.3	工业安全与质量	0.9
互联网开发及应用	1.3	机械/仪器仪表	0.9
服装/纺织/皮革	1.2	计算机与数据处理	0.9
高等教育/职业培训	1.2	建筑工程	0.9
美术/设计/创意	1.2	生物/化工	0.9
生产/运营	1.2	财务/审计/税务/统计	0.8
销售	1.2	交通运输/邮电	0.8
保险	1.1	媒体/出版	0.8
电气/电子(不包括计算机)	1.1	行政/后勤	0.7
农/林/牧/渔类	1.1	公安/检察/法院/经济执法	0.5
人力资源	1.1	中小学教育	0.5
物流/采购	1.1	医疗保健/紧急救助	0.4
测绘	1.0		
全国高职高专	**1.0**	**全国高职高专**	**1.0**

﹡个别职业类因为样本较少，没有包括在内。

数据来源：麦可思–中国2010届大学毕业生三年后职业发展调查。

　　表 2 – 2 – 20 和表 2 – 2 – 21 分别是 2010 届本科和高职高专主要行业类毕业生三年内平均获得职位晋升的次数。可以看出，2010 届在"艺术、娱乐和休闲业"、"邮递、物流及仓储业"、"住宿和饮食业"就业的本科大学生毕业三年内获得职位晋升的次数最多，均为 1.3 次；在"政府及公共管理"部门就业的大学毕业生获得职位晋升的次数最少，为 0.4 次。

　　2010 届在"艺术、娱乐和休闲业"、"住宿和饮食业"就业的高职高专毕业生获得职位晋升的次数最多，均为 1.4 次；在"政府及公共管理"部门、"医疗和社会护理服务业"就业的毕业生获得职位晋升的次数最少，均为 0.6 次。

表 2-2-20　2010届本科主要行业类毕业生三年内平均获得职位晋升的次数*

单位：次

本科行业类名称	获得职位晋升的次数	本科行业类名称	获得职位晋升的次数
艺术、娱乐和休闲业	1.3	初级金属制造业	0.9
邮递、物流及仓储业	1.3	化学品、化工、塑胶业	0.9
住宿和饮食业	1.3	建筑业	0.9
房地产开发销售租赁及其他租赁业	1.2	金融(银行/保险/证券)业	0.9
零售商业	1.2	媒体、信息及通信产业	0.9
食品、烟草、加工业	1.2	电子电气仪器设备及电脑制造业	0.8
各类专业设计与咨询服务业	1.1	水电煤气公用事业	0.8
木品和纸品业	1.1	机械五金制造业	0.7
纺织皮革及成品加工业	1.0	教育业	0.7
家具、医疗设备及其他制成品业	1.0	矿业	0.7
农业、林业、渔业及畜牧业	1.0	行政、商业和环境保护辅助业	0.6
批发商业	1.0	交通工具制造业	0.6
其他服务业(除行政服务)	1.0	医疗和社会护理服务业	0.6
运输业	1.0	政府及公共管理	0.4
玻璃黏土、石灰水泥制品业	0.9		
全国本科	**0.8**	**全国本科**	**0.8**

*个别行业类因为样本较少，没有包括在内。

数据来源：麦可思－中国2010届大学毕业生三年后职业发展调查。

表 2-2-21　2010届高职高专主要行业类毕业生三年内平均获得职位晋升的次数*

单位：次

高职高专行业类名称	获得职位晋升的次数	高职高专行业类名称	获得职位晋升的次数
艺术、娱乐和休闲业	1.4	矿业	1.0
住宿和饮食业	1.4	媒体、信息及通信产业	1.0
房地产开发销售租赁及其他租赁业	1.2	初级金属制造业	0.9
农业、林业、渔业及畜牧业	1.2	各类专业设计与咨询服务业	0.9
批发商业	1.2	行政、商业和环境保护辅助业	0.9
食品、烟草、加工业	1.2	化学品、化工、塑胶业	0.9
邮递、物流及仓储业	1.2	交通工具制造业	0.9
电子电气仪器设备及电脑制造业	1.1	教育业	0.9
家具、医疗设备及其他制成品业	1.1	水电煤气公用事业	0.9
金融(银行/保险/证券)业	1.1	运输业	0.9
零售商业	1.1	机械五金制造业	0.8
其他服务业(除行政服务)	1.1	医疗和社会护理服务业	0.6
纺织皮革及成品加工业	1.0	政府及公共管理	0.6
建筑业	1.0		
全国高职高专	**1.0**	**全国高职高专**	**1.0**

*个别行业类因为样本较少，没有包括在内。

数据来源：麦可思－中国2010届大学毕业生三年后职业发展调查。

（三）职位晋升的类型

图 2 - 2 - 27 和图 2 - 2 - 28 分别是 2010 届本科和高职高专毕业生职位晋升的类型。可以看出，2010 届毕业生职位晋升的类型主要是薪资的增加、工作职责的增加；本科毕业生分别为 75%、72%，高职高专毕业生分别为 71%、69%。

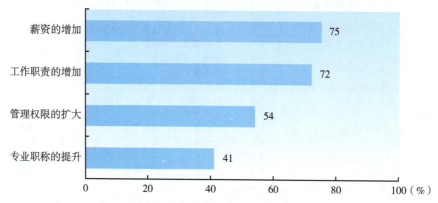

图 2 - 2 - 27　2010 届本科生毕业三年后职位晋升的类型（多选）

数据来源：麦可思 - 中国 2010 届大学毕业生三年后职业发展调查。

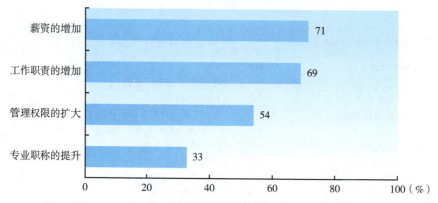

图 2 - 2 - 28　2010 届高职高专生毕业三年后职位晋升的类型（多选）

数据来源：麦可思 - 中国 2010 届大学毕业生三年后职业发展调查。

（四）对职位晋升有帮助的大学活动

图 2 - 2 - 29 和图 2 - 2 - 30 分别是 2010 届本科和高职高专毕业生认为对

职位晋升有帮助的大学活动。可以看出，2010届本科毕业生认为对职位晋升有帮助的大学活动主要是课外自学的知识和技能（含培训）（46%）；高职高专毕业生认为对职位晋升有帮助的大学活动主要是扩大社会人脉关系（39%）、课外自学的知识和技能（含培训）（36%）。

图 2 - 2 - 29　2010 届本科生毕业三年后认为对职位晋升有帮助的大学活动（多选）（与 2009 届三年后对比）

数据来源：麦可思 - 中国 2009 届、2010 届大学毕业生三年后职业发展调查。

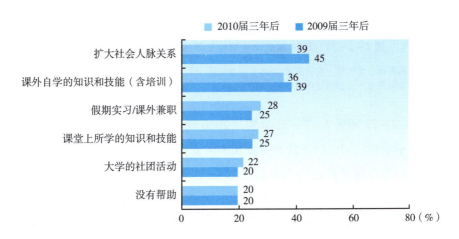

图 2 - 2 - 30　2010 届高职高专生毕业三年后认为对职位晋升有帮助的大学活动（多选）（与 2009 届三年后对比）

数据来源：麦可思 - 中国 2009 届、2010 届大学毕业生三年后职业发展调查。

四　工作与专业相关度

图2－2－31和图2－2－32分别是2010届大学生毕业三年后的工作与专业相关度。可以看出，2010届大学生毕业三年后工作与专业相关度为62%，比2010届毕业半年后（64%）低2个百分点，与2009届毕业三年后（61%）基本持平。其中，本科毕业三年后工作与专业相关度为67%，比毕业半年后（69%）低2个百分点；高职高专毕业三年后工作与专业相关度为57%，比毕业半年后（59%）低2个百分点。

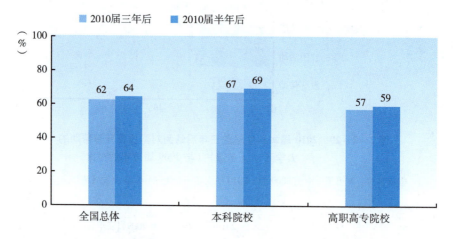

图2－2－31　2010届大学生毕业三年后的工作与专业相关度

数据来源：麦可思－中国2010届大学毕业生三年后职业发展调查，2010届大学毕业生半年后社会需求与培养质量调查。

表2－2－22和表2－2－23分别是2010届本科和高职高专主要学科门类/专业大类毕业生三年内的工作与专业相关度变化。可以看出，在本科学科门类中，三年后工作与专业相关度最高的是医学（87%），其次是工学（72%），农学门类三年后工作与专业相关度最低，为51%。法学门类三年后工作与专业相关度（56%）比半年后（51%）提高了5个百分点。在高职高专专业大类中，三年后工作与专业相关度最高的是医药卫生大类（79%），最低的是旅游大类（37%）；其中轻纺食品大类工作与专业相关度三年内下降最多，下降了19个百分点，其次是旅游大类，下降了16个百分点。

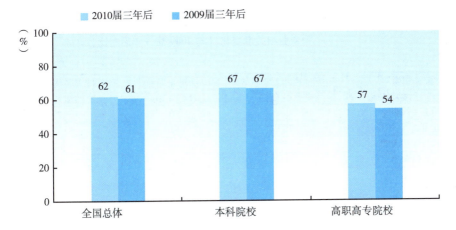

图 2 – 2 – 32　2010 届大学生毕业三年后的工作与专业
相关度（与 2009 届三年后对比）

数据来源：麦可思 – 中国 2009 届、2010 届大学毕业生三年后职业发展调查。

表 2 – 2 – 22　2010 届本科主要学科门类毕业生三年内的工作与
专业相关度变化（与 2009 届三年后对比）[*]

单位：%

本科学科门类名称	2010 届毕业三年后的专业相关度	2010 届毕业半年后的专业相关度	2009 届毕业三年后的专业相关度
医　　学	87	88	91
工　　学	72	75	73
经 济 学	69	68	61
管 理 学	66	68	64
文　　学	62	66	65
教 育 学	61	61	60
法　　学	56	51	57
理　　学	55	57	60
农　　学	51	54	55
全国本科	**67**	**69**	**67**

[*] 个别学科门类因为样本较少，没有包括在内。

数据来源：麦可思 – 中国 2009 届、2010 届大学毕业生三年后职业发展调查，2010 届大学毕业生半年后社会需求与培养质量调查。

表 2-2-23 2010 届高职高专主要专业大类毕业生三年内的工作与
专业相关度变化（与 2009 届三年后对比）*

单位：%

高职高专 专业大类名称	2010 届毕业三年后的 专业相关度	2010 届毕业半年后的 专业相关度	2009 届毕业三年后的 专业相关度
医药卫生大类	79	80	77
土建大类	78	81	72
材料与能源大类	77	86	82
交通运输大类	71	69	64
制造大类	55	59	55
财经大类	54	59	54
生化与药品大类	53	63	55
艺术设计传媒大类	51	56	55
文化教育大类	49	53	45
农林牧渔大类	49	61	51
电子信息大类	46	47	46
轻纺食品大类	46	65	45
旅游大类	37	53	35
全国高职高专	57	59	54

*个别专业大类因为样本较少，没有包括在内。

数据来源：麦可思 – 中国 2009 届、2010 届大学毕业生三年后职业发展调查，2010 届大学毕业生半年后社会需求与培养质量调查。

五 雇主数

（一）平均雇主数

雇主数：指毕业生从第一份工作到三年后的调查时点，一共为多少个雇主工作过。雇主数越多，则工作转换得越频繁；雇主数可以显示毕业生工作稳定的程度。

图 2-2-33 是 2010 届大学生毕业三年内的平均雇主数。可以看出，2010 届大学毕业生毕业三年内平均为 2.3 个雇主工作过，其中本科毕业生的平均雇主数为 2.0 个，低于高职高专毕业生的平均雇主数（2.5 个）。

表 2-2-24 和表 2-2-25 分别是 2010 届本科和高职高专主要专业类毕业生毕业三年内的平均雇主数。可以看出，2010 届本科的艺术类毕业生三年内

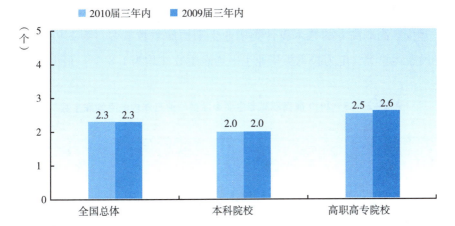

图 2 – 2 – 33 2010 届大学生毕业三年内的平均雇主数（与 2009 届三年内对比）

数据来源：麦可思 – 中国 2009 届、2010 届大学毕业生三年后职业发展调查。

表 2 – 2 – 24 2010 届本科主要专业类毕业三年内的平均雇主数*

单位：个

本科 专业类名称	毕业三年内 平均雇主数	本科 专业类名称	毕业三年内 平均雇主数
艺术类	2.4	物理学类	2.0
外国语言文学类	2.2	体育学类	2.0
数学类	2.2	地理科学类	2.0
新闻传播学类	2.2	历史学类	2.0
轻工纺织食品类	2.2	材料科学类	2.0
生物科学类	2.2	植物生产类	2.0
教育学类	2.2	电气信息类	1.9
环境科学类	2.2	经济学类	1.9
电子信息科学类	2.1	土建类	1.9
药学类	2.1	材料类	1.9
社会学类	2.1	机械类	1.8
生物工程类	2.1	环境与安全类	1.8
心理学类	2.1	仪器仪表类	1.8
工商管理类	2.0	统计学类	1.8
管理科学与工程类	2.0	政治学类	1.8
公共管理类	2.0	临床医学与医学技术类	1.8
法学类	2.0	交通运输类	1.7
中国语言文学类	2.0	能源动力类	1.6
化工与制药类	2.0	地矿类	1.4
化学类	2.0		
全国本科	**2.0**	**全国本科**	**2.0**

*个别专业类因为样本较少，没有包括在内。

数据来源：麦可思 – 中国 2010 届大学毕业生三年后职业发展调查。

更换雇主最多，平均雇主数为 2.4 个；本科地矿类毕业生平均雇主数（1.4个）最少。高职高专的艺术设计类毕业生平均雇主数最多，为 2.9 个；高职高专民航运输类、电力技术类毕业生平均雇主数（均为 1.8 个）最少。

表 2 - 2 - 25　2010 届高职高专主要专业类毕业三年内的平均雇主数*

单位：个

高职高专 专业类名称	毕业三年内 平均雇主数	高职高专 专业类名称	毕业三年内 平均雇主数
艺术设计类	2.9	自动化类	2.4
计算机类	2.7	财务会计类	2.4
建筑设计类	2.7	工程管理类	2.4
公路运输类	2.7	土建施工类	2.4
林业技术类	2.7	教育类	2.4
广播影视类	2.7	化工技术类	2.4
机械设计制造类	2.6	畜牧兽医类	2.4
生物技术类	2.6	纺织服装类	2.4
电子信息类	2.5	建筑设备类	2.4
工商管理类	2.5	房地产类	2.4
市场营销类	2.5	医学技术类	2.4
语言文化类	2.5	公共管理类	2.3
汽车类	2.5	制药技术类	2.2
经济贸易类	2.5	通信类	2.1
旅游管理类	2.5	测绘类	2.1
财政金融类	2.5	水上运输类	2.0
食品类	2.5	护理类	1.9
机电设备类	2.5	电力技术类	1.8
临床医学类	2.5	民航运输类	1.8
港口运输类	2.5		
全国高职高专	2.5	全国高职高专	2.5

*个别专业类因为样本较少，没有包括在内。

数据来源：麦可思－中国 2010 届大学毕业生三年后职业发展调查。

（二）雇主数频度与月收入

图 2 - 2 - 34 和图 2 - 2 - 35 分别是 2010 届本科生和高职高专生毕业三年内工作过的雇主数频度。可以看出，有 40% 的本科生毕业三年内仅为 1 个雇

主工作过，33% 有 2 个雇主，7% 有 4 个及以上雇主。而高职高专毕业生更换雇主更为频繁，仅有 23% 的高职高专生毕业三年内一直为 1 个雇主工作，而雇主数为 4 个及以上的高职高专毕业生达到了 17%。

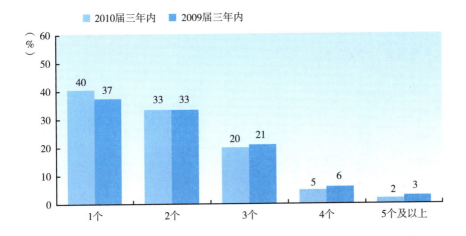

图 2 – 2 – 34　2010 届本科生毕业三年内工作过的雇主数频度
（与 2009 届三年内对比）

数据来源：麦可思–中国 2009 届、2010 届大学毕业生三年后职业发展调查。

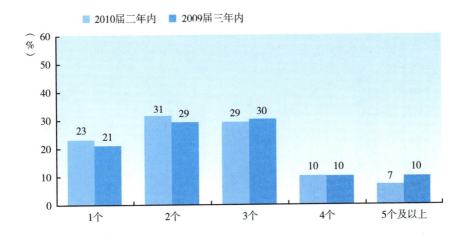

图 2 – 2 – 35　2010 届高职高专生毕业三年内工作过的雇主数频度
（与 2009 届三年内对比）

数据来源：麦可思–中国 2009 届、2010 届大学毕业生三年后职业发展调查。

图 2 – 2 – 36 和图 2 – 2 – 37 分别是 2010 届本科生和高职高专生毕业三年内为不同数雇主工作过的人群月收入对比。可以看出，在 2010 届本科毕业生中，毕业三年内一直为 1 个雇主工作的毕业生月收入最高，为 6442 元。为之工作过的雇主数越多，其月收入反而越低；为 5 个及以上雇主工作的本科生毕业三年后月收入最低，仅为 5365 元。雇主数为 1 个的高职高专生毕业三年后月收入最高，为 5096 元。

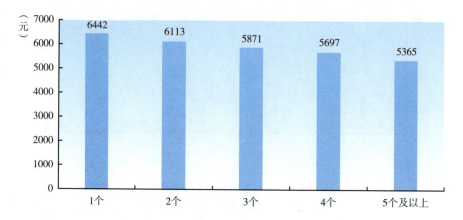

图 2 – 2 – 36 2010 届本科生毕业三年内为不同数雇主工作过的人群月收入对比

数据来源：麦可思 – 中国 2010 届大学毕业生三年后职业发展调查。

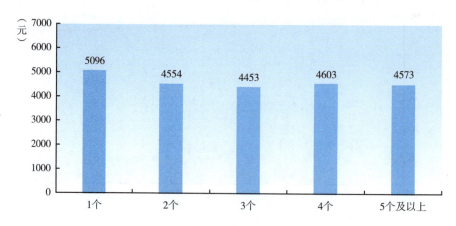

图 2 – 2 – 37 2010 届高职高专生毕业三年内为不同数雇主工作过的人群月收入对比

数据来源：麦可思 – 中国 2010 届大学毕业生三年后职业发展调查。

第三章
三年后基本工作能力

结论摘要

2010届本科生和高职高专生毕业三年后认为重要的工作能力包括有效的口头沟通、积极学习、协调安排、学习方法、时间管理、解决复杂的问题等。

一　基本工作能力

2010届本科生和高职高专生毕业三年后认为重要的工作能力包括有效的口头沟通、积极学习、协调安排、学习方法、时间管理、解决复杂的问题等。

表2-3-1　2010届本科主要专业类毕业生毕业三年后认为最重要的三项工作能力*

本科专业类名称	第一重要的能力	第二重要的能力	第三重要的能力
材料科学类	有效的口头沟通	积极学习	学习方法
材料类	有效的口头沟通	积极学习	学习方法
测绘类	积极学习	有效的口头沟通	学习方法
地矿类	有效的口头沟通	积极学习	协调安排
地理科学类	有效的口头沟通	积极学习	协调安排
电气信息类	有效的口头沟通	积极学习	学习方法
电子信息科学类	有效的口头沟通	积极学习	学习方法
法学类	有效的口头沟通	积极学习	解决复杂的问题
工商管理类	有效的口头沟通	积极学习	协调安排
公共管理类	有效的口头沟通	积极学习	协调安排
管理科学与工程类	有效的口头沟通	积极学习	协调安排
护理学类	有效的口头沟通	积极学习	协调安排
化工与制药类	有效的口头沟通	积极学习	学习方法
化学类	有效的口头沟通	积极学习	学习方法

续表

本科专业类名称	第一重要的能力	第二重要的能力	第三重要的能力
环境科学类	有效的口头沟通	积极学习	协调安排
环境生态类	有效的口头沟通	积极学习	协调安排
环境与安全类	有效的口头沟通	积极学习	协调安排
机械类	有效的口头沟通	积极学习	学习方法
交通运输类	有效的口头沟通	积极学习	协调安排
教育学类	有效的口头沟通	积极学习	协调安排
经济学类	有效的口头沟通	积极学习	时间管理
历史学类	有效的口头沟通	积极学习	协调安排
临床医学与医学技术类	有效的口头沟通	积极学习	学习方法
能源动力类	积极学习	有效的口头沟通	学习方法
轻工纺织食品类	有效的口头沟通	积极学习	协调安排
社会学类	有效的口头沟通	积极学习	协调安排
生物工程类	有效的口头沟通	积极学习	时间管理
生物科学类	有效的口头沟通	积极学习	协调安排
数学类	有效的口头沟通	积极学习	学习方法
体育学类	有效的口头沟通	积极学习	协调安排
统计学类	有效的口头沟通	积极学习	时间管理
土建类	有效的口头沟通	积极学习	协调安排
外国语言文学类	有效的口头沟通	积极学习	协调安排
物理学类	有效的口头沟通	积极学习	学习方法
心理学类	有效的口头沟通	协调安排	积极学习
新闻传播学类	有效的口头沟通	积极学习	协调安排
药学类	有效的口头沟通	积极学习	协调安排
仪器仪表类	有效的口头沟通	积极学习	学习方法
艺术类	有效的口头沟通	积极学习	协调安排
政治学类	有效的口头沟通	积极学习	协调安排
植物生产类	有效的口头沟通	积极学习	协调安排
中国语言文学类	有效的口头沟通	积极学习	协调安排

*个别专业类因为样本较少，没有包括在内。

数据来源：麦可思－中国2010届大学毕业生三年后职业发展调查。

表2－3－2　2010届高职高专主要专业类毕业生毕业三年后认为最重要的三项工作能力*

高职高专专业类名称	第一重要的能力	第二重要的能力	第三重要的能力
包装印刷类	有效的口头沟通	积极学习	时间管理
材料类	有效的口头沟通	积极学习	学习方法
财务会计类	有效的口头沟通	积极学习	协调安排
财政金融类	有效的口头沟通	积极学习	时间管理
餐饮管理与服务类	有效的口头沟通	积极学习	协调安排
测绘类	有效的口头沟通	积极学习	协调安排

续表

高职高专专业类名称	第一重要的能力	第二重要的能力	第三重要的能力
畜牧兽医类	有效的口头沟通	积极学习	协调安排
电力技术类	积极学习	有效的口头沟通	学习方法
电子信息类	有效的口头沟通	积极学习	学习方法
法律实务类	有效的口头沟通	积极学习	协调安排
房地产类	有效的口头沟通	积极学习	协调安排
纺织服装类	有效的口头沟通	积极学习	协调安排
港口运输类	有效的口头沟通	积极学习	协调安排
工程管理类	有效的口头沟通	积极学习	协调安排
工商管理类	有效的口头沟通	积极学习	协调安排
公共管理类	有效的口头沟通	积极学习	协调安排
公路运输类	有效的口头沟通	积极学习	协调安排
广播影视类	有效的口头沟通	积极学习	学习方法
护理类	有效的口头沟通	积极学习	服务他人
化工技术类	有效的口头沟通	积极学习	学习方法
环保类	有效的口头沟通	积极学习	协调安排
机电设备类	有效的口头沟通	积极学习	学习方法
机械设计制造类	有效的口头沟通	积极学习	学习方法
计算机类	有效的口头沟通	积极学习	学习方法
建筑设备类	有效的口头沟通	积极学习	协调安排
建筑设计类	有效的口头沟通	积极学习	技术设计
教育类	有效的口头沟通	积极学习	协调安排
经济贸易类	有效的口头沟通	积极学习	协调安排
林业技术类	有效的口头沟通	协调安排	积极学习
临床医学类	积极学习	有效的口头沟通	服务他人
旅游管理类	有效的口头沟通	积极学习	协调安排
民航运输类	有效的口头沟通	积极学习	学习方法
能源类	积极学习	有效的口头沟通	学习方法
农业技术类	有效的口头沟通	积极学习	谈判技能
汽车类	有效的口头沟通	积极学习	学习方法
轻化工类	有效的口头沟通	积极学习	解决复杂的问题
生物技术类	有效的口头沟通	积极学习	学习方法
食品类	有效的口头沟通	积极学习	协调安排
市场营销类	有效的口头沟通	积极学习	谈判技能
市政工程类	有效的口头沟通	积极学习	协调安排
水利工程与管理类	有效的口头沟通	协调安排	积极学习
水上运输类	有效的口头沟通	积极学习	协调安排

续表

高职高专专业类名称	第一重要的能力	第二重要的能力	第三重要的能力
铁道运输类	有效的口头沟通	积极学习	协调安排
通信类	有效的口头沟通	积极学习	学习方法
土建施工类	有效的口头沟通	积极学习	协调安排
药学类	有效的口头沟通	积极学习	协调安排
医学技术类	有效的口头沟通	积极学习	协调安排
艺术设计类	有效的口头沟通	积极学习	学习方法
语言文化类	有效的口头沟通	积极学习	协调安排
制药技术类	有效的口头沟通	积极学习	学习方法
自动化类	有效的口头沟通	积极学习	学习方法

*个别专业类因为样本较少，没有包括在内。

数据来源：麦可思－中国2010届大学毕业生三年后职业发展调查。

表2－3－3　2010届本科生毕业三年后从事的主要职业类最重要的三项工作能力*

本科职业类名称	第一重要的能力	第二重要的能力	第三重要的能力
安装、维护和修理	有效的口头沟通	积极学习	学习方法
法律	有效的口头沟通	积极学习	解决复杂的问题
公司与政府的办公和行政	有效的口头沟通	积极学习	协调安排
公司与政府管理	有效的口头沟通	积极学习	时间管理
计算机与数学	积极学习	有效的口头沟通	学习方法
建筑业与油煤气开采	有效的口头沟通	积极学习	协调安排
建筑与工程	积极学习	有效的口头沟通	学习方法
健康、医疗临床和技术	有效的口头沟通	积极学习	协调安排
教育、培训和图书馆	有效的口头沟通	积极学习	协调安排
警察保安	有效的口头沟通	协调安排	积极学习
商业与金融财务	有效的口头沟通	积极学习	时间管理
社区与社会服务	有效的口头沟通	积极学习	协调安排
生产、加工	有效的口头沟通	积极学习	学习方法
生命、物理及社会科学	积极学习	有效的口头沟通	学习方法
销售及相关	有效的口头沟通	积极学习	谈判技能
艺术、设计、娱乐、体育和媒体	有效的口头沟通	积极学习	协调安排

*个别职业类因为样本较少，没有包括在内。

数据来源：麦可思－中国2010届大学毕业生三年后职业发展调查。

表2－3－4 2010届高职高专生毕业三年后从事的主要职业类最重要的三项工作能力*

高职高专职业类名称	第一重要的能力	第二重要的能力	第三重要的能力
安装、维护和修理	积极学习	有效的口头沟通	学习方法
公司与政府的办公和行政	有效的口头沟通	积极学习	协调安排
公司与政府管理	有效的口头沟通	积极学习	协调安排
计算机与数学	积极学习	有效的口头沟通	学习方法
建筑业与油煤气开采	有效的口头沟通	积极学习	协调安排
建筑与工程	有效的口头沟通	积极学习	学习方法
健康、医疗临床和技术	有效的口头沟通	积极学习	协调安排
教育、培训和图书馆	有效的口头沟通	积极学习	协调安排
警察保安	有效的口头沟通	协调安排	积极学习
空服家政、健身宠物、娱乐美容、旅游等	有效的口头沟通	积极学习	服务他人
商业与金融财务	有效的口头沟通	积极学习	协调安排
生产、加工	有效的口头沟通	积极学习	学习方法
生命、物理及社会科学	有效的口头沟通	积极学习	学习方法
销售及相关	有效的口头沟通	谈判技能	积极学习
艺术、设计、娱乐、体育和媒体	有效的口头沟通	积极学习	技术设计
运输和货物搬运	有效的口头沟通	积极学习	协调安排

* 个别职业类因为样本较少，没有包括在内。

数据来源：麦可思－中国2010届大学毕业生三年后职业发展调查。

表2－3－5 2010届本科生毕业三年后就业的主要行业类最重要的三项工作能力*

本科行业类名称	第一重要的能力	第二重要的能力	第三重要的能力
玻璃黏土、石灰水泥制品业	有效的口头沟通	积极学习	协调安排
初级金属制造业	有效的口头沟通	积极学习	学习方法
电子电气仪器设备及电脑制造业	有效的口头沟通	积极学习	学习方法
房地产开发销售租赁及其他租赁业	有效的口头沟通	积极学习	协调安排
纺织皮革及成品加工业	有效的口头沟通	积极学习	时间管理
各类专业设计与咨询服务业	有效的口头沟通	积极学习	学习方法
行政、商业和环境保护辅助业	有效的口头沟通	积极学习	协调安排
化学品、化工、塑胶业	有效的口头沟通	积极学习	学习方法
机械五金制造业	有效的口头沟通	积极学习	学习方法
家具、医疗设备及其他制成品业	有效的口头沟通	积极学习	解决复杂的问题
建筑业	有效的口头沟通	积极学习	协调安排
交通工具制造业	有效的口头沟通	积极学习	学习方法
教育业	有效的口头沟通	积极学习	协调安排
金融(银行/保险/证券)业	有效的口头沟通	积极学习	时间管理
矿业	有效的口头沟通	积极学习	协调安排
零售商业	有效的口头沟通	积极学习	时间管理
媒体、信息及通信产业	有效的口头沟通	积极学习	学习方法
农业、林业、渔业和畜牧业	有效的口头沟通	积极学习	协调安排

续表

本科行业类名称	第一重要的能力	第二重要的能力	第三重要的能力
批发商业	有效的口头沟通	积极学习	时间管理
其他服务业(除行政服务)	有效的口头沟通	积极学习	协调安排
食品、烟草、加工业	有效的口头沟通	积极学习	协调安排
水电煤气公用事业	积极学习	有效的口头沟通	学习方法
医疗和社会护理服务业	有效的口头沟通	积极学习	协调安排
邮递、物流及仓储业	有效的口头沟通	协调安排	积极学习
运输业	有效的口头沟通	积极学习	协调安排
政府及公共管理	有效的口头沟通	协调安排	积极学习
住宿和饮食业	有效的口头沟通	协调安排	积极学习

＊个别行业类因为样本较少，没有包括在内。

数据来源：麦可思－中国2010届大学毕业生三年后职业发展调查。

表2－3－6　2010届高职高专生毕业三年后就业的主要行业类最重要的三项工作能力＊

高职高专行业类名称	第一重要的能力	第二重要的能力	第三重要的能力
初级金属制造业	有效的口头沟通	积极学习	学习方法
电子电气仪器设备及电脑制造业	有效的口头沟通	积极学习	学习方法
房地产开发销售租赁及其他租赁业	有效的口头沟通	积极学习	协调安排
纺织皮革及成品加工业	有效的口头沟通	积极学习	协调安排
各类专业设计与咨询服务业	有效的口头沟通	积极学习	学习方法
行政、商业和环境保护辅助业	有效的口头沟通	积极学习	协调安排
化学品、化工、塑胶业	有效的口头沟通	积极学习	学习方法
机械五金制造业	有效的口头沟通	积极学习	学习方法
家具、医疗设备及其他制成品业	有效的口头沟通	积极学习	时间管理
建筑业	有效的口头沟通	积极学习	协调安排
交通工具制造业	有效的口头沟通	积极学习	学习方法
教育业	有效的口头沟通	积极学习	协调安排
金融(银行/保险/证券)业	有效的口头沟通	积极学习	谈判技能
矿业	有效的口头沟通	积极学习	学习方法
零售商业	有效的口头沟通	积极学习	谈判技能
媒体、信息及通信产业	有效的口头沟通	积极学习	学习方法
农业、林业、渔业和畜牧业	有效的口头沟通	积极学习	协调安排
批发商业	有效的口头沟通	积极学习	谈判技能
其他服务业(除行政服务)	有效的口头沟通	积极学习	学习方法
食品、烟草、加工业	有效的口头沟通	积极学习	协调安排
水电煤气公用事业	积极学习	有效的口头沟通	学习方法
医疗和社会护理服务业	有效的口头沟通	积极学习	协调安排
邮递、物流及仓储业	有效的口头沟通	协调安排	积极学习
运输业	有效的口头沟通	积极学习	学习方法
政府及公共管理	有效的口头沟通	协调安排	积极学习
住宿和饮食业	有效的口头沟通	积极学习	协调安排

＊个别行业类因为样本较少，没有包括在内。

数据来源：麦可思－中国2010届大学毕业生三年后职业发展调查。

二 优秀人才基本工作能力

优秀人才： 毕业三年内晋升次数在三次及以上的大学毕业生。

表 2－3－7　2010 届本科主要学科门类优秀人才毕业三年后认为最重要的三项工作能力[*]

本科学科门类名称	第一重要的能力	第二重要的能力	第三重要的能力
法　　学	有效的口头沟通	积极学习	时间管理
工　　学	有效的口头沟通	积极学习	学习方法
管　理　学	有效的口头沟通	积极学习	时间管理
经　济　学	有效的口头沟通	积极学习	时间管理
理　　学	有效的口头沟通	积极学习	学习方法
文　　学	有效的口头沟通	积极学习	协调安排

[*]个别学科门类因为样本较少，没有包括在内。

数据来源：麦可思－中国 2010 届大学毕业生三年后职业发展调查。

表 2－3－8　2010 届高职高专主要专业大类优秀人才毕业三年后
认为最重要的三项工作能力[*]

高职高专专业大类名称	第一重要的能力	第二重要的能力	第三重要的能力
材料与能源大类	积极学习	有效的口头沟通	积极聆听
财经大类	有效的口头沟通	积极学习	协调安排
电子信息大类	有效的口头沟通	积极学习	学习方法
交通运输大类	有效的口头沟通	协调安排	积极学习
旅游大类	有效的口头沟通	积极学习	协调安排
轻纺食品大类	有效的口头沟通	积极学习	协调安排
土建大类	有效的口头沟通	积极学习	协调安排
文化教育大类	有效的口头沟通	协调安排	积极学习
艺术设计传媒大类	有效的口头沟通	积极学习	学习方法
制造大类	有效的口头沟通	积极学习	学习方法

[*]个别专业大类因为样本较少，没有包括在内。

数据来源：麦可思－中国 2010 届大学毕业生三年后职业发展调查。

B.15

第四章
三年后自主创业

结论摘要

一　自主创业人群分布

1. 2010 届大学生毕业半年后有 1.5% 的人自主创业（本科为 0.9%，高职高专为 2.2%），三年后有 4.1% 的人自主创业（本科为 2.2%，高职高专为 6.0%），说明有更多的毕业生在毕业三年内选择了自主创业。

2. 毕业半年后自主创业的 2010 届本科毕业生中有 41.1% 的人三年后还在继续自主创业，比 2009 届（29.6%）增长了 11.5 个百分点；有 53.4% 的人选择了受雇全职工作，比 2009 届（63.0%）减少了 9.6 个百分点。毕业半年后自主创业的 2010 届高职高专毕业生中有 42.6% 的人三年后还在继续自主创业，比 2009 届（30.0%）增长了 12.6 个百分点；有 50.3% 的人选择了受雇全职工作，比 2009 届（60.0%）减少了 9.7 个百分点。

3. 2010 届本科生毕业三年后自主创业的人群在毕业半年后有 77.4% 处于受雇全职/半职工作状态，比 2009 届（79.3%）减少了 1.9 个百分点；有 9.5% 的人在毕业半年后自主创业，比 2009 届（5.1%）增长了 4.4 个百分点；有 8.7% 的人在毕业半年后处于失业状态，比 2009 届（14.6%）减少了 5.9 个百分点。2010 届高职高专生毕业三年后自主创业的人群在毕业半年后有 79.6% 处于受雇全职/半职工作状态，比 2009 届（75.1%）增长了 4.5 个百分点；有 12.3% 的人在毕业半年后自主创业，比 2009 届（3.7%）增长了 8.6 个百分点；有 7.2% 的人在毕业半年后处于失业状态，比 2009 届（21.2%）减少了 14.0 个百分点。

4. 2010 届本科生毕业三年后自主创业人群的月收入为 8424 元，比 2009

届该指标（7643 元）高 10%，比 2010 届本科生毕业三年后平均月收入（5962 元）高 41%。2010 届高职高专生毕业三年后自主创业人群月收入为 6651 元，比 2009 届该指标（5804 元）高 15%，比 2010 届高职高专生毕业三年后平均月收入（4640 元）高 43%。

二　自主创业人群职业、行业分布

1. 2010 届本科生毕业三年后自主创业的职业主要集中在总经理和日常主管（7.1%），其次是"非农产品的批发和零售卖主"、"销售经理"（均为 3.5%）。2010 届高职高专生毕业三年后自主创业的职业主要集中在"总经理和日常主管"（4.6%），其次是"销售经理"（4.4%）。

2. 2010 届本科生毕业三年后自主创业的行业主要集中在"中小学教育机构"（4.6%），其次是"其他个人服务业"（4.4%）。2010 届高职高专生毕业三年后自主创业的行业主要集中在"建筑装修业"（4.3%），其次是"其他个人服务业"和"服装零售业"（均为 3.6%）。

三　自主创业人群最重要的基本工作能力

2010 届本科生毕业三年后自主创业人群认为创业最重要的五项基本工作能力依次是：有效的口头沟通、积极学习、时间管理、协调安排和学习方法；高职高专生毕业三年后自主创业人群认为创业最重要的五项基本工作能力依次是：有效的口头沟通、积极学习、谈判技能、学习方法和协调安排。

一　自主创业人群分布

2010 届大学生毕业半年后有 1.5% 的人自主创业（本科为 0.9%，高职高专为 2.2%）[①]，三年后有 4.1% 的人自主创业（本科为 2.2%，高职高专为 6.0%），说明有更多的毕业生在毕业三年内选择了自主创业。

图 2－4－1 和图 2－4－2 分别是 2010 届本科和高职高专毕业半年后自主创业人群在毕业三年后的就业去向。可以看出，毕业半年后自主创业的 2010

---

① 麦可思研究院编著《2011 年中国大学生就业报告》，社会科学文献出版社，2011。

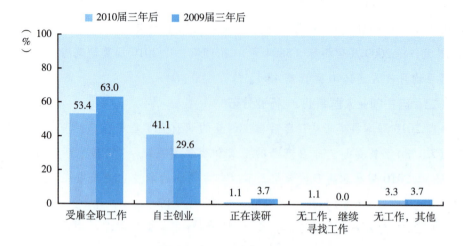

**图 2 - 4 - 1 2010 届本科生毕业半年后自主创业人群三年后的
就业去向分布（与 2009 届三年后对比）**

数据来源：麦可思 - 中国 2009 届、2010 届大学毕业生三年后职业发展调查，2009 届、2010 届大学毕业生半年后社会需求与培养质量调查。

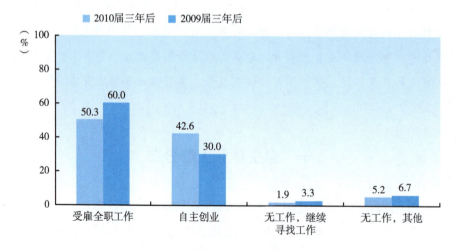

**图 2 - 4 - 2 2010 届高职高专生毕业半年后自主创业人群三年后的
就业去向分布（与 2009 届三年后对比）**

数据来源：麦可思 - 中国 2009 届、2010 届大学毕业生三年后职业发展调查，2009 届、2010 届大学毕业生半年后社会需求与培养质量调查。

届本科毕业生中有 41.1% 的人三年后还在继续自主创业，比 2009 届
（29.6%）增长了 11.5 个百分点；有 53.4% 的人选择了受雇全职工作，比
2009 届（63.0%）减少了 9.6 个百分点。

毕业半年后自主创业的 2010 届高职高专毕业生中有 42.6% 的人三年后还
在继续自主创业，比 2009 届（30.0%）增长了 12.6 个百分点；有 50.3% 的
人选择了受雇全职工作，比 2009 届（60.0%）减少了 9.7 个百分点。

图 2-4-3 和图 2-4-4 分别是 2010 届本科生和高职高专生毕业三年后
自主创业人群在毕业半年后的就业状态。可以看出，2010 届本科生毕业三年
后自主创业的人群在毕业半年后有 77.4% 处于受雇全职/半职工作状态，比
2009 届（79.3%）减少了 1.9 个百分点；有 9.5% 的人在毕业半年后自主创
业，比 2009 届（5.1%）增长了 4.4 个百分点；有 8.7% 的人在毕业半年后处
于失业状态，比 2009 届（14.6%）减少了 5.9 个百分点。

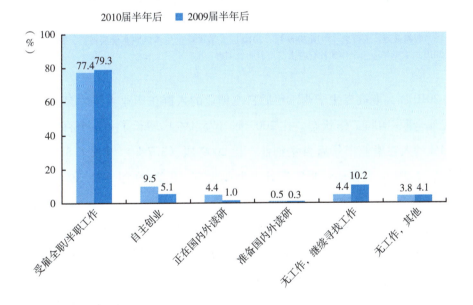

**图 2-4-3 2010 届本科生毕业三年后自主创业人群在毕业半年后的
就业状态（与 2009 届半年后对比）**

数据来源：麦可思-中国 2009 届、2010 届大学毕业生三年后职业发展调查，2009 届、
2010 届大学毕业生半年后社会需求与培养质量调查。

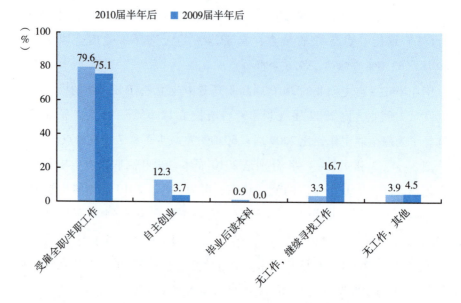

图 2 - 4 - 4 2010 届高职高专生毕业三年后自主创业人群在毕业半年后的
就业状态（与 2009 届半年后对比）

数据来源：麦可思 - 中国 2009 届、2010 届大学毕业生三年后职业发展调查，2009 届、2010 届大学毕业生半年后社会需求与培养质量调查。

2010 届高职高专生毕业三年后自主创业的人群在毕业半年后有 79.6% 处于受雇全职/半职工作状态，比 2009 届（75.1%）增长了 4.5 个百分点；有 12.3% 的人在毕业半年后自主创业，比 2009 届（3.7%）增长了 8.6 个百分点；有 7.2% 的人在毕业半年后处于失业状态，比 2009 届（21.2%）减少了 14.0 个百分点。

图 2 - 4 - 5 和图 2 - 4 - 6 分别是 2010 届本科生和高职高专生毕业三年后自主创业人群的月收入。可以看出，2010 届本科生毕业三年后自主创业人群的月收入为 8424 元，比 2009 届该指标（7643 元）高 10%，比 2010 届本科生毕业三年后平均月收入（5962 元）高 41%。2010 届高职高专生毕业三年后自主创业人群月收入为 6651 元，比 2009 届该指标（5804 元）高 15%，比 2010 届高职高专生毕业三年后平均月收入（4640 元）高 43%。

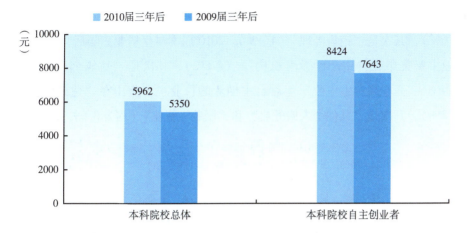

图 2 - 4 - 5　2010 届本科生毕业三年后自主创业人群的
月收入（与 2009 届三年后对比）

数据来源：麦可思 - 中国 2009 届、2010 届大学毕业生三年后职业发展调查。

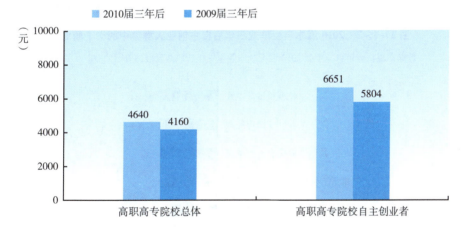

图 2 - 4 - 6　2010 届高职高专生毕业三年后自主创业人群的
月收入（与 2009 届三年后对比）

数据来源：麦可思 - 中国 2009 届、2010 届大学毕业生三年后职业发展调查。

二　自主创业人群职业、行业分布

2010 届本科生毕业三年后自主创业的职业主要集中在总经理和日常主管（7.1%），其次是"非农产品的批发和零售卖主"、"销售经理"（均为 3.5%）。

2010 届高职高专生毕业三年后自主创业的职业主要集中在"总经理和日常主管"（4.6%），其次是"销售经理"（4.4%）。2010 届本科生毕业三年后自主创业的行业主要集中在"中小学教育机构"（4.6%），其次是"其他个人服务业"（4.4%）。高职高专生毕业三年后自主创业的行业主要集中在"建筑装修业"（4.3%），其次是"其他个人服务业"和"服装零售业"（均为 3.6%）。

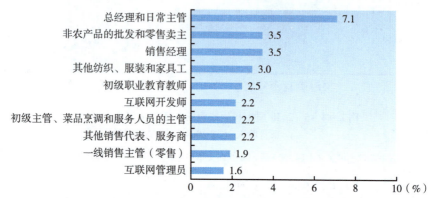

图 2 - 4 - 7 2010 届本科生毕业三年后自主创业人群集中的十个职业

数据来源：麦可思 - 中国 2010 届大学毕业生三年后职业发展调查。

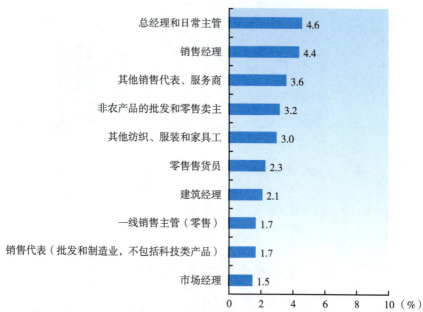

图 2 - 4 - 8 2010 届高职高专生毕业三年后自主创业人群集中的十个职业

数据来源：麦可思 - 中国 2010 届大学毕业生三年后职业发展调查。

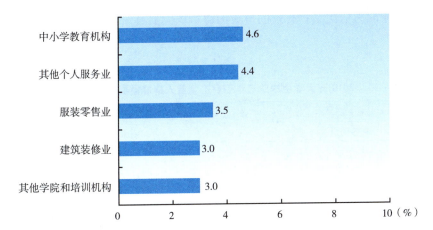

图2-4-9 2010届本科生毕业三年后自主创业人群集中的五个行业

数据来源：麦可思-中国2010届大学毕业生三年后职业发展调查。

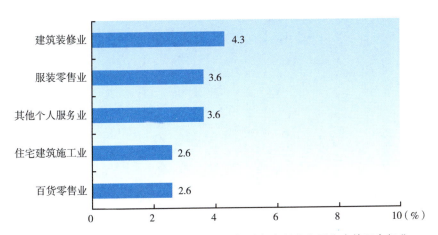

图2-4-10 2010届高职高专生毕业三年后自主创业人群集中的五个行业

数据来源：麦可思-中国2010届大学毕业生三年后职业发展调查。

三 自主创业人群最重要的基本工作能力

如表2-4-1所示，2010届本科生毕业三年后自主创业人群认为创业最重要的五项基本工作能力依次是：有效的口头沟通、积极学习、时间管理、协调安排和学习方法；高职高专生毕业三年后自主创业人群认为创业最重要的五

项基本工作能力依次是：有效的口头沟通、积极学习、谈判技能、学习方法和协调安排。

表 2－4－1　2010 届大学生毕业三年后自主创业人群最重要的五项基本工作能力

本科最重要的基本工作能力	高职高专最重要的基本工作能力
有效的口头沟通	有效的口头沟通
积极学习	积极学习
时间管理	谈判技能
协调安排	学习方法
学习方法	协调安排

数据来源：麦可思－中国 2010 届大学毕业生三年后职业发展调查。

第五章
培训

结论摘要

一　接受培训的类型

1. 2010届本科生毕业三年内有60%接受过雇主提供的培训，8%接受过自费培训，15%既接受过自费培训又接受过雇主提供的培训，还有17%的人两类培训都没有接受过。

2. 2010届高职高专生毕业三年内有49%接受过雇主提供的培训，13%接受过自费培训，12%既接受过自费培训又接受过雇主提供的培训，还有26%的人两类培训都没有接受过。

二　接受培训的原因

2010届本科生和高职高专生毕业三年内接受自费培训前三位的原因都是为了提升个人综合素质的需要（本科为77%，高职高专为69%）、在现有工作单位做好工作或晋升（本科为49%，高职高专为39%）、为转换职业和行业做准备（本科为35%，高职高专为38%）。

三　接受培训的内容

1. 2010届本科生和高职高专生毕业三年内接受的最主要的自费培训都是从业资格证书培训（本科为61%，高职高专为70%）。

2. 2010届本科生和高职高专生毕业三年内接受的最主要的雇主培训都是岗位技能和知识培训（本科为92%，高职高专为87%）、公司文化和价值观培训（本科为66%，高职高专为61%）。

一　接受培训的类型

培训：已经就业的大学毕业生接受的各项旨在提高工作技能水平、增强工作竞争力的教育活动。分为自费培训和雇主提供的培训。

图2－5－1和图2－5－2分别是2010届本科生和高职高专生毕业三年内

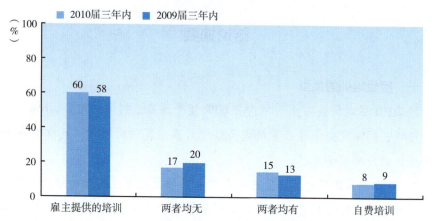

图2－5－1　2010届本科生毕业三年内接受培训类型的分布比例（与2009届三年内对比）

数据来源：麦可思－中国2009届、2010届大学毕业生三年后职业发展调查。

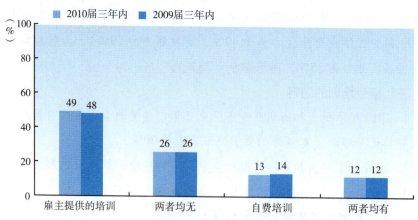

图2－5－2　2010届高职高专生毕业三年内接受培训类型的分布比例（与2009届三年内对比）

数据来源：麦可思－中国2009届、2010届大学毕业生三年后职业发展调查。

接受的培训类型分布。可以看出，2010届本科生毕业三年内有60%接受过雇主提供的培训，8%接受过自费培训，15%既接受过自费培训又接受过雇主提供的培训，还有17%的人两类培训都没有接受过。

2010届高职高专生毕业三年内有49%接受过雇主提供的培训，13%接受过自费培训，12%既接受过自费培训又接受过雇主提供的培训，还有26%的人两类培训都没有接受过。

二　接受培训的原因

图2-5-3和图2-5-4分别是2010届本科生和高职高专生毕业三年内接受自费培训的原因。可以看出，2010届本科生和高职高专生毕业三年内接受自费培训前三位的原因都是为了提升个人综合素质的需要（本科为77%，高职高专为69%）、在现有工作单位做好工作或晋升（本科为49%，高职高专为39%）、为转换职业和行业做准备（本科为35%，高职高专为38%）。

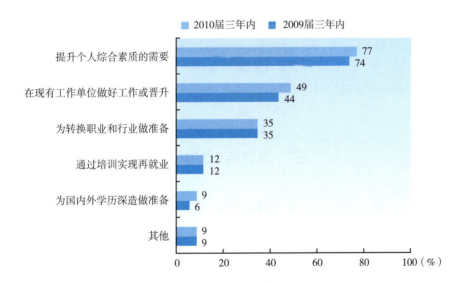

图2-5-3　2010届本科生毕业三年内接受自费培训的
原因（多选）（与2009届三年内对比）

数据来源：麦可思－中国2009届、2010届大学毕业生三年后职业发展调查。

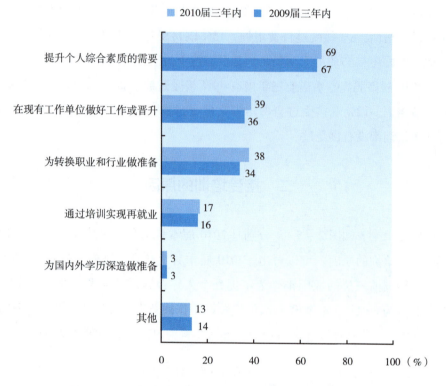

图 2 – 5 – 4　2010 届高职高专生毕业三年内接受自费培训的
原因（多选）（与 2009 届三年内对比）

数据来源：麦可思 – 中国 2009 届、2010 届大学毕业生三年后职业发展调查。

三　接受培训的内容

图 2 – 5 – 5 和图 2 – 5 – 6 分别是 2010 届本科生和高职高专生毕业三年内接受自费培训的内容。可以看出，2010 届本科生和高职高专生毕业三年内接受的最主要的自费培训都是从业资格证书培训（本科为 61%，高职高专为 70%）。

2010 届本科生和高职高专生毕业三年内接受的最主要的雇主培训都是岗位技能和知识培训（本科为 92%，高职高专为 87%）、公司文化和价值观培训（本科为 66%，高职高专为 61%）。

图 2 - 5 - 5　2010 届本科生毕业三年内接受自费培训的内容（多选）（与 2009 届三年内对比）

数据来源：麦可思 - 中国 2009 届、2010 届大学毕业生三年后职业发展调查。

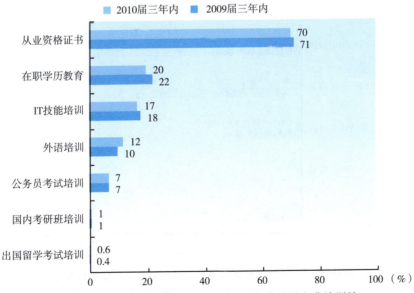

图 2 - 5 - 6　2010 届高职高专生毕业三年内接受自费培训的内容（多选）（与 2009 届三年内对比）

数据来源：麦可思 - 中国 2009 届、2010 届大学毕业生三年后职业发展调查。

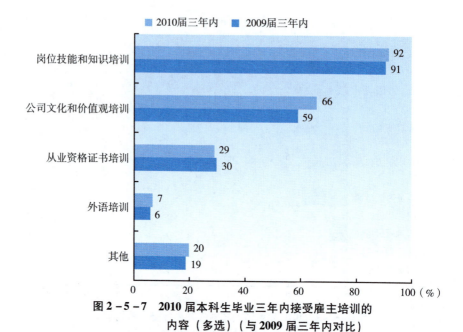

图 2 – 5 – 7　2010 届本科生毕业三年内接受雇主培训的内容（多选）（与 2009 届三年内对比）

数据来源：麦可思 – 中国 2009 届、2010 届大学毕业生三年后职业发展调查。

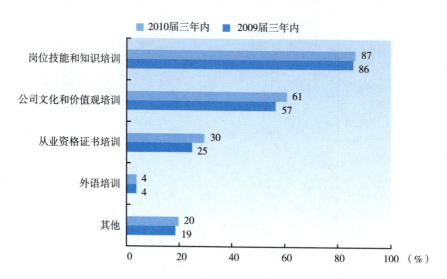

图 2 – 5 – 8　2010 届高职高专生毕业三年内接受雇主培训的内容（多选）（与 2009 届三年内对比）

数据来源：麦可思 – 中国 2009 届、2010 届大学毕业生三年后职业发展调查。

图 2 - 6 - 1 和图 2 - 6 - 2 分别是 2010 届本科生和高职高专生毕业三年后认为母校专业教学中最需要改进的地方。可以看出，2010 届本科和高职高专生在毕业三年后认为母校专业教学中最需要改进的前三位都是实习和实践环节不够（本科为 45%，高职高专为 40%）、课程内容不实用或陈旧（本科为 21%，高职高专为 22%）、无法调动学生学习兴趣（本科为 15%，高职高专为 19%）。

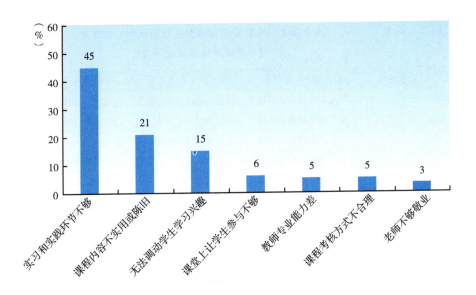

图 2 - 6 - 1　2010 届本科生毕业三年后认为母校专业教学中最需要改进的地方

数据来源：麦可思 - 中国 2010 届大学毕业生三年后职业发展调查。

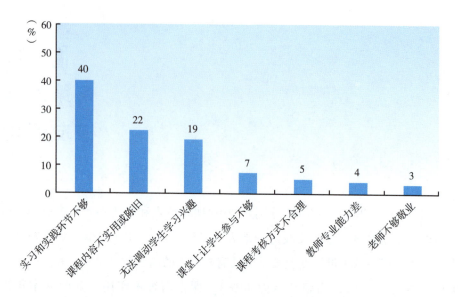

**图 2 - 6 - 2 2010 届高职高专生毕业三年后认为母校专业
教学中最需要改进的地方**

数据来源：麦可思 – 中国 2010 届大学毕业生三年后职业发展调查。

**表 2 - 6 - 1 2010 届本科主要专业类毕业三年后认为母校专业
教学中最需要改进的地方**[*]

本科专业类名称	第一需要改进的地方	第二需要改进的地方	第三需要改进的地方
材料科学类	实习和实践环节不够	课程内容不实用或陈旧	无法调动学生学习兴趣
材料类	实习和实践环节不够	无法调动学生学习兴趣	课程内容不实用或陈旧
测绘类	实习和实践环节不够	无法调动学生学习兴趣	课程内容不实用或陈旧
地矿类	实习和实践环节不够	无法调动学生学习兴趣	课程内容不实用或陈旧
地理科学类	实习和实践环节不够	课程内容不实用或陈旧	无法调动学生学习兴趣
电气信息类	实习和实践环节不够	课程内容不实用或陈旧	无法调动学生学习兴趣
电子信息科学类	实习和实践环节不够	课程内容不实用或陈旧	无法调动学生学习兴趣
动物医学类	实习和实践环节不够	无法调动学生学习兴趣	课程考核方式不合理
法学类	实习和实践环节不够	课程内容不实用或陈旧	无法调动学生学习兴趣
工商管理类	实习和实践环节不够	课程内容不实用或陈旧	无法调动学生学习兴趣
公共管理类	实习和实践环节不够	课程内容不实用或陈旧	无法调动学生学习兴趣
管理科学与工程类	实习和实践环节不够	课程内容不实用或陈旧	无法调动学生学习兴趣
护理学类	课程内容不实用或陈旧	实习和实践环节不够	无法调动学生学习兴趣
化工与制药类	实习和实践环节不够	课程内容不实用或陈旧	无法调动学生学习兴趣

续表

本科专业类名称	第一需要改进的地方	第二需要改进的地方	第三需要改进的地方
化学类	实习和实践环节不够	课程内容不实用或陈旧	无法调动学生学习兴趣
环境科学类	实习和实践环节不够	课程内容不实用或陈旧	无法调动学生学习兴趣
环境生态类	实习和实践环节不够	课程内容不实用或陈旧	无法调动学生学习兴趣
环境与安全类	实习和实践环节不够	课程内容不实用或陈旧	无法调动学生学习兴趣
机械类	实习和实践环节不够	课程内容不实用或陈旧	无法调动学生学习兴趣
交通运输类	实习和实践环节不够	课程内容不实用或陈旧	无法调动学生学习兴趣
教育学类	实习和实践环节不够	课程内容不实用或陈旧	无法调动学生学习兴趣
经济学类	实习和实践环节不够	课程内容不实用或陈旧	无法调动学生学习兴趣
历史学类	实习和实践环节不够	课程内容不实用或陈旧	课程考核方式不合理
临床医学与医学技术类	实习和实践环节不够	课堂上让学生参与不够	无法调动学生学习兴趣
能源动力类	实习和实践环节不够	无法调动学生学习兴趣	课程内容不实用或陈旧
轻工纺织食品类	实习和实践环节不够	课程内容不实用或陈旧	无法调动学生学习兴趣
社会学类	实习和实践环节不够	课程内容不实用或陈旧	无法调动学生学习兴趣
生物工程类	实习和实践环节不够	课程内容不实用或陈旧	无法调动学生学习兴趣
生物科学类	实习和实践环节不够	课程内容不实用或陈旧	无法调动学生学习兴趣
数学类	实习和实践环节不够	课程内容不实用或陈旧	无法调动学生学习兴趣
体育学类	实习和实践环节不够	课程内容不实用或陈旧	无法调动学生学习兴趣
统计学类	实习和实践环节不够	课程内容不实用或陈旧	无法调动学生学习兴趣
土建类	实习和实践环节不够	无法调动学生学习兴趣	课程内容不实用或陈旧
外国语言文学类	实习和实践环节不够	课程内容不实用或陈旧	无法调动学生学习兴趣
物理学类	实习和实践环节不够	课程内容不实用或陈旧	无法调动学生学习兴趣
心理学类	实习和实践环节不够	课程内容不实用或陈旧	无法调动学生学习兴趣
新闻传播学类	实习和实践环节不够	课程内容不实用或陈旧	教师专业能力差
药学类	实习和实践环节不够	课程内容不实用或陈旧	无法调动学生学习兴趣
仪器仪表类	实习和实践环节不够	课程内容不实用或陈旧	无法调动学生学习兴趣
艺术类	实习和实践环节不够	课程内容不实用或陈旧	教师专业能力差
政治学类	实习和实践环节不够	课程内容不实用或陈旧	课堂上让学生参与不够
植物生产类	实习和实践环节不够	课程内容不实用或陈旧	无法调动学生学习兴趣
中国语言文学类	实习和实践环节不够	课程内容不实用或陈旧	无法调动学生学习兴趣

＊个别专业类因为样本较少，没有包括在内。

数据来源：麦可思－中国2010届大学毕业生三年后职业发展调查。

表2-6-2 2010届高职高专主要专业类毕业三年后认为母校专业教学中最需要改进的地方*

高职高专专业类名称	第一需要改进的地方	第二需要改进的地方	第三需要改进的地方
包装印刷类	实习和实践环节不够	课程内容不实用或陈旧	无法调动学生学习兴趣
材料类	实习和实践环节不够	无法调动学生学习兴趣	课程内容不实用或陈旧
财务会计类	实习和实践环节不够	无法调动学生学习兴趣	课程内容不实用或陈旧
财政金融类	实习和实践环节不够	课程内容不实用或陈旧	无法调动学生学习兴趣
餐饮管理与服务类	课程内容不实用或陈旧	实习和实践环节不够	教师不够敬业
测绘类	实习和实践环节不够	课程内容不实用或陈旧	无法调动学生学习兴趣
畜牧兽医类	实习和实践环节不够	无法调动学生学习兴趣	课程内容不实用或陈旧
电力技术类	实习和实践环节不够	无法调动学生学习兴趣	课程内容不实用或陈旧
电子信息类	实习和实践环节不够	无法调动学生学习兴趣	课程内容不实用或陈旧
法律实务类	实习和实践环节不够	课程内容不实用或陈旧	无法调动学生学习兴趣
房地产类	实习和实践环节不够	课程内容不实用或陈旧	无法调动学生学习兴趣
纺织服装类	实习和实践环节不够	课程内容不实用或陈旧	无法调动学生学习兴趣
港口运输类	实习和实践环节不够	课程内容不实用或陈旧	无法调动学生学习兴趣
工程管理类	实习和实践环节不够	课程内容不实用或陈旧	无法调动学生学习兴趣
工商管理类	实习和实践环节不够	课程内容不实用或陈旧	无法调动学生学习兴趣
公共管理类	实习和实践环节不够	课程内容不实用或陈旧	无法调动学生学习兴趣
公路运输类	实习和实践环节不够	无法调动学生学习兴趣	课程内容不实用或陈旧
广播影视类	实习和实践环节不够	课程内容不实用或陈旧	教师专业能力差
护理类	实习和实践环节不够	无法调动学生学习兴趣	课程内容不实用或陈旧
化工技术类	实习和实践环节不够	无法调动学生学习兴趣	课程内容不实用或陈旧
环保类	实习和实践环节不够	课程内容不实用或陈旧	无法调动学生学习兴趣
机电设备类	实习和实践环节不够	无法调动学生学习兴趣	课程内容不实用或陈旧
机械设计制造类	实习和实践环节不够	无法调动学生学习兴趣	课程内容不实用或陈旧
计算机类	实习和实践环节不够	课程内容不实用或陈旧	无法调动学生学习兴趣
建筑设备类	实习和实践环节不够	课程内容不实用或陈旧	无法调动学生学习兴趣
建筑设计类	实习和实践环节不够	课程内容不实用或陈旧	无法调动学生学习兴趣
教育类	实习和实践环节不够	课程内容不实用或陈旧	无法调动学生学习兴趣
经济贸易类	实习和实践环节不够	课程内容不实用或陈旧	无法调动学生学习兴趣
林业技术类	实习和实践环节不够	课程内容不实用或陈旧	无法调动学生学习兴趣
临床医学类	实习和实践环节不够	无法调动学生学习兴趣	课程内容不实用或陈旧
旅游管理类	实习和实践环节不够	课程内容不实用或陈旧	无法调动学生学习兴趣
民航运输类	实习和实践环节不够	课程内容不实用或陈旧	无法调动学生学习兴趣
能源类	实习和实践环节不够	无法调动学生学习兴趣	课程内容不实用或陈旧
农业技术类	实习和实践环节不够	课程内容不实用或陈旧	无法调动学生学习兴趣

续表

高职高专专业类名称	第一需要改进的地方	第二需要改进的地方	第三需要改进的地方
汽车类	实习和实践环节不够	课程内容不实用或陈旧	无法调动学生学习兴趣
轻化工类	实习和实践环节不够	课程内容不实用或陈旧	无法调动学生学习兴趣
生物技术类	实习和实践环节不够	课程内容不实用或陈旧	无法调动学生学习兴趣
食品类	实习和实践环节不够	课程内容不实用或陈旧	无法调动学生学习兴趣
市场营销类	实习和实践环节不够	课程内容不实用或陈旧	无法调动学生学习兴趣
市政工程类	实习和实践环节不够	无法调动学生学习兴趣	课程内容不实用或陈旧
水利工程与管理类	实习和实践环节不够	无法调动学生学习兴趣	课程内容不实用或陈旧
水上运输类	实习和实践环节不够	无法调动学生学习兴趣	课程内容不实用或陈旧
铁道运输类	实习和实践环节不够	课程内容不实用或陈旧	无法调动学生学习兴趣
通信类	实习和实践环节不够	课程内容不实用或陈旧	无法调动学生学习兴趣
土建施工类	实习和实践环节不够	无法调动学生学习兴趣	课程内容不实用或陈旧
药学类	实习和实践环节不够	无法调动学生学习兴趣	课程内容不实用或陈旧
医学技术类	实习和实践环节不够	课程内容不实用或陈旧	无法调动学生学习兴趣
艺术设计类	实习和实践环节不够	课程内容不实用或陈旧	无法调动学生学习兴趣
语言文化类	实习和实践环节不够	无法调动学生学习兴趣	课程内容不实用或陈旧
制药技术类	实习和实践环节不够	无法调动学生学习兴趣	课程内容不实用或陈旧
自动化类	实习和实践环节不够	课程内容不实用或陈旧	无法调动学生学习兴趣

＊个别专业类因为样本较少，没有包括在内。

数据来源：麦可思－中国 2010 届大学毕业生三年后职业发展调查。

分报告三 专题研究

B.18
教学培养评价

结论摘要

一 课程分析

1. 2013 届毕业生的核心课程重要度评价为 79%，其中，本科为 78%，高职高专为 80%。在本科院校中，"211"院校毕业生的核心课程重要度评价为 80%，非"211"本科院校为 77%。2013 届毕业生的核心课程满足度评价为 65%，其中，本科为 64%，高职高专为 65%。在本科院校中，"211"院校毕业生的核心课程满足度评价为 67%，非"211"本科院校为 63%。

2. 在 2013 届本科学科门类中，医学核心课程的重要度评价（91%）最高，其满足度为 66%。在高职高专专业大类中，医药卫生大类核心课程的重要度评价（93%）最高，其满足度为 76%。

3. 2013 届有 46% 的人与任课教师"每周至少一次"或"每月至少一次"课下交流。其中，本科毕业生中有 16% 的人与任课教师"每周至少一次"交流，低于高职高专毕业生（29%）。

4. 在 2013 届本科学科门类中，与任课教师"每周至少一次"或"每月至少一次"课下交流程度较高的是文学（47%）、教育学（46%），最低的是农学和医学（均为29%）。在高职高专专业大类中，与任课教师"每周至少一次"或"每月至少一次"课下交流程度较高的是生化与药品大类（60%）、艺术设计传媒大类（59%），最低的是医药卫生大类（42%）。

二 教学满意度

1. 2013 届毕业生对教学的满意度为 83%，其中，本科为 81%，高职高专为 84%。在本科院校中，"211"院校毕业生对教学的满意度为 83%，非"211"本科院校为 81%。在 2013 届本科学科门类中，教学满意度最高的是农学（87%），最低的为教育学（78%）。高职高专教学满意度最高的专业大类为医药卫生大类（90%），最低的为材料与能源大类（80%）。

2. 2013 届毕业生认为母校的教学最需要改进的地方为"实习和实践环节不够"（本科为 70%，高职高专为 64%）。2013 届本科毕业生认为实习和实践环节需要加强的地方是"专业实习"（88%），高职高专为"专业技能相关实训"（82%）。

三 学生工作满意度

1. 2013 届毕业生对学生工作的满意度为 80%，其中，本科为 79%，高职高专为 80%。在本科院校中，"211"院校和非"211"本科院校毕业生对学生工作的满意度均为 79%。在 2013 届本科学科门类中，学生工作满意度最高的是管理学（82%），最低的为教育学（76%）。高职高专学生工作满意度最高的专业大类为财经大类、文化教育大类（均为 83%），最低的为材料与能源大类（71%）。

2. 2013 届本科毕业生认为母校的学生工作需要改进的地方是"与辅导员或班主任接触时间太少"（54%），其次是"解决学生问题不及时"（40%）；高职高专毕业生首选"与辅导员或班主任接触时间太少"（48%），其次是"学生社团活动组织不够好"（41%）。

一　研究概况

教学工作在高等教育各项工作中处于中心地位，"教"与"学"的质量直接决定人才培养的质量。自大学扩招以来，大学的教学质量问题就引起了全社会的广泛关注。本研究由 2013 届大学生对核心课程有效性、师生交流程度、教学满意度、学工满意度进行评价。研究结果表明在这四个维度都存在学科差异。下面将具体展示每个维度的分析，希望高等教育管理者、研究者等给予关注。

二　课程分析

（一）总体核心课程的重要度及满足度评价

课程的重要度：由就业和正在读本科的毕业生判定课程在自己的工作或学习中是否重要。就业的毕业生包括："受雇全职工作"、"受雇半职工作"、"自主创业"。被调查的毕业生认为课程对工作或学习的重要度评价分为"无法评估"、"不重要"、"有些重要"、"重要"、"非常重要"、"极其重要"，其中"有些重要"、"重要"、"非常重要"、"极其重要"属于重要的范围。

课程的满足度：回答了从"有些重要"到"极其重要"的毕业生会被要求回答课程训练是否满足工作或学习要求，满足度指标是回答某课程能满足工作或学习的百分比。计算公式的分子是回答"满足"的人数，分母是回答"满足"和"不满足"的总人数。

图 3-1 和图 3-2 分别是 2013 届毕业生的核心课程重要度及满足度评价。可以看出，2013 届毕业生的核心课程重要度评价为 79%，其中，本科为 78%，高职高专为 80%。在本科院校中，"211"院校毕业生的核心课程重要度评价为 80%，非"211"本科院校为 77%。2013 届毕业生的核心课程满足度评价为 65%，其中，本科为 64%，高职高专为 65%。在本科院校中，"211"院校毕业生的核心课程满足度评价为 67%，非"211"本科院校为 63%。

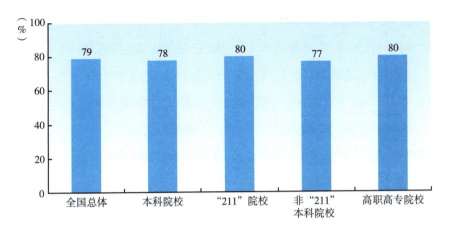

图 3 – 1　2013 届毕业生的核心课程重要度评价

数据来源：麦可思 – 中国 2013 届大学毕业生社会需求与培养质量调查。

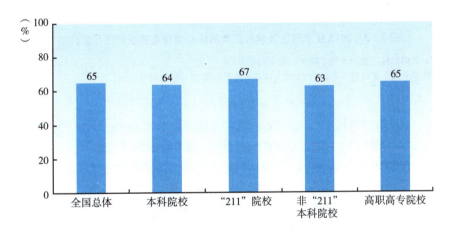

图 3 – 2　2013 届毕业生的核心课程满足度评价

数据来源：麦可思 – 中国 2013 届大学毕业生社会需求与培养质量调查。

（二）主要专业的核心课程重要度及满足度评价

图 3 – 3 和图 3 – 4 分别是 2013 届主要学科门类/专业大类毕业生的核心课程重要度和满足度评价。可以看出，在 2013 届本科学科门类中，医学核心课程的重要度评价（91%）最高，其满足度为 66%。在高职高专专业大类中，医药卫生大类核心课程的重要度评价（93%）最高，其满足度为 76%。

就业蓝皮书

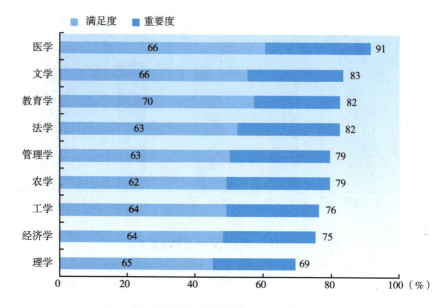

图3－3　2013届本科主要学科门类的核心课程重要度和满足度评价

＊个别学科门类因为样本较少，没有包括在内。

数据来源：麦可思－中国2013届大学毕业生社会需求与培养质量调查。

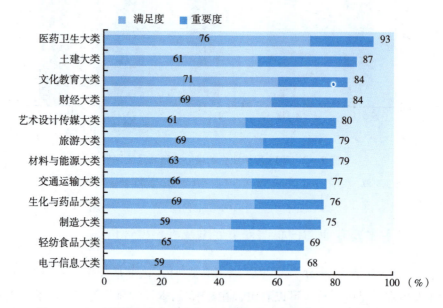

图3－4　2013届高职高专主要专业大类的核心课程重要度和满足度评价

＊个别专业大类因为样本较少，没有包括在内。

数据来源：麦可思－中国2013届大学毕业生社会需求与培养质量调查。

260

（三）毕业生与任课教师课下交流程度

图3-5是2013届毕业生与任课教师课下交流程度。可以看出，2013届有46%的人与任课教师"每周至少一次"或"每月至少一次"课下交流。其中，本科毕业生中有16%的人与任课教师"每周至少一次"交流，低于高职高专毕业生（29%）。

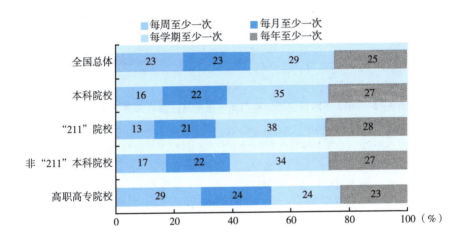

图3-5 2013届毕业生与任课教师课下交流程度

数据来源：麦可思-中国2013届大学毕业生社会需求与培养质量调查。

（四）主要专业毕业生与任课教师课下交流程度

图3-6和图3-7分别是2013届主要学科门类/专业大类毕业生与任课教师课下交流程度。可以看出，在2013届本科学科门类中，与任课教师"每周至少一次"或"每月至少一次"课下交流程度较高的是文学（47%）、教育学（46%），最低的是农学和医学（均为29%）。在高职高专专业大类中，与任课教师"每周至少一次"或"每月至少一次"课下交流程度较高的是生化与药品大类（60%）、艺术设计传媒大类（59%），最低的是医药卫生大类（42%）。

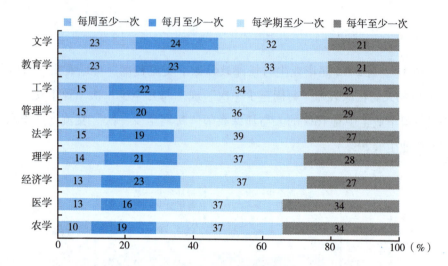

图3-6　2013届本科主要学科门类毕业生与任课教师课下交流程度*

* 个别学科门类因为样本较少，没有包括在内。

数据来源：麦可思-中国2013届大学毕业生社会需求与培养质量调查。

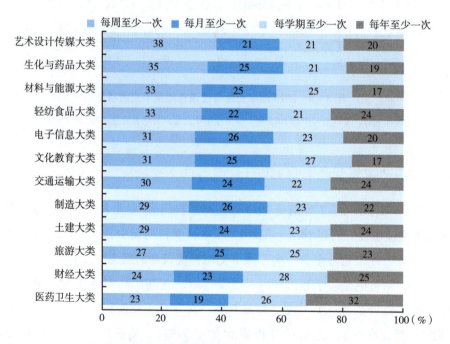

图3-7　2013届高职高专主要专业大类毕业生与任课教师课下交流程度*

* 个别专业大类因为样本较少，没有包括在内。

数据来源：麦可思-中国2013届大学毕业生社会需求与培养质量调查。

三　教学满意度

（一）总体教学满意度

教学满意度：在调查中，被调查的毕业生对母校的教学满意度评价分为"无法评估"、"很不满意"、"不满意"、"满意"、"很满意"。其中"满意"、"很满意"属于满意的范围，"很不满意"、"不满意"属于不满意的范围。教学满意度是回答在满意范围的人数百分比，计算公式的分子是回答在满意范围的人数，分母是回答在不满意范围和满意范围的总人数。

图3-8是2013届毕业生的总体教学满意度。可以看出，2013届毕业生对教学的满意度为83%，其中，本科为81%，高职高专为84%。

在本科院校中，"211"院校毕业生对教学的满意度为83%，非"211"本科院校为81%。

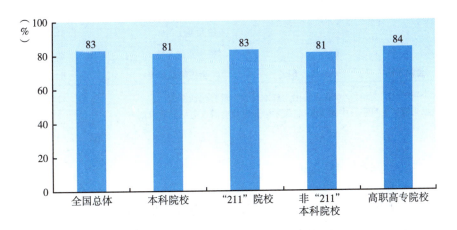

图3-8　2013届毕业生的总体教学满意度

数据来源：麦可思-中国2013届大学毕业生社会需求与培养质量调查。

（二）主要专业教学满意度

表3-1是2013届主要学科门类/专业大类毕业生的教学满意度。可以看

出，在 2013 届本科学科门类中，教学满意度最高的是农学（87%），最低的为教育学（78%）。高职高专教学满意度最高的专业大类为医药卫生大类（90%），最低的为材料与能源大类（80%）。

表 3－1　2013 届主要学科门类/专业大类毕业生的教学满意度*

单位：%

本科学科门类名称	教学满意度	高职高专专业大类名称	教学满意度
农　学	87	医药卫生大类	90
法　学	84	财经大类	89
管 理 学	82	生化与药品大类	89
经 济 学	82	文化教育大类	89
文　学	82	旅游大类	87
工　学	81	艺术设计传媒大类	84
理　学	80	交通运输大类	82
医　学	80	轻纺食品大类	82
教 育 学	78	制造大类	82
		电子信息大类	81
		土建大类	81
		材料与能源大类	80
全国本科	81	全国高职高专	84

*个别学科门类学科/专业大类因为样本较少，没有包括在内。
数据来源：麦可思－中国 2013 届大学毕业生社会需求与培养质量调查。

（三）教学改进方向

图 3－9 和图 3－10 分别是 2013 届本科毕业生和高职高专毕业生认为母校的教学需要改进的地方。可以看出，2013 届毕业生认为母校的教学最需要改进的地方为"实习和实践环节不够"（本科为 70%，高职高专为 64%）。

（四）实习和实践环节改进方向

图 3－11 和图 3－12 分别是 2013 届本科生和高职高专生认为实习和实践

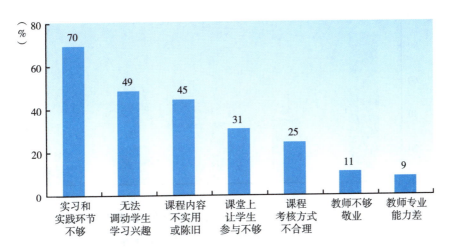

图 3-9　2013 届本科毕业生认为母校的教学需要改进的地方（多选）

数据来源：麦可思–中国 2013 届大学毕业生社会需求与培养质量调查。

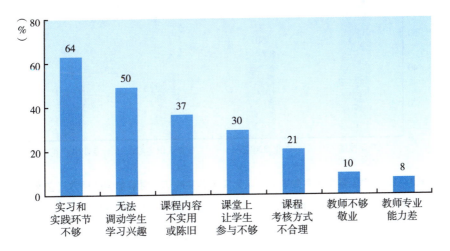

图 3-10　2013 届高职高专毕业生认为母校的教学需要改进的地方（多选）

数据来源：麦可思–中国 2013 届大学毕业生社会需求与培养质量调查。

环节需要加强的地方。可以看出，2013 届本科毕业生认为实习和实践环节需要加强的地方是"专业实习"（88%），高职高专毕业生认为是"专业技能相关实训"（82%）。

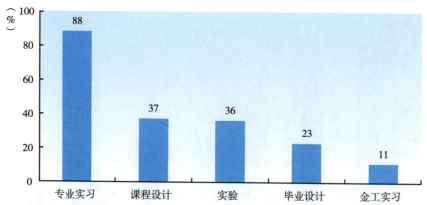

图 3 – 11　2013 届本科毕业生认为实习和实践环节需要加强的地方（多选）

数据来源：麦可思 – 中国 2013 届大学毕业生社会需求与培养质量调查。

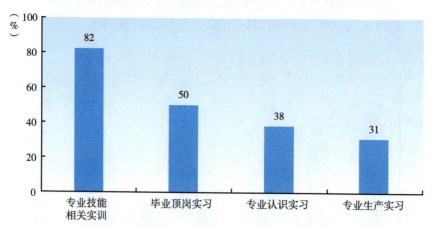

图 3 – 12　2013 届高职高专毕业生认为实习和实践环节需要加强的地方（多选）

数据来源：麦可思 – 中国 2013 届大学毕业生社会需求与培养质量调查。

四　学生工作满意度

（一）总体学生工作满意度

学生工作满意度：在调查中，被调查的毕业生对母校的学生工作满意度评价分为"无法评估"、"很不满意"、"不满意"、"满意"、"很满意"。其中

"满意"、"很满意"属于满意的范围,"很不满意"、"不满意"属于不满意的范围。学生工作满意度是回答在满意范围的人数百分比,计算公式的分子是回答在满意范围的人数,分母是回答在不满意范围和满意范围的总人数。

图 3-13 是 2013 届毕业生的总体学生工作满意度。2013 届毕业生对学生工作的满意度为 80%,其中,本科为 79%,高职高专为 80%。在本科院校中,"211"院校和非"211"本科院校毕业生对学生工作的满意度均为 79%。

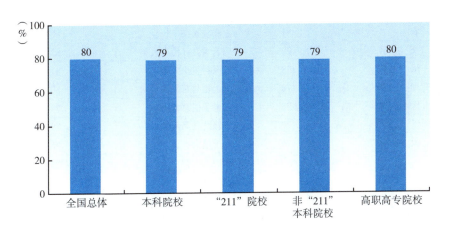

图 3-13　2013 届毕业生的总体学生工作满意度

数据来源:麦可思-中国 2013 届大学毕业生社会需求与培养质量调查。

（二）主要专业学生工作满意度

表 3-2 是 2013 届主要学科门类/专业大类毕业生的学生工作满意度。可以看出,在 2013 届本科学科中,学生工作满意度最高的是管理学(82%),最低的为教育学(76%)。高职高专学生工作满意度最高的专业大类为财经大类、文化教育大类(均为 83%),最低的为材料与能源大类(71%)。

（三）学生工作改进方向

图 3-14 和图 3-15 分别是 2013 届本科生和高职高专生认为母校的学生工作需要改进的地方。可以看出,2013 届本科毕业生认为母校的学生工作需要改进的地方是"与辅导员或班主任接触时间太少"(54%),其次是"解决

学生问题不及时"（40%）；高职高专毕业生首选"与辅导员或班主任接触时间太少"（48%），其次是"学生社团活动组织不够好"（41%）。

表 3 – 2　2013 届主要学科门类/专业大类毕业生的学生工作满意度*

单位：%

本科学科门类名称	学生工作满意度	高职高专专业大类名称	学生工作满意度
管 理 学	82	财经大类	83
经 济 学	81	文化教育大类	83
农　　学	81	旅游大类	82
文　　学	79	艺术设计传媒大类	82
法　　学	78	医药卫生大类	81
理　　学	78	生化与药品大类	80
医　　学	78	电子信息大类	79
工　　学	77	轻纺食品大类	79
教 育 学	76	土建大类	78
		制造大类	76
		交通运输大类	74
		材料与能源大类	71
全国本科	**79**	**全国高职高专**	**80**

＊个别学科/专业大类因为样本较少，没有包括在内。
数据来源：麦可思－中国 2013 届大学毕业生社会需求与培养质量调查。

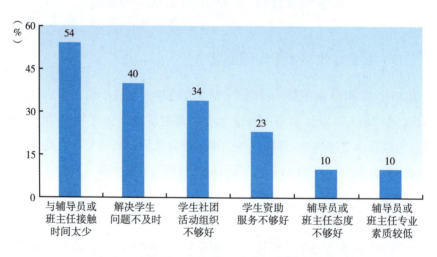

图 3 – 14　2013 届本科毕业生认为母校的学生工作需要改进的地方（多选）

数据来源：麦可思－中国 2013 届大学毕业生社会需求与培养质量调查。

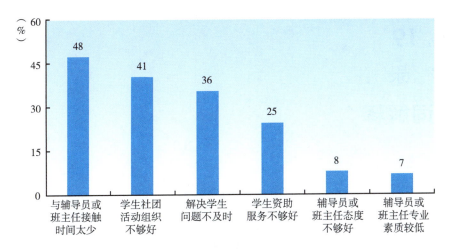

图 3 – 15 2013 届高职高专毕业生认为母校的学生工作需要改进的地方（多选）

数据来源：麦可思－中国 2013 届大学毕业生社会需求与培养质量调查。

B.19

附　录
名词解释

以下名词按照首字拼音字母的顺序排列。

0 ~ 9

"211"院校：1993年2月13日中共中央、国务院印发的《中国教育改革和发展纲要》及国务院《关于〈中国教育改革和发展纲要〉的实施意见》中确定，国家要面向21世纪，重点建设100所左右的高等学校和一批重点学科点。迄今为止，全国共批准"211"院校112所。

B

本科各专业毕业生读研比例=各专业毕业生的读研人数/该专业毕业生总人数。

本科各专业毕业生读研转换专业的比例=各专业读研的毕业生转换专业的人数/该专业读研毕业生总人数。

毕业半年后：2013届毕业生毕业第二年（即2014年）的1月。麦可思在此时展开调查，收集数据。此时毕业生的就业状况趋于稳定，有工作经历的毕业生也能够评估工作对自己知识、能力的要求水平。

毕业半年后的平均月收入：是指大学生毕业半年后实际每月工作收入的平均值。

毕业去向分布：麦可思将中国本科毕业生的毕业状况分为九类：受雇全职工作；受雇半职工作；自主创业；正在国内读研；正在港澳台地区及国外读

研；无工作，准备国内读研；无工作，准备到港澳台地区及国外读研；无工作，继续寻找工作；无工作，其他。同理将中国高职高专毕业生的毕业状况分为六类：受雇全职工作；受雇半职工作；自主创业；毕业后读本科；无工作，继续寻找工作；无工作，其他。上述本科九类和高职高专六类毕业状况叫做大学毕业生的去向分布。其中，受雇全职工作指平均每周工作32小时或以上。受雇半职工作指平均每周工作20小时到31小时。

毕业三年后：麦可思于2013年对2010届大学毕业生进行了三年后调查跟踪（曾于2011年年初对这批大学毕业生进行过半年后调查），本报告涉及的三年内的变化分析即使用两次对同一批大学生的跟踪调查数据。

毕业时掌握的核心知识水平：用于定义正在工作的大学毕业生所理解的对各项知识在刚毕业时实际掌握的级别，从低到高分为一级到七级。一级代表该知识的最低水平，取值1/7；七级代表该知识的最高水平，取值1。为了帮助答题人自评级别，问卷在一级到七级中分别举了三个例子，以帮助答题人理解知识水平差别。

毕业时掌握的基本工作能力水平：用于定义正在工作的大学毕业生所理解的对35项基本工作能力在刚毕业时实际掌握的级别，从低到高分为一级到七级。一级代表该能力的最低水平，取值1/7；七级代表该能力的最高水平，取值1。为了帮助答题人自评级别，问卷在一级到七级中分别举了三个例子，以帮助答题人理解能力差别。

C

城市类型：本研究按行政级别把中国内地城市分为以下三种类型。

a. 直辖市：包括北京、上海、天津、重庆。

b. 副省级城市：包括哈尔滨、长春、沈阳、大连、济南、青岛、南京、杭州、宁波、厦门、广州、深圳、武汉、成都、西安15个城市。部分省会城市不属于副省级城市。

c. 地级城市及以下：如绵阳、保定、苏州等，也包括省会城市如福州、银川等以及地级市下属的县、乡等。

创新能力：指35项基本工作能力中与创新能力相关的几项能力，创新能力包括科学分析、批判性思维、积极学习、新产品构思四种能力。

D

大学毕业生：本科院校、高职高专院校的毕业生。

待定族：指调查时处于失业状态且不打算求职和求学的大学毕业生。

F

非"211"本科院校：中国除"211"院校以外的所有本科院校。

非失业率：非失业率是以全体大学毕业生为计算基数，把就业和正在国内外读研的人群都算为非失业，主要可以用来评估"211"院校的毕业生状况。就业率的计算对"211"院校不科学，因为计算就业率时分子分母同时剔除读研人数，造成读研的毕业生越多，就业率就越低。所以非失业率才是评估"211"院校的科学指标。非失业率 =（已就业毕业生数 + 正在读研与留学毕业生数）/毕业生总数。

G

工作岗位要求的工作能力水平：用于定义正在工作的大学毕业生所理解的工作对35项基本工作能力的要求级别，从低到高分为一级到七级。一级代表该能力的最低水平，取值1/7；七级代表该能力的最高水平，取值1。为了帮助答题人自评级别，问卷在一到七级中分别举了三个例子，以帮助答题人理解能力差别。

工作能力：从事某项职业工作必须具备的能力，分为职业工作能力和基本工作能力。职业工作能力是从事某一职业特殊需要的能力，基本工作能力是所有工作都必须具备的能力，麦可思参考美国SCANS标准，把基本工作能力分为35项。根据麦可思的工作能力分类，中国大学生可以从事的职业共693个，对应的职业能力近万条。

工作要求的核心知识水平：用于定义正在工作的大学毕业生所理解的工作对各项知识的要求级别，从低到高分为一级到七级。一级代表该知识的最低水平，取值1/7；七级代表该知识的最高水平，取值1。为了帮助答题人自评级别，问卷在一到七级中分别举了三个例子，以帮助答题人理解知识水平差别。

工作与专业相关度＝受雇全职工作并且与专业相关的毕业生人数/受雇全职工作的毕业生人数。

雇主数：指毕业生从第一份工作到三年后的调查时点，一共为多少个雇主工作过。雇主数越多，则工作转换得越频繁；雇主数可以代表毕业生工作稳定的程度。

H

行业：根据《麦可思中国行业分类词典（2014版）》，本次调查覆盖了本科毕业生所能从事的行业323个、高职高专毕业生所能从事的行业324个，二者合计326个行业。

行业转换率：行业转换是指毕业生在毕业半年后就业于某行业（小类），而毕业三年后进入不同的行业就业。行业转换率是指有多大比例的毕业生在毕业三年内转换了行业。其计算方法为：分母是毕业半年后有工作的毕业生数，分子是毕业三年后所在行业与半年后所在行业不同的毕业生数。

核心知识：从事某项职业工作必须具备的知识。麦可思参考美国SCANS标准，将核心知识分为28项。根据麦可思的核心知识分类，中国大学生可以从事的职业共693个，对应的职业知识近万条。

核心知识的满足度：毕业时掌握的核心知识水平满足社会初始岗位的工作要求水平的百分比，100%为完全满足。满足度计算公式的分子是毕业时掌握的核心知识水平，分母是工作要求的核心知识水平。

核心知识的重要度：用于定义正在工作的大学毕业生所理解的各项知识在其岗位工作中的重要程度，分为"无法评估"、"不重要"、"有些重要"、"重要"、"非常重要"和"极其重要"六个层次，数据处理时把重要性处理为百

分比，0代表"不重要"，25%代表"有些重要"，50%代表"重要"，75%代表"非常重要"，100%代表"极其重要"。

红牌专业： 失业量较大，就业率较低，月收入较低且就业满意度较低的专业，为高失业风险型专业。

黄牌专业： 除红牌专业外，失业量较大，就业率较低，月收入较低且就业满意度较低的专业。

J

基本工作能力的满足度： 毕业时掌握的基本工作能力水平满足社会初始岗位的工作要求水平的百分比，100%为完全满足。满足度计算公式的分子是毕业时掌握的基本工作能力水平，分母是工作要求的水平。

基本工作能力的重要度： 用于定义正在工作的大学毕业生所理解的35项基本工作能力在其岗位工作中的重要程度，分为"无法评估"、"不重要"、"有些重要"、"重要"、"非常重要"和"极其重要"六个层次，数据处理时把重要性处理为百分比，0代表"不重要"，25%代表"有些重要"，50%代表"重要"，75%代表"非常重要"，100%代表"极其重要"。

教学满意度： 在调查中，被调查的毕业生对母校的教学满意度评价分为"无法评估"、"很不满意"、"不满意"、"满意"、"很满意"。其中"满意"、"很满意"属于满意的范围，"很不满意"、"不满意"属于不满意的范围。教学满意度是回答在满意范围的人数百分比，计算公式的分子是回答在满意范围的人数，分母是回答在不满意范围和满意范围的总人数。

经济区域： 本研究把中国内地31个省、直辖市和自治区分为八个经济体系区域。

a. 东北区域经济体：包括黑龙江、吉林、辽宁；

b. 泛渤海湾区域经济体：包括北京、天津、山东、河北、内蒙古、山西；

c. 陕甘宁青区域经济体：包括陕西、甘肃、宁夏、青海；

d. 中原区域经济体：包括河南、湖北、湖南；

e. 泛长江三角洲区域经济体：包括上海、江苏、浙江、江西、安徽；

f 泛珠江三角洲区域经济体：包括广东、广西、福建、海南；

g. 西南区域经济体：包括重庆、四川、贵州、云南；

h. 西部生态经济区：包括西藏、新疆。

就业地：指大学毕业生在接受调查时的就业所在地区。

就业经济区域自主创业比例 = 在本经济区域自主创业的 2013 届大学毕业生人数/在本经济区域就业的 2013 届大学毕业生人数。

就业率：本科毕业生的就业率 = 已就业本科毕业生数/需就业的总本科毕业生数；需要注意的是，按劳动经济学的就业率定义，已就业人数不包括国内外读研人数，需就业的总毕业生数也不包括国内外读研的人数；政府教育机构统计的就业率通常包括国内外读研人数，也就是本报告中的非失业率。高职高专毕业生的就业率 = 已就业高职高专毕业生数/需就业的总高职高专毕业生数；其中，已就业人数不包括读本科人数，需就业的总毕业生数也不包括专升本人数。

就业满意度：在被调查的毕业生中，由就业人群对自己目前的就业现状进行主观判断，选项有"很满意"、"满意"、"不满意"、"很不满意"、"无法评估"共五项。其中，选择"满意"或"很满意"的人属于对就业现状满意，选择"不满意"或"很不满意"的人属于对就业现状不满意；就业人群包括"受雇全职工作"、"受雇半职工作"、"自主创业"。

K

课程的重要度：由就业和正在读本科的毕业生判定课程在自己的工作或学习中是否重要。就业的毕业生包括："受雇全职工作"、"受雇半职工作"、"自主创业"。被调查的毕业生对课程对工作或学习的重要度评价分为"无法评估"、"不重要"、"有些重要"、"重要"、"非常重要"、"极其重要"，其中"有些重要"、"重要"、"非常重要"、"极其重要"属于重要的范围。

课程的满足度：回答了从"有些重要"到"极其重要"的毕业生会被要求回答课程训练是否满足工作或学习要求，满足度指标是回答某课程能满足工作或学习要求的百分比。计算公式的分子是回答"满足"的人数，分母是回答"满足"和"不满足"的总人数。

L

离职类型：分为主动离职（辞职）、被雇主解职、两者均有（离职两次以上可能会出现）三类情形。

离职率：有过工作经历的 2013 届毕业生（从毕业时到 2013 年 12 月 31 日）有多大百分比发生过离职。离职率＝曾经发生离职行为的毕业生人数/现在工作或曾经工作过的毕业生人数。

绿牌专业：月收入、就业率持续走高，失业量较低且就业满意度较高的专业，为需求增长型专业。

P

培训：已经就业的大学毕业生接受的各项旨在提高工作技能水平、增强工作竞争力的教育活动。分为自费培训和雇主提供的培训。

S

三年后就业满意度：在被调查的毕业生中，由就业人群对自己目前的就业现状进行主观判断，选项有"很满意"、"满意"、"不满意"、"很不满意"、"无法评估"共五项。其中选择"满意"或"很满意"的人属于对就业现状满意，选择"不满意"或"很不满意"的人属于对就业现状不满意，就业人群包括"受雇全职工作"、"自主创业"。

素养提升：由被调查的毕业生选择大学对哪些方面素养的提升有帮助。毕业生可选择多项，也可选择大学对素养提升"没有任何帮助"。

社团活动：指被调查的毕业生在大学期间参加过的社团活动。社团活动包括"学术科技类"（如统计协会、哲学社等）、"社会实践类（如创业协会等)"、"公益类（如志愿者协会等)"、"社交联谊类"（如国际交流协会、同乡会等)、"文化艺术类"（如文学社、书画协会等)、"表演艺术类"（如演讲与口才、歌舞戏剧、声乐器乐等方面的社团组织)、"体育户外类"(如登山协会等),一个毕业生可以选择参加多类社团活动,也可以选择"没参加任何社团活动"。

社团活动满意度: 毕业生选择了参加某类社团活动后,会被要求评价对该类社团活动是否满意。社团活动满意度 = 参加过该类社团活动并表示满意的人数/参加过该类社团活动的人数。

W

未就业: 本研究将应届大学毕业生在毕业半年后调查时没有全职或者半职雇用工作的状态,视为未就业。这包括准备考研、准备出国读研、还在找工作和"待定族"四种情况。失业率 = 未就业毕业生数/需就业的总毕业生数。

五大类基本工作能力: 麦可思参考美国 SCANS 标准,35 项基本工作能力可划归为五大类型,分别是理解与交流能力、科学思维能力、管理能力、应用分析能力和动手能力。

X

校友满意度: 由被调查的 2013 届大学毕业生回答对母校的总体满意度,选项有"很满意"、"满意"、"不满意"、"很不满意"、"无法评估"共五项。其中,"满意"、"很满意"属于满意的范围,"不满意"、"很不满意"属于不满意的范围,选择"无法评估"的人群比例相对较小,所以不在分析范围之内。

校友推荐度: 在同等分数、同类型学校条件下,2013 届大学毕业生愿意推荐母校给亲朋好友就读的比例。推荐度计算公式的分子是回答"愿意推荐"的人数,分母是回答"愿意推荐"、"不愿意推荐"、"不确定"的总人数。

学科门类/专业大类: 按照教育部的专业目录以及学校新增的专业,本次调查覆盖了本科院校所开设的学科门类 11 个,高职高专院校所开设的专业大类 19 个。

学生工作满意度：在调查中，被调查的毕业生对母校的学生工作满意度评价分为"无法评估"、"很不满意"、"不满意"、"满意"、"很满意"。其中"满意"、"很满意"属于满意的范围，"很不满意"、"不满意"属于不满意的范围。学生工作满意度是回答在满意范围的人数百分比，计算公式的分子是回答在满意范围的人数，分母是回答在不满意范围和满意范围的总人数。

Y

已就业人群：包括"受雇全职工作"、"受雇半职工作"、"自主创业"三类人群。

优秀人才：毕业三年内晋升次数在三次及以上的大学毕业生。

月收入：指工资、奖金、业绩提成、现金福利补贴等所有的月度现金收入。

月收入的"增长率" = （2013届毕业生的平均月收入 – 2012届毕业生的平均月收入）/2012届毕业生的平均月收入。

月收入涨幅绝对值：月收入涨幅绝对值 = 毕业三年后的月收入 – 毕业半年后的月收入。

月收入涨幅比例：月收入涨幅比例 = 月收入涨幅绝对值/毕业半年后的月收入。

Z

职位晋升：由已经工作的毕业生回答是否获得职位晋升以及获得晋升的次数。职位晋升是指享有比前一个职位更多的职权并承担更多的责任，由毕业生主观判断。这既包括不换雇主的内部提升，也包括通过更换雇主实现的晋升。

职位晋升次数：由毕业生自己回答获得职位晋升的次数，计算公式的分子是所有大学毕业生获得职位晋升次数之和，没有获得职位晋升的人记为0次，分母是三年内就业和就业过的大学毕业生数。

职业：根据《麦可思中国职业分类词典（2014版）》，本次调查覆盖了本科毕业生能够从事的职业 593 个，高职高专毕业生能够从事的职业 537 个，二者合计 665 个职业。

职业期待吻合度：毕业生被调查时的工作与职业期待吻合的人数百分比。

职业转换：职业转换是指毕业生在毕业半年后从事某种职业，毕业三年后由原职业转换到不同的职业。转换职业通常在工作单位内部完成的并不代表离职；反过来讲，更换雇主可能也不代表转换职业。

职业转换率：职业转换率是指有多大比例的毕业生在毕业三年内转换了职业。其计算方法为：分母是毕业半年后有工作的毕业生数，分子是毕业三年后从事的职业与半年后从事的职业不同的毕业生数。

专升本：指高职高专生毕业后继续就读本科。有专升本、专插本、专接本、专转本多种形式，本报告中统一称为"专升本"。

专业：按照教育部的专业目录以及学校新增的专业，本次调查覆盖了本科院校所开设的专业 324 个，高职高专院校所开设的专业 490 个。

专业类：按照教育部的专业目录以及学校新增的专业，本次调查覆盖了本科院校所开设的专业类 68 个，高职高专院校所开设的专业类 74 个。

自主创业集中的行业的比例：2013 届同学历层次自主创业人群中有多大比例毕业生在该行业就业，分子是 2013 届自主创业人群中在该行业就业的毕业生人数，分母是 2013 届同学历层次毕业生自主创业的总人数。

自主创业集中的职业的比例：2013 届同学历层次自主创业人群中有多大比例的毕业生从事该职业。分子是 2013 届自主创业人群中从事该职业的毕业生人数，分母是 2013 届同学历层次毕业生自主创业的总人数。

B.20
主要参考文献

[1] E. Grady Bogue, Kimberely Bingham Hall. *Quality and Accountability in Higher Education* [M]. Greenwood Publishing Group, Inc, 2003.

[2] James D. Fearon. Selection Effects and Deterrence. *International Interaction.* 28: 5 – 29, 2002.

[3] 麦可思研究院编著《2010 年中国大学生就业报告》，社会科学文献出版社，2010。

[4] 麦可思研究院编著《2011 年中国大学生就业报告》，社会科学文献出版社，2011。

[5] 麦可思研究院编著《2012 年中国大学生就业报告》，社会科学文献出版社，2012。

[6] 麦可思研究院编著《2013 年中国大学生就业报告》，社会科学文献出版社，2013。

[7] 《国家中长期教育改革和发展规划纲要（2010～2020 年）》，中央政府门户网站，2010。

[8] 《教育部关于做好2014 年全国普通高等学校毕业生就业工作的通知》，中华人民共和国教育部，教学〔2013〕14 号。

[9] 《教育部办公厅关于编制发布高校毕业生就业质量年度报告的通知》，中华人民共和国教育部，教学厅函〔2013〕25 号。

[10] 《中华人民共和国职业分类大典》，中国劳动社会保障出版社，1999。

[11] 《中华人民共和国职业分类大典》（2005 增补本），中国劳动社会保障出版社，2005。

皮书俱乐部会员服务指南

1. 谁能成为皮书俱乐部成员？

- 皮书作者自动成为俱乐部会员
- 购买了皮书产品（纸质皮书、电子书）的个人用户

2. 会员可以享受的增值服务

- 加入皮书俱乐部，免费获赠该纸质图书的电子书
- 免费获赠皮书数据库100元充值卡
- 免费定期获赠皮书电子期刊
- 优先参与各类皮书学术活动
- 优先享受皮书产品的最新优惠

> 社会科学文献出版社　皮书系列
> SOCIAL SCIENCES ACADEMIC PRESS (CHINA)
> 卡号：7768498979854623
> 密码：

3. 如何享受增值服务？

（1）加入皮书俱乐部，获赠该书的电子书

　　第1步 登录我社官网（www.ssap.com.cn），注册账号；

　　第2步 登录并进入"会员中心"—"皮书俱乐部"，提交加入皮书俱乐部申请；

　　第3步 审核通过后，自动进入俱乐部服务环节，填写相关购书信息即可自动兑换相应电子书。

（2）免费获赠皮书数据库100元充值卡

　　100元充值卡只能在皮书数据库中充值和使用

　　第1步 刮开附赠充值的涂层（左下）；

　　第2步 登录皮书数据库网站（www.pishu.com.cn），注册账号；

　　第3步 登录并进入"会员中心"—"在线充值"—"充值卡充值"，充值成功即可使用。

4. 声明

　　解释权归社会科学文献出版社所有

法 律 声 明

　　"皮书系列"（含蓝皮书、绿皮书、黄皮书）由社会科学文献出版社最早使用并对外推广，现已成为中国图书市场上流行的品牌，是社会科学文献出版社的品牌图书。社会科学文献出版社拥有该系列图书的专有出版权和网络传播权，其LOGO（▓）与"经济蓝皮书"、"社会蓝皮书"等皮书名称已在中华人民共和国工商行政管理总局商标局登记注册，社会科学文献出版社合法拥有其商标专用权。

　　未经社会科学文献出版社的授权和许可，任何复制、模仿或以其他方式侵害"皮书系列"和LOGO（▓）、"经济蓝皮书"、"社会蓝皮书"等皮书名称商标专用权的行为均属于侵权行为，社会科学文献出版社将采取法律手段追究其法律责任，维护合法权益。

　　欢迎社会各界人士对侵犯社会科学文献出版社上述权利的违法行为进行举报。电话：010－59367121，电子邮箱：fawubu@ ssap. cn。

社会科学文献出版社